Herderbücherei

Band 864

W0073336

Über das Buch

Was macht uns wirklich glücklich? Namhafte Fachleute meinten vor noch nicht allzu langer Zeit: der eigene Lustgewinn. „In der Psychologie geht es darum, die die Lustbefriedigung hemmenden Zwänge zu beseitigen", sagte Wilhelm Reich, einer von vielen Vertretern dieser These. Doch die Entwicklung der letzten Jahrzehnte hat gezeigt, daß eine solche „Ichbezogenheit um jeden Preis" nicht nur das geistige Niveau des Einzelindividuums reduziert, sondern vor allem die Familie zerstört. Brutale Partnerschaftskonflikte und Erziehungskatastrophen sind die unausweichlichen Folgen der egozentrierten und dem Konsumzwang ausgelieferten Glücksphilosophie unserer Tage. Die Autorin versucht Tag für Tag in der psychologischen Praxis Ratsuchenden zu helfen, ihr Leben und ihre Familie wieder positiv zu gestalten und in der Begegnung mit dem anderen über sich selbst hinauszuwachsen. An konkreten Beispielen zeigt sie, wie Kontaktprobleme, Depressionen, Erziehungsschwierigkeiten, Ängste und Sexualnöte im gleichen Maße zurückgehen, in dem es dem einzelnen gelingt, Sinn in seinem Leben zu finden und seine Familie in diese Sinnerfüllung miteinzubeziehen.

Über die Autorin

Elisabeth Lukas, geboren 1942 in Wien, 1965–1972 Studium der Psychologie an der Wiener Universität bei Prof. Rohracher, Prof. Guttmann und Prof. Frankl. 1972 Abschluß der Dissertation „Logotherapie als Persönlichkeitstheorie" und Promotion. 1971 erste Publikationen, seither wiederholt Vorträge im In- und Ausland über Themen der modernen Psychotherapie und insbesondere der angewandten Logotherapie. Seit 1973 in Erziehungs- und Lebensberatungsstellen tätig, zur Zeit Leiterin des „Süddeutschen Instituts für Logotherapie GmbH" in Fürstenfeldbruck bei München.

Logotherapie

VIKTOR E. FRANKL
Psychotherapie für den Laien

Band 387, 192 Seiten, 12. Aufl.

Die zuerst im Österreichischen Rundfunk gehaltenen, später auch über andere Sender verbreiteten Vorträge bieten etwas Einmaliges in der psychiatrischen Literatur unserer Zeit: eine Psychotherapie vor dem Mikrophon. Die Unmittelbarkeit der Darstellung gibt dem Leser die Möglichkeit, die Arbeit des Psychotherapeuten gleichsam aus der Nähe zu verfolgen.

„In diesem Bande sind im besten Sinne allgemeinverständliche Rundfunksendungen des weltbekannten Wissenschaftlers sehr glücklich zusammengestellt. Sie vermitteln nicht nur ohne jede Effekthascherei Einblick in die moderne Psychiatrie; der Band enthält auch echte Lebenshilfe für fragende, suchende, leidende Menschen. Die klare Sprache, die Erläuterung schwieriger Zusammenhänge durch Fallbeispiele und das menschliche Engagement des Autors erlauben es, diesen Band breit einzusetzen." *Die Zeit im Buch*

VIKTOR E. FRANKL
Das Leiden am sinnlosen Leben

Band 615, 128 Seiten, 10. Aufl.

Der typische Patient von heute leidet an einem abgrundtiefen Sinnlosigkeitsgefühl, das als lähmende Leere empfunden wird. Mit Hilfe der vom Autor entwickelten „Logotherapie" konnte dieses existentielle Vakuum in vielen Fällen erfolgreich behandelt werden. Ein faszinierender Einblick in Forschung und Praxis dieses weltbekannten Vertreters der Wiener Schule.
„Eine Fülle wichtiger Gedanken für jeden Arzt, für jeden Kranken und jeden Gesunden. Besser als in diesem kleinen Buch kann man 5,90 DM nicht anlegen." *Selecta (Das Wochenblatt des Arztes)*

in der Herderbücherei

Logotherapie

ELISABETH LUKAS
Gesinnung und Gesundheit
Lebenskunst und Heilkunst in der Logotherapie
Mit einem Vorwort von Max Josef Zilch
Band 1348, 222 Seiten

„Lesertherapie? Der Titel dieses Bandes verrät dem wissenschaftlich
gesonnenen Arzt leider nicht auf den ersten Blick, welchen praktischen Nutzen er ihm bringen kann. Diese Buchempfehlung ist wirklich eine Hilfe für Problempatienten, die jeder Arzt aus seiner
Sprechstunde kennt. Ein wirklich gutes Beispiel für Lesertherapie!
Aber auch für das ärztliche Gespräch selbst gibt dieses praxiserfah-
rene und mit philosophischer Distanz geschriebene Buch Disziplin
und Hintergrund. Die mannigfaltig ausgewählten Lebenslagen sind
aus einem Guß dargestellt durch die klinische Psychologin aus der
Schule von Viktor E. Frankl."

Hartmannbund, Verband der Ärzte Deutschlands,
Landesverband Bayern

ELISABETH LUKAS
Von der Trotzmacht des Geistes
Menschenbild und Methoden der Logotherapie
Mit Beiträgen von Paul H. Bresser und Karl Dieter Heines
Band 1276, 255 Seiten

„Der Autorin ist mit dem neuen Taschenbuch gleichsam ein impo-
nierendes Plädoyer für die Wirksamkeit der Logotherapie gelungen.
Zusammen mit den Beiträgen von Karl Dieter Heines und Paul
H. Bresser bietet sie ein kurzgefaßtes Lehrbuch der Logotherapie.
Die Methoden dieser jüngsten psychosomatischen Disziplin der
Medizin in ihrer Anwendung bei seelischen Erkrankungen auf
Grund von Störungen der Sinn-Erfahrung des Menschen werden
anschaulich dargestellt und durch Fallbeispiele von Angstneurosen,
Hysterie, Sucht, Depressionen, Schlaf- und Sexualstörungen er-
gänzt. Die „via regia" aller Methodik ist dabei das Beratungsgespräch. Diese Neuerscheinung ist für alle Anhänger und Praktikanten einer vorwiegend technischen Medizin eine ernste Erinnerung
an die Notwendigkeit des Umdenkens des Arztes im Umgang mit
seinem Patienten: Man gebe dem Arzt die Sprache zur Sprechstunde wieder und dazu das Talent, zuhören zu können."

Deutsches Ärzteblatt

in der Herderbücherei

Elisabeth Lukas

Auch deine Familie
braucht Sinn

Logotherapeutische Hilfen
in Ehe und Erziehung

Mit einem Vorwort von
Joseph B. Fabry

Herderbücherei

Originalausgabe
erstmals veröffentlicht als Herder-Taschenbuch

1. Auflage Mai 1981
2. Auflage Mai 1988

© Verlag Herder Freiburg im Breisgau 1981
Herder Freiburg · Basel · Wien
Herstellung: Freiburger Graphische Betriebe 1988
ISBN 3-451-07864-3

MEINEM VATER

Inhalt

Vorwort

Die Logotherapie, deren Grundlagen Frau Dr. Elisabeth S. Lukas im vorliegenden Fachbuch behandelt, wird für Eltern, Lehrer, Erzieher, Ärzte und Psychologen zunehmend aktueller, und der Grund dafür ist, daß sie die einzige spezifische Therapie darstellt für eine Massenneurose, die heute immer akuter wird, nämlich das „Sinnlosigkeitsgefühl" beziehungsweise das „existentielle Vakuum", wie der Begründer der Logotherapie, Professor Viktor E. Frankl, sie bezeichnet*.

Diese Entwicklung können wir vom „Institute of Logotherapy", das wir in der kalifornischen Universitätsstadt Berkeley errichtet haben, sehr wohl verfolgen. Ist doch dieses Institut eine Sammelstelle von Informationen hinsichtlich der Verbreitung logotherapeutischen Gedankenguts (buchstäblich auf allen Kontinenten) und der Anwendung der Logotherapie auf die unterschiedlichsten Wissenschafts- und Lebensbereiche, wovon ja auch der bibliographische Anhang – mag er auch nur eine Auswahl aus der logotherapeutischen Literatur sein – Zeugnis ablegt. Wer sich einen Überblick verschaffen will über diese weltweit vor sich gehende Forschungsarbeit, ihre Mannigfaltigkeit und ihre Fruchtbarkeit, der braucht nur nach der (vom „Institute of Logotherapy" herausgegebenen) Zeitschrift „The International Forum for Logotherapy" zu greifen.

Frau Dr. Lukas, die seit Jahren ein Erziehungs- und Lebensberatungszentrum leitet, und zwar im besten logotherapeutischen Geiste leitet, hat sich nun die Aufgabe gestellt, an Hand konkreter Beispiele aus ihrer ausgedehnten Praxis in einer auch für den Laien verständlichen Form ihm vor Augen zu führen, wie die Logotherapie insbesondere in der Kinder- und Jugendlichenerziehung wich-

---

* Vgl. in der Herderbücherei Band 615 (Viktor E. Frankl: „Das Leiden am sinnlosen Leben: Psychotherapie für heute") und Band 657 (Joseph B. Fabry: „Das Ringen um Sinn: Eine Einführung in die Logotherapie").

tige und wertvolle Impulse für Eltern und Pädagogen bereit hält und sich sinnvoll in deren erzieherischen Stil einbauen läßt. Mit der Logotherapie seit ihrer dieser Richtung gewidmeten Dissertation vertraut, hat sie im Laufe der im Beratungswesen zugebrachten „Lehrjahre" bedeutende Beiträge zur geistigen Durchdringung, aber auch zur technischen Ausgestaltung der Lehre von Frankl geleistet.

In meinen Augen ist Frau Dr. Lukas eine Virtuosin, die der logotherapeutischen Partitur durchaus folgt und doch – wo immer es not tut – den Mut zur Innovation und Improvisation aufbringt. Und da der Ratsuchende ein einmaliges und einzigartiges Menschenwesen ist, und nicht etwa ein Tier, das sich dressieren, oder eine Maschine, die sich manipulieren ließe, spielt die Improvisation eine entscheidende Rolle im dialogischen Geschehen, das dem logotherapeutischen Prozeß zugrunde liegt. In diesem Sinne demonstriert Frau Dr. Lukas, daß der Logotherapeut mehr ist als bloßer Berater: er ist Mitstreiter gegen Leid, Mitsucher nach Sinn, mitfühlender Mensch, der auch noch als Berater Mensch bleibt und im zu Beratenden – ob Kind oder Erwachsener – den Menschen sieht. Und so dient Frau Dr. Lukas auf ihre besondere Art und Weise ihrer praktischen Arbeit direkt und mit diesem Buche indirekt dem letzten und eigentlichen Ziele der Logotherapie, für das Professor Frankl die Formulierung geprägt hat: „die Rehumanisierung der Psychotherapie", und das sie eigenständig erweitert hat zur „Rehumanisierung der Pädagogik".

Berkeley, Kalifornien, 1980   *Dr. Joseph B. Fabry*

Logotherapie:

Das neue Menschenbild im Spiegel der Psychologie

Dem Leser muß ich zwangsläufig bekennen, daß ich Psychologin bin, doch im privaten Bereich pflege ich meinen Beruf im allgemeinen zu verschweigen, da viele Menschen, wenn sie ihn kennen, anders mit mir sprechen, als wenn sie ihn nicht kennen. Man kann das Mißtrauen und die Zurückhaltung fast körperlich spüren, wenn man irgendwo als Psychologin vorgestellt wird. Das ist gewiß keine persönliche Angelegenheit von mir, sondern es handelt sich hierbei um ein Mißtrauen gegen eine ganze Wissenschaft, das tief im Herzen des Volkes wurzelt.

Andererseits kommen immer wieder Patienten mit Anliegen zu mir, aus denen hervorgeht, daß sie geradezu Wunder von der Psychologie erwarten, so als könnte der Psychologe nicht nur jeden mit Röntgenaugen durchschauen, sondern auch noch die gesamte Persönlichkeit eines Menschen – hokus pokus – in eine andere verwandeln.

Skepsis hinsichtlich des Durchführbaren und Naivität hinsichtlich des Undurchführbaren, beides beweist, daß eigentlich bisher keine wahre Beziehung zwischen dem normaldenkenden Durchschnittsbürger und der Psychologie zustande gekommen ist.

Nun liegt dies nicht etwa am Durchschnittsbürger, keineswegs, dieser hat im Gegenteil die anfänglichen Thesen der Psychologie mit Begierde in sich aufgesogen und auch treu und brav geglaubt, nein, es lag schon an der Psychologie, deren anfängliche Thesen ein solch verzerrtes Menschenbild lieferten, daß der Durchschnittsbürger geradezu einen Schock erlitten hat. Der psychologische Spiegel, in den er blickte, zeigte kein menschliches Antlitz mehr, sondern eine Horrormaske, zeigte keine menschliche Seele, sondern die Motive einer Bestie. Bis auf den heutigen Tag ist das Mißtrauen lebendig geblieben, dieses Spiegelbild könnte doch echte Züge tragen, und bis jetzt finden wir die Abneigung im Volk, jemals wieder in den psychologischen Spiegel zu blicken.

Nun muß man eines bedenken: die Psychologie hatte zur Zeit

ihrer Anfänge schier gar nichts an wissenschaftlicher Grundlage in Händen, weder eine Vorstellung über die neurologischen Substrate von Denken und Bewußtsein, noch eine zusammenhängende Evolutionsgeschichte, die das Wesen des Menschen erklären könnte, noch irgendeinen verhaltenstheoretischen Aspekt, der experimentell hinreichend abgesichert gewesen wäre. Daß man – in aller Unschuld, möchte ich fast sagen – damit begann, Leute Farben auswählen zu lassen und danach ihren Charakter zu deuten, oder Leute Träume erzählen zu lassen, um Krankheitsdiagnosen zu erstellen, ist in Anbetracht des damaligen Kenntnisstandes entschuldbar. Es waren relativ harmlose Spielchen mit geringem Aussagewert.

Doch der menschliche Forschergeist liebt das Unbekannte nicht. Was er nicht erklären kann, möchte er zumindest benennen, und ist etwas benannt, beginnt es Gestalt anzunehmen. Wir kennen dieses Phänomen sehr gut aus der Metaphysik, in der Göttergestalten immer wieder einen leeren Platz im menschlichen Begreifen füllen sollten, und nicht viel anders kam in der frühen Psychologie der Begriff des *Unbewußten* zustande.

Dieses Unbewußte erwies sich als ein außerordentlich praktischer Parameter, auf den in jedem Fall zurückgegriffen werden konnte, wenn offensichtlich keine Zusammenhänge zwischen psychischen Ursachen und psychischen Wirkungen zu bestehen schienen, und das war meistens der Fall. So konnte zum Beispiel eine plötzlich aufgetretene Angstneurose eines 60jährigen, für die nicht der geringste Anlaß bestand, problemlos als „durch störende Kräfte aus dem Unbewußten entstanden" erklärt werden, und schon waren Zusammenhänge herstellbar, die bis in die Kindheit zurückgeführt werden durften. Denn die Frage, was nun wieder für die störenden Kräfte aus dem Unbewußten verantwortlich wäre, ließ sich ja dann auf das gesamte Lebensspektrum des 60jährigen ausdehnen und so auf jeden Fall bequem beantworten; schließlich, in wessen Leben gibt es nicht irgendwann ein Trauma, das stark genug wäre, um sich für die Hypothese einer „Verdrängung ins Unbewußte" zu eignen? Der Therapeut, der auf seiner Suche nach psychischen Störungsursachen die ganze Kindheit eines Patienten aufrollen kann, hat natürlich den eklatanten Vorteil, auf alle Fälle irgend etwas zu finden, und dieses „Irgendetwas" läßt sich eben prächtig im Unbewußten konservieren, um als Auslöse-Interpretation für spätere Krankheitsmuster herangezogen zu werden.

Aber noch war keine Gefahr im Anzug, im Gegenteil, zunächst hatte das ganze merkwürdige Konstrukt einen positiven Nebeneffekt, nämlich den, daß endlich die *Bedeutung der Kindheit* fürs spätere Leben entdeckt wurde. Die Psychoanalyse hat auf diese Weise einen ganz wichtigen pädagogischen Fortschritt geliefert, denn sie machte populär, daß es nicht gleichgültig ist, wie ein Kind seine ersten Jahre erlebt, in welchem Milieu es aufwächst, und welches Maß an Zuwendung und Fürsorge es bekommt. Eine unübersehbare Flut von Untersuchungen liegt uns heute vor, deren Ergebnisse insgesamt alle übereinstimmend bezeugen, daß die Güte einer kindlichen Entwicklung massiv von der Güte der Umwelt abhängt, und daß nicht-wieder-gutzumachende Schäden von den ersten Lebenstagen an passieren können, wenn das Erziehungsmilieu versagt.

Es ist sehr schade, daß dieser so positive Nebeneffekt der psychoanalytischen Theorie mehr und mehr in die Zeit der aufkommenden Emanzipation der Frau und der zunehmenden Scheidungspraktiken fiel, und auf diese Weise heute sogar weniger Kinder von klein auf eine liebevoll sorgende Mutter bzw. eine intakte Familie für sich haben, als je zuvor in der Zeit, als man noch nicht um die Wichtigkeit dessen gewußt hat. Aber Theorie und Praxis klaffen häufig auseinander, und eine wissenschaftliche Entdeckung bedeutet nicht zwangsläufig Konsequenzen in der Wirklichkeit.

Statt also präventiv im Volke zu wirken und seinen Teil zur Volksgesundheit beizutragen, wurde die psychoanalytische Theorie später eher rückwirkend benutzt, um Fehlverhalten zu erklären und – zu entschuldigen. Statt zu der Schlußfolgerung zu führen, daß, wenn Traumen in der Kindheit ins Unbewußte verdrängt werden und dann im Erwachsenenalter zu verheerenden Störungen führen, solche Kindheitstraumen eben nach Kräften verhindert werden sollten, wurden in umgekehrter Weise bei allen nur möglichen Störungen und Persönlichkeitseigenheiten der Erwachsenen nun retrospektiv vermutete Kindheitstraumen als Entschuldigungsgrund herangezogen, um eine wenn auch noch so vage Erklärung parat zu haben.

Das war der Augenblick, da die Psychologie zum ersten Mal ein bedenkliches Menschenbild kreierte, nämlich das Bild des verantwortungslosen Triebmenschen, der, ein willenloses Objekt seiner unbewußten Kräfte, vom Es getrieben, von der Kindheit geprägt, unmündig ist, sein Leben bewußt zu steuern. Das Unbewußte ist bis heute geradezu das *Sinnbild der fehlenden Verantwortung* geblieben, denn was mir nicht bewußt ist, dafür bin ich nicht verantwortlich, das versteht auch der einfache Mann des Volkes.

Nun, das psychoanalytische Menschenbild wäre wahrscheinlich gar nicht lebensfähig gewesen, wäre es nicht zufällig in eine Zeit hineingewachsen, in der so viele Werte und Ideale „zusammenkrachten", daß es auf die „Kleinigkeit" der Selbstverantwortlichkeit des Menschen auch nicht mehr ankam. Kultur- und Denktraditionen bröckelten auf allen Seiten ab, die zwei Weltkriege konfrontierten den Menschen zum erstenmal mit der realen Tatsache, daß er sich selbst auszurotten imstande sei, die vertiefte Erkenntnis von der unvorstellbaren Größe des Weltalls formte das Selbstverständnis einer trostlosen Verlassenheit in unendlichen Räumen, all dies und vieles andere trug dazu bei, daß eine philosophische Depression die erste Hälfte unseres Jahrhunderts überschattete und auch noch lange nicht abgeklungen ist. Die Wendung zum Materiellen verbarg im Grunde einen tiefen Nihilismus, und das Geschrei um die Aufklärung übertünchte einen tiefen Zynismus. Beides, Nihilismus und Zynismus wurden zur Grundstimmung des modernen Menschen, und wenn man ein Abbild dessen sehen will, dann braucht man nur jenen feinen Meßfühler beobachten, der stets mit hoher Genauigkeit Stimmungen einer jeweiligen Epoche registriert, nämlich die Kunst. Die Gedichte und Bücher, die Gemälde und Kompositionen unserer Zeit, die zum Teil fast psychiatrischen Signalwert besitzen, sprechen eine unmißverständliche Sprache.

Auf diesem Nährboden von Nihilismus und Zynismus konnte die Idee der unheimlichen Störkräfte aus dem Unbewußten, der seelisch verdrängten Traumen und tierischen Triebe im Menschen sehr gut Wurzeln schlagen, entsprach sie doch der allgemeinen Entwertungstendenz einer Zeit, in der nicht nur das Geld, sondern auch alle bisherigen Ideale wie Liebe, Treue, Ehre, Gewissen und dergleichen einer raschen Inflation zum Opfer fielen.

Natürlich ist die wissenschaftliche Entwicklung der Psychologie und Psychotherapie weitergegangen, und die heutigen Schüler der Schüler Freuds vertreten ein viel gemäßigteres und humaneres Menschenbild, dennoch lebt die Grundidee der Verdrängungslehre immer noch weiter, in Fachkreisen wie auch im Volk, und ich möchte deswegen einige Überlegungen dazu anbieten, damit später besser verständlich gemacht werden kann, wie anders, und um wieviel positiver und sinnvoller ein ganz anderer Denkansatz im Vergleich dazu ist, nämlich das *Menschenbild von Viktor E. Frankl.*

Aber zunächst zur Hypothese von der Verdrängung: gehen wir also davon aus, daß Leid und Unrecht in der Kindheit eines Menschen stattgefunden haben. Dies hat selbstverständlich Folgen gehabt für seine weitere Entwicklung, und es wird schnell vermutet, daß dies negative Folgen sein *müssen*, z.B. Ängste, schlimme Träume, Verunsicherungen, Beziehungsstörungen zu anderen Menschen und ähnliches mehr. Schon sind wir dabei, nach einem ganz bestimmten Raster zu denken, nämlich nach folgendem Schema: das Leid aus der Kindheit, das von der zarten Kinderseele nicht begriffen und nicht ertragen werden konnte, wirke sich unbewußt fort im Erwachsenenleben, wo es sogar psychische Abnormitäten oder Krankheiten nach sich ziehe, und nun kommt zwangsläufig die Schlußfolgerung, die die gesamte Psychoanalyse charakterisiert, nämlich daß die nunmehr gefestigtere Erwachsenenseele den Versuch machen müsse, dieses Leid aus der Kindheit sich bewußt zu machen und erneut innerlich zu verarbeiten, um es dann endgültig als erledigt hinter sich zu lassen. Als kleine Draufgabe sollen auch noch alle Krankheitserscheinungen und Abnormitäten zugleich mit der Wiederbewußtmachung und Neubearbeitung automatisch verschwinden, da ja deren Ursache geklärt ist.

Dieses ganze Denkschema, dem eine gewisse Plausibilität nicht abgeht, widerspricht jedoch simplen Beobachtungen aus der Wirklichkeit des Alltags, die leicht zu überprüfen sind. Das beginnt damit, daß nicht nur der ,,zarte Kinderkörper'' sondern auch die ,,zarte Kinderseele'' in Wahrheit außerordentlich robust sind und unvergleichlich mehr verkraften können als Erwachsenenkörper und ,,Erwachsenenseele''. Wer lange genug mit Kindern zu tun gehabt hat, weiß, wie stabil sie eigentlich im Grunde sind, wie geschickt sie die Erfüllung ihrer Bedürfnisse oft erzwingen, wie fast grausam sie sich über Gebrechen oder Schwächen in ihrer Umgebung hinwegsetzen, wie relativ schnell sie über einen schweren Verlust hinwegkommen, wie gut sie sich innerhalb kürzester Zeit an neue Situationen anpassen können, und wie problemlos sie im Unterschied zu ihren Eltern auch Notsituationen überstehen.

Das alles hat einen immensen biologischen Sinn, denn Kinder sollen nach dem Prinzip der Natur, wenn nur irgend möglich, überleben, sie sind geradezu mit einem seelischen und körperlichen Schutzpanzer umgeben und werden von dem sprichwörtlichen Schutzengel begleitet. Kinder können einen Sturz von einer Mauer überstehen, bei dem sich ein Erwachsener alle Knochen brechen würde, sie können seelenruhig z.B. Fröschen und Krebsen die Beine ausreißen, wobei es einem Erwachsenen den Magen umdrehen würde, und sie können neben dem Sterbebett der geliebten Großmutter mit Bauklötzen spielen, wenn die Erwachsenen nur noch weinen. Wenn eine Familie emigrieren muß, sind es die Kinder, die sich am schnellsten akklimatisieren, und wenn eine Familie auseinandergerissen wird, sind es die Kinder, die am schnellsten wieder Anschluß finden. Natürlich ist auch den Kräften eines Kindes ein Limit gesetzt, das sei unbestritten, Tatsache aber ist, daß Kinder mit einem Leid mitunter besser fertig werden können als Erwachsene.

Allein diese Erfahrung schon läßt die ganze Verdrängungslehre fraglich erscheinen. Denn de facto muß daraus geschlossen werden, daß das Leid, das nun in der Kindheit eines Menschen stattgefunden hat, sowieso von diesem als Kind so weit wie möglich bewältigt und vielleicht sogar in der weiteren Folge vergessen worden ist*, oder daß es so entsetzlich und massiv war, daß es im Kindesalter nicht verkraftet werden konnte, woraus allerdings zu folgern ist, daß es dann wohl kaum im Erwachsenenalter verkraftet werden wird.

Sehen wir uns beide Alternativen an; zunächst die, daß ein Leid in der Kindheit stattgefunden hat und das Kind darüber hinweggekommen ist. Warum sollte dieses Leid nicht allmählich vergessen werden? Und zwar wirklich *vergessen* und nicht „verdrängt"!

Psychologisch gesehen läßt sich das Faktum des Vergessens als außerordentlich sinnvoll und gut dosiert erkennen, denn es reduziert nicht nur einfach die Menge des Gewußten, damit nicht „zuviel im Kopf herumschwirrt", sondern es reduziert vor allem das Nachklingen von Unangenehmem, das nicht mehr geändert werden kann und somit nur eine überflüssige Belastung wäre. Es ist bekannt, daß in der Erinnerung an einen Verstorbenen oftmals hauptsächlich das Gute an ihm bestehen bleibt, oder in der Erinnerung an eine Lebensepoche, etwa an die Schulzeit, der Spaß, der erlebt worden ist, und die schönen Stunden, die es zwischendurch gegeben hat. Das Vergessenkönnen ist ein wesentlicher Beitrag zur Erhaltung der emotionalen Stabilität, ein Phänomen, das beispielsweise bei allen Menschen, die einen Krieg mitgemacht haben, beobachtet werden kann.

Ohne diese hilfreiche Verzerrung der Vergangenheitserinne-

---

* Es muß selbstverständlich nicht vergessen worden sein, sondern kann in der Erinnerung eines Erwachsenen als „damaliges Leid" weiterbestehen, das jedoch keine Bedeutung für die Gegenwart mehr hat, weshalb hier nicht näher darauf eingegangen wird. Dazu gehören Kleinigkeiten wie etwa der Verlust eines Spielzeuges in der Kindheit, an den sich der Erwachsene noch erinnert, den er aber aus der gegenwärtigen Sicht rückblickend belächelt. Von Leid im eigentlichen Sinne kann dabei nicht gesprochen werden.

rung in Form des biologischen Vergessens von überstandenem Leid wäre kaum ein Mann imstande, jemals wieder ein normales Alltagsleben zu führen, der einige Zeit an der Front gestanden, andere Menschen erschossen, Leichen um sich liegen gesehen und selbst jede Minute mit seinem Ende gerechnet hat. Vergessenkönnen, das ist in Wirklichkeit eine sehr heilsame Erfindung der Natur, während der Begriff der Verdrängung eine rein hypothetische Schöpfung aus den Anfängen der Psychologie ist, und eine magische untergründige Gefahr anklingen läßt. Aber in dieser Hinsicht ist man heute skeptisch geworden, denn real betrachtet kann etwas gerade nur deswegen vergessen werden, weil eben *keine* Gefahr mehr besteht. Es liegt ja auf der Hand, daß die beängstigenden Kriegserlebnisse nicht zum Zeitpunkt ihrer Aktualität sondern erst lange danach in Friedenszeiten vergessen werden, und analog dazu die ekelhaften Eigenschaften eines Menschen erst nach seinem Tode.

Vergessen bedeutet, daß etwas erledigt ist, in der Realität wie in der kognitiven und emotionalen Wiedergabe, es bedeutet, daß *keine* biologische Gefahr mehr für das Individuum besteht, und somit das Gehirn frei werden soll vom Druck der Bedrängnis, die eben vorüber ist. Nach den Gesetzen der biologischen Zweckmäßigkeit, an denen im allgemeinen nicht zu zweifeln ist, gilt somit ein ganz klarer Zusammenhang, nämlich: *Was bewältigt ist, kann vergessen werden, und was vergessen ist, ist bewältigt worden* – eine wechselseitige Beziehung, die im glatten Widerspruch zur psychoanalytischen Auffassung steht.

Dies zur ersten Alternative, daß ein Leid in der Kindheit oder in der Lebensvergangenheit stattgefunden hat, aber gewissermaßen verarbeitet und vergessen werden konnte. Sehen wir uns nun die andere Alternative an, nämlich daß ein Leid stattgefunden hat, das so schwerwiegend war, daß es nicht in der Kindheit und nicht im Erwachsenenalter gänzlich akzeptiert werden kann, daß es niemals vergessen wird, daß es praktisch immer da ist und das Leben eines Menschen trübt.

Was es vor allem so unvergeßlich macht, ist meist die immer wiederkehrende Frage, warum ausgerechnet dies passiert, ausgerechnet einem selbst widerfahren ist, die Ungerechtigkeit des Schicksals, die Unverdientheit des Leides, die auch nach Beendigung des Leides weiter bestehen bleibt, sie läßt den Betroffenen nicht zur Ruhe kommen. Wie könnte zum Beispiel ein Jude, der, ohne das Geringste verbrochen zu haben, jahrelang in Konzentrationslagern gequält worden ist, dies nach Kriegsende jemals vergessen, bleibt es doch nach wie vor eine Ungerechtigkeit, die zum Himmel schreit. Oder wie könnte eine Mutter, deren Kind durch die Achtlosigkeit eines Autofahrers tödlich verunglückt ist, dies jemals vergessen, da sie doch alles Erdenkliche für das Kind getan hat und so grausam vom Schicksal bestraft worden ist! Wir sehen, das *nicht vergessene* Leid ist das nicht bewältigte Leid, das, dessen Stachel ein Leben lang in der Wunde steckt und so verhindert, daß sich die Wunde schließt.

Es ist also gar nicht nötig, eine Verdrängung ins Unbewußte anzunehmen, das wahre Leid ist uns stets sehr wohl bewußt, und wenn Patienten in die psychotherapeutische Praxis kommen, so ist ihnen im allgemeinen durchaus gegenwärtig, was sie bedrückt oder welches Erlebnis sie nicht verwinden können. Daß wir heute imstande sind, ihnen dennoch zu helfen, auch im Falle eines großen und kaum zu bewältigenden Leides, das verdanken wir nicht der Psychoanalyse sondern der *Logotherapie* von Viktor Frankl, worauf ich noch zu sprechen kommen werde. Zunächst möchte ich nur feststellen, daß es im psychotherapeutischen Gespräch so vieles aus dem Hier und Jetzt des Patienten zu lösen und zu besprechen gibt, daß es geradezu eine unnötige und oftmals unzumutbare Belastung des Patienten wäre, auch noch in die Tiefen seiner Vergangenheit hinabzusteigen und vergessenes Leid zusätzlich wieder sichtbar zu machen.

Dieser Ansicht schloß sich auch der große wissenschaftliche Konkurrent der Psychoanalyse, die *Verhaltenstherapie* an, die als Gegenbewegung entwickelt worden ist, und heute noch an Bedeutung zunimmt. Die Verhaltenstherapie beschäftigt sich nun eigentlich nicht vorrangig mit der Bewältigung von bewußtem oder unbewußtem Leid, sondern mit der Korrektur von Fehlverhalten, wobei man natürlich sehr viele Reaktionen, mit denen ein Leid beantwortet wird, auch als „Fehlreaktionen" bezeichnen kann.

Das Menschenbild der Verhaltenstherapie ist nicht so mystisch und auch nicht so egoistisch-brutal wie das der Psychoanalyse, aber es ist immer noch befremdend genug für den normaldenkenden Durchschnittsbürger, denn es ist schlicht und einfach das eines programmierbaren Computers.

Was uns den Computer, auch wenn er gute Arbeit leistet, stets so suspekt erscheinen läßt, ist das Fehlen jeglicher Gefühle, und genauso begann die Verhaltenstherapie zunächst die Gefühle beim Menschen auszuklammern und sich nur auf die Beobachtung seines Verhaltens zu stützen. Da man aus zahlreichen Tierversuchen wußte, daß Verhalten gelernt und wieder umgelernt oder verlernt werden kann, so versuchte man auch beim Menschen, lerngeschichtliche Verhaltensanalysen durchzuführen, um zu einer Erklärung menschlicher Verhaltensweisen zu gelangen.

Jeder weiß, wie gut Tiere im Zirkus einfach durch Lob und Strafe und mittels hinreichender Übung abgerichtet werden können; allerdings steht bei solch einer Dressur stets ein zielgerichteter Plan dahinter. Es gibt aber auch Lernen durch zufälliges Zusammentreffen mehrerer Faktoren, zum Beispiel wenn ein Tier im Spiel mehrere Schachteln im Käfig umwirft und entdeckt, daß in bestimmten Schachteln Futter ist. Findet es wieder solche Schachteln, wird es sofort darauf losstürzen, um sie nach Futter zu durchsuchen, das heißt, es hat gelernt, diese Schachteln von anderen zu unterscheiden, und wie es sich verhalten muß, um an das Futter kommen.

Dies ist nur ein grober Vergleich, und doch läßt sich bei entsprechend kompliziertem Ausbau von Lernschemata das gesamte Spektrum auch menschlichen Verhaltens auf ungezählte solche einfache Lernschritte zurückführen und damit in etwa abschätzen, wieso und warum sich jemand so verhält und nicht anders. Zumindest ist dies das Anliegen der Verhaltenstherapie.

Auch Störungen und psychische Abnormitäten versuchte man, mit ungünstig verlaufenen Lernprozessen und zufällig eingelernten Fehlreaktionen zu erklären, die es eben gilt umzulernen. Von daher kann die Verhaltenstherapie gut auf den Parameter des Unbewußten verzichten, sie braucht keine Verdrängungshypothese zur Erklärung von plötzlich auftretenden Störungen heranzuziehen, alle Störungen sind nach ihren Thesen Fehlprogrammierungen, die auf unglücklich konditionierte Assoziationsketten zurückgehen. Und schon kommen wir verdächtig nahe an das Computer-Menschenbild heran, an einen Automaten, der jeweils diejenigen Reaktionen ausspuckt, die erst in Form zufälliger oder geplanter Lernmechanismen in ihn hineinprojiziert worden sind.

Was für die Psychoanalyse das Unbewußte war, nämlich die Möglichkeit, Traumen und verdrängte Triebregungen zu konservieren, das ist für die Verhaltenstherapie der Lernspeicher konditionierter Reflexe, aus dem gelernte Verhaltensreaktionen immer wieder neu entspringen. Und ähnlich dem Zauberwort aus der Psychoanalyse, das alles zu erklären scheint, nämlich der *Verdrängung*, gibt es auch in der Verhaltenstherapie ein Zauberwort, das Tür und Tor öffnen soll, nämlich die *Verstärkung*. Auch dazu möchte ich noch ein paar Worte sagen, damit die Unterschiedlichkeit, aber auch die Gemeinsamkeit beider großen psychologischen Theorien besser überblickt werden kann:

„Verstärker" ist alles, was sozusagen belohnenden Charakter hat, von materiellen Gütern angefangen bis zu Freundlichkeiten und liebevollen Gesten, den sogenannten „sozialen Verstärkern", vom Prestigegewinn bis zur Machtposition; schließlich gibt es auch die Gruppe der negativen Verstärker, die einfach insofern belohnen, als sich mit ihnen etwas Negatives vermeiden läßt, zum Beispiel Schmerztabletten. Aus den Tierversuchen wußte man, daß Tiere nur dann gewillt sind, etwas zu lernen, wenn ihnen dafür ein solcher Verstärker winkt, wie es zum Beispiel mit dem in den Schachteln versteckten Futter der Fall ist. Sie lernen genausogut auf Grund negativer Verstärkung, wenn sie also etwa einen elektrischen Schlag dadurch vermeiden können.

In der Übertragung auf den menschlichen Bereich läßt sich zugegebenermaßen viel Analoges finden, denn auch wir tun mit Vorliebe etwas, wofür uns ein Gewinn erwartet oder wovon wir uns einen Vorteil versprechen, wofür wir also „verstärkt" werden, oder auch etwas, wodurch wir Unangenehmes vermeiden können. Dennoch ist es sehr gewagt, *alles* menschliche Verhalten als nur auf Verstärkung ausgerichtet zu erklären, und zwar weil es wiederum, ähnlich wie beim Mythos um die Verdrängung, Tatsachen gibt, die dagegensprechen. So kommt es doch immer wieder vor, daß jemand einen *Verzicht* leistet, sei es um einer Sache willen oder um einer geliebten Person willen, oder einfach aus Überzeugung heraus. Die Verhaltenstherapeuten würden einen Verzicht als solchen nicht anerkennen, in ihren Augen dient auch ein Verzicht irgendeinem höherstehenden Verstärker, der wirksam ist, das heißt, wenn jemand zum Beispiel aus religiösen Gründen fastet, dann nicht Gott zuliebe, sondern weil er sich vielleicht spätere himmlische Freuden davon verspricht. Hier ist ein sehr enger Berührungspunkt mit der Psychoanalyse gegeben, die auch niemals einen echten Verzicht anerkennen würde; ihrer Interpretation zufolge wäre vielleicht ein geheimes Haßgefühl aus dem Unbewußten wirksam, das sich bei dem Verzicht in masochistischer Form gegen das Selbst richtet. So unterschiedlich beide Theorien sind, sie haben also auch ihre Gemeinsamkeiten, und zwar gerade dort, wo die Züge des von ihnen skizzierten Menschenbildes bedenkliche Formen anzunehmen beginnen.

Zur Illustration möchte ich kurz einen Fall schildern, welcher die verschiedenen Auffassungen ein und desselben Tatbestandes in den verschiedenen psychologischen Schulen deutlich macht.

Fall Nr. 1:

Der Mann, um den es ging, hatte seinen Beruf aufgeben müssen und danach heftige Depressionen bekommen. Zunächst war er in psychoanalytische Behandlung gekommen, wo fast augenblicklich die Hypothese erstellt wurde, er würde das Versagenserlebnis im Zusammenhang mit dem verlorenen Beruf deshalb so intensiv und schwer erleiden, weil gewiß schon früher in seiner Kindheit ein anderes schweres Verlust- oder Versagenserlebnis stattgefunden haben müsse. Dieses sei damals ins Unbewußte verdrängt worden und jetzt durch die Berufskrise wieder lebendig geworden, es breche nun durch und störe sein Wohlbefinden. Es war auch von einem besonders hohen Geltungsbedürfnis bei ihm die Rede, welches er seit Berufsaufgabe nicht mehr befriedigen könne und welches ebenfalls mit Frustration und Kompensation aus ersten Kindertagen, insbesondere einer schwachen Mutterliebe, erklärt wurde.

Demnach sollte ein höchst komplizierter Aufwand unternommen werden, um also im Sinne dieser Hypothese seine Kindheit zu durchleuchten, die erlebten Enttäuschungen ans Tageslicht des Bewußtseins zu zerren und sie dadurch nachträglich – in welcher Form immer – zu bewältigen. Der Patient, der den Verlust seines Berufes nicht verwinden konnte, fühlte sich geradezu zum Narren gehalten, als er kein einziges Wort über sein eigentliches Problem reden durfte, sondern erzählen sollte, was er gefühlt habe, als ihn die Mutter zum ersten Mal auf den Topf gesetzt hatte, und dergleichen mehr, er verließ fluchtartig die Praxis des Psychoanalytikers.

Danach landete er bei einem sehr orthodoxen Verhaltenstherapeuten, der die Sache sofort ganz anders anfing. Mit Kennerblick stellte er fest, daß der Mann nie gelernt habe, auf Frustrationen adäquat zu reagieren, er sei es also nicht gewohnt, Enttäuschungen hinzunehmen und zu verkraften, und hier müsse ein neuer Lernprozeß einsetzen. Dem Mann wurden in entspanntem Zustand Bilder von seiner früheren Arbeitsstelle gezeigt, und wenn er dazu lächeln konnte, wurde er vom Therapeuten intensiv gelobt, das heißt also „verstärkt". Er sollte auf diese Weise lernen künstlich fröhlich zu sein, wenn er an seinen verlorenen Arbeitsplatz zurückdachte, und damit die Depressionen durch ein neues, positives Verhalten ersetzen.

Der Patient fühlte sich nicht weniger zum Narren gehalten, er sagte, er verzichte gerne auf die gesamte Verstärkung, ihm gehe es nicht darum, zu lächeln, statt ein trauriges Gesicht zu machen, sondern er wolle weiterarbeiten und nicht zum alten Eisen gehören, und das könne ihm der Therapeut mit all seinen Verstärkungen auch

nicht bieten. Erbittert verließ er auch diese Praxis und wollte eigent-
lich von den Psychologen überhaupt nichts mehr hören, nur durch
Zufall kam er dann später noch zu mir.

Die ersten fünf Stunden erzählte er mir nur empört über die bis-
herigen Therapieversuche, und vor lauter Empörung vergaß er
schon fast die Depressionen. Danach bat ich ihn, mir doch seinen
ganzen Kummer mit dem Berufsverlust zu erzählen, und das tat er
auch ausgiebig. Während ich noch überlegte, wie ihm zu helfen sei,
lächelte er plötzlich ganz von selbst, nickte mir zu und erklärte, er
fühle sich nun wesentlich besser, weil er sich endlich seinen Kum-
mer von der Seele hatte reden können, ohne daß irgendeine andere
Störung hineininterpretiert worden sei, als die simple Tatsache, daß
ihm gekündigt worden war und er eben traurig war!

Als er wiederkam, hatte er selbst schon Vorschläge, wie er die freie
Zeit sinnvoll nützen könne, und je mehr er sich mit diesen Überle-
gungen befaßte, desto mehr verschwanden die Depressionen, und
zwar ganz und gar ohne großartige psychotherapeutische Hilfe.

Dieses Beispiel ist sehr lehrreich, weil es wieder einmal beweist,
daß es weder immer nötig ist, die gesamte Vergangenheit eines
Menschen aufzurollen, noch immer erforderlich ist, ihm neue Verhaltensmuster aufzuoktroyieren, manchmal reicht die einfache
menschliche Anteilnahme und vor allem das *Ernstnehmen des*
Patienten und seines Anliegens aus, um die Selbstheilkräfte im
Menschen zu wecken, die schließlich auch vorhanden sind.

An Hand dieses Beispiels läßt sich auch noch etwas anderes aufzeigen, und zwar das, was beiden großen psychologischen Konzepten gemeinsam ist, sosehr sie einander bekriegen und stets gegen-
teiliger Auffassung sind; nämlich erstens die ,,A-priori-Entmündi-
gung`` des Menschen und zweitens seine ,,ausschließliche
Orientierung nach Vorteil und Lust``. Sehen wir uns diese beiden
Aspekte einmal näher an, denn sie allein sind es, die im psychologischen Spiegel die Fratzengestalt erzeugen, vor welcher dem
Durchschnittsbürger so graut.

Zunächst zur ,,*A-priori-Entmündigung*``:

Ich habe bei der Skizzierung der Psychoanalyse schon erwähnt,
daß das Unbewußte mit all seinen in ihm schlummernden verdrängten Triebpotentialen und Störimpulsen als *der* Entschuldigungsgrund schlechthin für alle menschlichen Fehlleistungen genannt wird und damit einem Symbol der Verantwortungslosigkeit
des Menschen gleichkommt. Der Mörder mordet eben, weil ihn aus
dem Unterbewußten eine verdrängte Aggression überkommt, die

auf irgendeinen Liebesentzug aus seiner Kindheit zurückgeht, so einfach ist das zu erklären im analytischen Denkmodell!

Da ist die Verhaltenstherapie der Wirklichkeit noch angepaßter, aber auch sie schafft nicht den Sprung in die menschliche Dimension der Freiheit. Ihrer Auffassung zufolge hat der Mörder nämlich in seinem Leben keine anderen Alternativreaktionen gelernt, als, bei entsprechend großer Herausforderung, hinzuschlagen oder sonst unkontrolliert zu reagieren. Anscheinend ist aggressives Verhalten bei ihm oftmals in irgendeiner Form verstärkt worden, und so setzt er dieses gelernte Verhaltensmuster blindlings fort bis zum Mord und Totschlag. Hier kommt das Automatenhafte ins Bild, das vorprogrammierte Verhalten, das durch Vernunft oder Einsicht anscheinend nicht mehr gestoppt werden kann – die Unmündigkeit des Menschen wird anders erklärt, aber es ist *dieselbe* Verantwortungslosigkeit, die a priori und ohne Diskussion vom Lehrstuhl aus vertreten wird! Hat denn der Mensch nicht die Freiheit, selbst bei größtem Zorn und höchster Aufregung, in letzter Instanz selbst zu entscheiden, ob er mordet oder nicht?

Ja nun, vor dieser Frage drücken sich die meisten psychologischen Theorien, denn es ist eine heikle Frage, die Frage nach Gewissen, Verantwortung und Schuld. Wer diese Frage bejaht, muß die Willensfreiheit des Menschen zumindest in gewissem Rahmen bejahen, und das tut keine psychologische Schule aus dem psychoanalytischen oder verhaltenstherapeutischen Kreis gern, denn Willensfreiheit ist nicht vereinbar mit der Verdrängungslehre und Verstärkungslehre, ist nicht vereinbar mit Triebmensch und Computermensch, Willensfreiheit spannt eine gänzlich neue Dimension auf, in der die alten Hypothesen von Ursachen und Wirkungen an Gültigkeit verlieren.

Zur ,,A-priori-Entmündigung'' gesellt sich bei beiden psychologischen Konzepten die Annahme von der ausschließlichen *,,Orientierung des Menschen nach Vorteil und Lust''*, und auch das ist ein heikler Aspekt, der ungern zur Diskussion gestellt wird. Ist es tatsächlich so, daß alles, was wir tun, ausschließlich unserem Vorteil und Lustgewinn dient und in jedem Fall nur zu diesem Zweck gedacht und getan wird? Sollen wir *das* bejahen? Tatsache ist: man war fast so weit, es wissenschaftlich zu bejahen, und es ließ sich ja hundertfach beweisen, daß Menschen leben, denken, wünschen und handeln nur für ihren eigenen Vorteil und Lustgewinn.

Die Horrormaske im psychologischen Spiegel schien endgültig perfekt, der Mensch ist so und nicht anders, fort mit den Idealen, fort mit den Illusionen, alle psychologischen Schulen bestätigten es einmütig. Ob im psychoanalytischen Sinne, daß der Mensch stets auf die Befriedigung seiner Triebe und Bedürfnisse aus sei und sogar höchst neurotisch werde, wenn sich dieser Befriedigung irgendwelche Hindernisse in den Weg stellen, oder ob im verhaltenstherapeutischen Sinne, daß alles, was überhaupt getan werde, nur getan wird, um entsprechende Verstärkungen zu erlangen, und daß somit die geeigneten Verstärker das menschliche Handeln vollkommen diktieren, egal nach welchem Konzept, immer wurde die permanente Jagd des Menschen nach Glück, Erfolg, Anerkennung, Lustbefriedigung, Belohnung, Verstärkung als selbstverständliche Grundlage seines Wesens und seiner Existenz formuliert.

Eine Stimme allerdings gab es dagegen, schon vor Jahrzehnten, als die Psychoanalyse noch am Höhepunkt ihrer Ausbreitung stand, und die Verhaltenstherapie gerade ihre ersten Entwicklungsphasen begann, eine Stimme sprach davon, daß es dem Menschen nicht vorrangig um Lustbefriedigung und Eigenvorteil ginge, sondern um die Erfüllung einer Aufgabe, einer Zielsetzung, eines *persönlichen Lebenssinnes,* und das war die Stimme eines Wiener Psychiaters: Viktor Frankl. Aber noch war die Zeit nicht reif, um diesen Gedanken zu verstehen.

Doch dann geschah etwas, womit die Psychologie nicht gerechnet hatte, es kam die Zeit des Wohlstandes, an deren Ende wir nun bald angelangt sein dürften. Erst kam sie in den USA, dann erblühte das Wirtschaftswunder bei uns in Europa, dann breiteten sich die Schätze der zivilisierten Industrialisation auch in andere Gebiete der Erde aus, mit der Folge, daß ein gewisser Luxus vielen Bevölkerungsschichten offenstand. Der nach dem festverankerten Menschenbild der Psychologie so sehr nach Lust, Vorteil und Gewinn jagende Mensch hatte also nun in hohem Maße Lust, Vorteil und Gewinn. Die Sexwelle kam, die Hemmungen fielen, die Gewerkschaften wurden stark, das Macht- und Einflußpotential des Einzelnen wurde immer größer, die verkürzte Arbeitszeit kam, die Freizeit des Menschen stieg sprunghaft an, Freiheit und Luxus wurden in den industrialisierten Ländern fast schon zu Selbstverständlichkeiten, die Menschen müßten nach allen psychologischen Theorien am Höhepunkt ihres Glückes angelangt sein.

Wissen Sie, wie es wirklich ist?

Niemals gab es so viele psychisch Kranke, wie in den letzten Jahrzehnten, so viele sinnlose Selbstmorde, so viele Rauschgiftdelikte, so viele gescheiterte Existenzen, so viele kaputte Familien, so viele abnorme Kinder, aggressive Jugendliche, frigide, impotente oder liebesunfähige Erwachsene, so viele verzweifelte Menschen, die an der Sinnlosigkeit ihres Lebens leiden, wie heute. Wer glaubt, daß die Ratsuchenden, die in eine psychologische Praxis kommen, diejenigen sind, die ein schweres Leid, sei es aus der Kindheit, sei es aus der gegenwärtigen Situation, nicht verkraften können, der täuscht sich, denn das sind die allerwenigsten. Die Leute kommen, weil sie mit dem Leben nicht fertig werden, weil sie nicht wissen, was sie anfangen sollen, weil ihnen alles schal und leer erscheint, sinnlos mit einem Wort, weil sie angeekelt sind von dem ganzen Wohlstand und keine Lust mehr haben zum Weiterleben. Weil da kein Ziel ist, um dessentwillen sie sich engagieren könnten, weil da keine Werte mehr sind, um derentwillen sie leben, ja sogar Opfer bringen könnten, weil ihre Existenz verrinnt ohne Inhalt, und sie nur mehr Langeweile fühlen können.

Ja, was ist denn um Himmels willen passiert? Für die Psychologen ist es wie ein Schock, den sie immer noch nicht begreifen können, all ihre Thesen stimmen nicht mehr, der Mensch verhält sich nicht ihren Thesen gemäß. Der Mensch ist nicht primär orientiert nach Vorteil und Lust, sonst hätte er sich in den letzten Jahrzehnten wie im Paradiese gefühlt; nichts läßt sich aufrechterhalten, weder seine Entmündigung und psychologische Schuldfreisprechung noch seine permanente Triebbefriedigungstendenz, nicht die Verdrängungslehre und nicht die Verstärkungstheorie, der Mensch ist nicht gleich dem Vieh und auch nicht gleich dem Computer – nun, wo fangen wir dann an, endlich ein wahres Bild über ihn zu gewinnen?

Man erinnert sich heute wieder der Stimme des großen Psychiaters Viktor Frankl, man ist aufmerksam geworden, welches Konzept denn dieser Mann mit seiner „Logotherapie" vertritt, denn es scheint das einzige zu sein, das das ganze entsetzliche Wohlstandsphänomen, die Krise der heutigen Zeit und die enorme Irritation und Verwirrung in den psychologischen Schulen zu erklären vermag.

Frankl spricht nämlich von einer *Mehrdimensionalität* des Menschen, er sagt: „Gewiß, der Mensch ist ein höheres Tier, und sein Gehirn funktioniert auch tatsächlich so wie ein Computer, aber der Mensch ist zugleich unendlich viel mehr, um eine ganze Dimension mehr, denn er ist auch ein *geistiges* Wesen, und diese geistige Dimension ist in den bisherigen psychologischen Theorien übersehen worden!"

Das bedeutet nicht, daß wir alle Gefühle und Triebe und all unser Streben nach Lust in uns leugnen sollten, und es wäre genauso Unsinn, an den grundlegenden Prinzipien unseres Lernens eifeln, aber über all dem gibt es noch eine höhere „Instanz" Menschen, so etwas wie einen „Willen zum Sinn", eine Ebene Vernunft, Planung und Gewissensentscheidung, die bestimmt, was wir aus unserem Leben machen und welchen persönlichen Werten wir unser Leben weihen. Es ist die Dimension der geistigen Freiheit, der vielumstrittenen Willensfreiheit, der individuellen Einstellungen zur Welt und zum Leben, eine Dimension, die uns von der übrigen belebten Natur unterscheidet, die unantastbar ist durch Gewalt und Manipulation, und selbst den eigenen primitiven Wünschen und Triebregungen Widerstand leisten kann. Es ist tatsächlich jene Ebene, auf der der potentielle Mörder, und sei er noch so gereizt und herausgefordert, noch so aus Kindheit und Vergangenheit zum Morden prädestiniert, aus freiem Willen die endgültige Entscheidung trifft, ob er mordet oder nicht. Es ist aber auch die Ebene, auf der selbst das größte Leid durch eine heldenhafte Einstellung dazu letztlich bewältigt werden kann, und die Ebene, auf der weitab von jeder Genuß- und Gewinnsucht Verzichte geleistet werden können, wenn sie als notwendig und sinnvoll erachtet werden.

In der geistigen Dimension des Menschen gilt nicht das Lustprinzip sondern das *Sinnprinzip,* das heißt, wie Frankl sagt, es kommt nicht darauf an, vieles zu haben, *wovon* man leben kann, sondern eher, etwas zu haben, *wofür* man leben kann, eine Aufgabe, die es zu erfüllen gilt, eine Idee, die es zu verwirklichen gilt, einen Lebensplan, der einem bestimmten Zwecke gewidmet ist.

Das Ganze ist im Grunde überhaupt nichts Neues, im Gegenteil, es ist eigentlich so banal, daß man sich als Fachkraft schämt, es dem Laien zu erzählen, weil der es viel besser weiß als der Wissenschaftler, und doch ist die Existenz dieser geistigen Dimension des Menschen ein halbes Jahrhundert lang von der Psychologie nicht erkannt worden. Wenn man eine Mutter, die zwei Kleinkinder zu Hause hat und in ärmlichen Verhältnissen lebt, fragt, ob man sie allein in eine Traumvilla an die Riviera einladen darf, wo alle Tage Hummer und Kaviar gespeist wird und im warmen Meer gebadet werden kann, dann wird sie wahrscheinlich prompt zur Antwort geben: „Ich kann doch nicht weg, wer sollte bei meinen Kindern bleiben?"

In dem Augenblick leuchtet die geistige Dimension des Menschen auf, der Wille zur Sinnerfüllung, die Entscheidung des Gewissens! Wo bleibt denn das vielgepriesene Lustprinzip? Die Frau würde vielleicht sehr gerne Hummer speisen und im Meer baden, anstatt zu Hause die Windeln zu waschen, aber sie hat eine

Aufgabe zu erfüllen, sie wird gebraucht von ihrer Famili{e}, würde sich überhaupt nicht freuen können, wenn sie am Pa{l}{m}strand läge und wüßte, ihre Kinder sind zu Hause unversorg{t}.

Die Psychoanalyse würde behaupten, die Mutter befriedigt nur ihren eigenen Muttertrieb. Die Verhaltenstherapie würde behaupten, die Frau habe nie ein anderes Verhalten gelernt, als für die Familie dazusein. Wie kann man das Opfer einer Mutter mit solch plumpen Erklärungen zu entwerten versuchen? Es ist doch einfach nicht wahr, daß sie aus eigener Lustbefriedigung oder aus simpler Gewöhnung zu Hause bleibt, nein, sie bleibt aus keinem anderen Grunde zu Hause, *als* deshalb, weil sie ihre Pflicht erfüllen möchte und mehr Sinn in der Versorgung ihrer Kinder als im eigenen Urlaub am Meer sieht, und weil ihr diese Sinnerfüllung wichtig ist! *Das* ist die grundsätzliche Orientierung des Menschen im Leben, nämlich einen Sinn zu finden in seiner jeweiligen Situation und diesen zu erfüllen.

Und nun verstehen wir auch, was in unserer Wohlstandszeit passiert ist: rein alles gab es am Markt zu kaufen – nur keinen Lebenssinn. Die Industrie produzierte Hunderttausende Artikel zur Erfüllung des Lustprinzips, und das Leben der Menschen wurde immer sinnärmer. Die Kinder sitzen in eigenen Kinderzimmern, die vollgestopft sind mit teuren Spielsachen, und langweilen sich. Die Eltern arbeiten nur noch, um das Geld für die Geschirrwaschmaschine und den neuen Wagen herbeizuschaffen, Luxusartikel, an denen sie sich gar nicht mehr freuen können. Die Jugendlichen versuchen auszubrechen und stolpern auf ihrer verzweifelten Suche nach letzten Resten von Werten und Idealen in politische Exzesse, Terroraktionen, ins Sektenwesen, flüchten in die Betäubung von Rauschmitteln und vergeuden ihre Kräfte in destruktivem Protest. Am Wochenende hastet die Familie auf die Schipisten, in Ausflugslokale, im Urlaub fliegen sie in weit entlegene Urlaubszentren, niemals kommen sie zur Ruhe, zur Besinnung, überhaupt nicht mehr ins Gespräch, das Fernsehen simuliert eine Harmonie, die nicht mehr existiert, man lebt sich auseinander, man lebt für sich, man lebt für gar nichts mehr. Die ärztlichen und psychologischen Praxen sind überfüllt, das Volk ist krank, krank an der Sinnlosigkeit eines Daseins, das vor lauter Wohlstand kaum mehr lohnt zu leben.

Nun, es werden wieder härtere Zeiten kommen, und vielleicht war die Erfahrung der letzten Jahrzehnte sehr, sehr fruchtbar, denn ich glaube, daß heute das entsetzlich verzerrte Fratzengesicht im psychologischen Spiegel verschwunden ist. Nicht zuletzt haben wir es Professor Frankl zu verdanken, aber auch den Erfahrungen mit der Droge des Wohlstandes, die wir alle in gewisser Dosis geschluckt haben, daß wir heute wissen, daß der Mensch ein *sinnorientiertes Wesen* ist, dem es nicht primär um die Befriedigung seiner Bedürfnisse und den Gewinn von Verstärkern geht, sondern um das Erkennen und Begreifen persönlicher Ziele und Aufgaben im Leben und deren Erfüllung. Sein Gefühl wird sich oft irren, aber sein Wille vermag Berge zu versetzen, seine konditionierten Reflexe werden ihn oft fehlen lassen, aber seine Vernunft kann es wiedergutmachen. Er ist ein Abkömmling der Tiere, und doch besitzt er eine geistige Dimension, die kein Tier mit ihm teilt, er denkt nach den Schaltungen eines Computers, und hat doch ein Gewissen zur Verfügung, das über aller Vorprogrammierung steht.

Er ist ein Wesen des Widerspruches, aber seine Widersprüchlichkeit ist auch sein *menschliches Spezifikum,* denn er ist das einzige Lebewesen, das sogar sich selbst widersprechen kann, und sich über seine eigenen Schwächen und Störanfälligkeiten hinwegsetzen kann. Und das ist der Punkt, an dem wir auch wieder Vertrauen fassen können zum Menschen. Kein psychologisches Menschenbild war je so durchflutet von einem Vertrauen zum Menschen wie das logotherapeutische von Viktor Frankl. In jeder psychologischen Theorie stand das Entlarven der grundsätzlich egoistischen Motive des Menschen im Vordergrund, aber das „Leiden am sinnlosen Leben", das heute so viele Menschen erfaßt hat, öffnet uns eine neue Sicht. Denn daß der Mensch überhaupt leiden *kann* an der Sinnlosigkeit seines Daseins, das allein läßt uns wieder hoffen und glauben und vertrauen, spricht es doch in höchstem Maße *für* den Menschen.

In den logotherapeutisch-psychologischen Spiegel können wir ohne Angst blicken, denn was wir darin sehen, ist zwar auch kein Antlitz mit einem Heiligenschein, aber das Abbild eines Wesens, das jeweils um seine sinnvolle Existenz ringt, und wenn es auch an diesem Ringen manchmal fast verzweifelt, so trägt es doch menschliche Züge, deren wir uns nicht zu schämen brauchen.

Praktische Konsequenzen
in der Psychotherapie*

In den letzten Jahrzehnten waren die „Logotherapeuten", die Schüler Frankls, eifrig bemüht, seine bahnbrechenden Erkenntnisse für die praktische Arbeit mit hilfesuchenden Menschen fruchtbar zu machen. Ich selbst kenne einige von ihnen, die großartige Erfolge erzielt haben, aber was mich noch viel mehr beeindruckt als solche Erfolgsbilanzen, das ist die Tatsache, daß Patienten und Klienten, Eltern, Kinder und Jugendliche fast ausnahmslos *gerne* in die logotherapeutische Praxis kommen, daß all ihr Mißtrauen und ihre Skepsis schwindet und das Beratungsgespräch daher fast immer in entspannter und zufriedenstellender Atmosphäre verläuft. Das ist etwas, worauf wir Logotherapeuten meines Erachtens am meisten stolz sein können, denn der Ruf unseres Berufsstandes wird erst dann besser werden, wenn die Furcht vor „seelischem Striptease" und der Horror vor hintergründigen Manipulationen einem tiefen Vertrauen gewichen sind, und vertrauens*würdig* kann eben nur eine psychologische Methodik sein, die einem humanen Menschenbild entsprungen ist.

Knüpfen wir also nochmals an bei dem Bild des im Grunde nach Sinnerfüllung strebenden Menschen. Allein das Sichtbarmachen dieses Strebens bedarf einer ganz spezifischen Vorgangsweise, denn Sinnerfüllung ist kein Zustand, der mit Befriedigung festgestellt wird, sondern so etwas wie eine positive Sphäre, die das Leben eines Menschen umgibt und durchdringt und ähnlich wie „die Gesundheit" sich eigentlich nur dann bemerkbar macht, wenn sie fehlt. Aber selbst dann, wenn sie fehlt, und sich also ganz erheblich bemerkbar macht, ist den wenigsten Menschen klar bewußt, *was* ihnen fehlt, sondern sie klagen vielmehr über die Folgeerscheinungen dieses Fehlens, wiederum vergleichbar der Gesund-

---

* Ausführliche Beispiele und Anleitungen zur angewandten Logotherapie als moderne Psychotherapieform finden sich in meinem Buch „Auch dein Leben hat Sinn", Herderbücherei Band 825.

heit, deren Fehlen weniger wahrgenommen wird als die in der Folge einsetzenden Schmerzen. Wie der Logotherapeut in solchem Fall vorgeht, mag das folgende Beispiel zeigen:

Fall Nr. 2:
Es handelte sich um eine Frau mittleren Alters, die (im Unterschied zum Fall Nr. 1) schon jahrelang an Depressionen litt und mitunter sogar Selbstmordgedanken hegte. Vom Nervenarzt bekam sie ständig Aufmunterungstabletten, sogenannte Energizer, verschrieben, doch hatte sie auch keine besondere Lust, diese regelmäßig einzunehmen, und alles in allem freute sie das Leben überhaupt nicht.

Wenn man einen solchen Patienten vor sich hat, muß man sich hüten, voreilige Diagnosen zu erstellen, denn Depressionen können ganz verschiedenen Ursprung haben. Die klassische Psychologie unterschied *endogene* und *exogene* Depressionen, wobei endogen bedeutet, daß die Depression im Zusammenhang mit einer organischen Krankheit des Zentralnervensystems steht, und exogen bedeutet, daß keine organische Krankheit vorliegt, sondern die Depression eine pathologische Reaktion auf äußere schwerwiegende Veränderungen darstellt, wie es zum Beispiel beim Verlust des Arbeitsplatzes bei dem im vorigen Kapitel beschriebenen Mann der Fall war. Es gibt aber auch eine Form von sogenannter *noogener* Depression, die lange unbekannt blieb, weil die gesamte geistige Dimension des Menschen noch unentdeckt war, und die praktisch auf eine Unterforderung dieser geistigen Dimension zurückgeht. Wieder war es Frankl, der nicht nur diese noogene Depression entdeckte, sondern auch stets entschieden darauf hingewiesen hat, daß ähnliche psychische Krankheitsbilder gänzlich unterschiedliche Krankheitsursachen haben können und dementsprechend anderer therapeutischer Hilfe bedürfen.

Es war deshalb meine Pflicht, bei der Patientin mit den langjährigen Depressionen zunächst zu klären, ob nicht ein endogener oder exogener Faktor mitspiele, oder ob es sich um eine noogene Depression handle. Eine endogene Erkrankung konnten wir zum Glück ausschalten, da dies ärztlicherseits verneint wurde, und auch nicht die dafür typischen Anzeichen wie z. B. starke Beschwerden am Morgen mit extrem trockenem Mund u. a. vorhanden waren. Exogen ließ sich schließlich auch keinerlei Anhalt finden, wodurch die Depressionen ausgelöst worden sein könnten, denn im Leben dieser Patientin war es recht ruhig, gleichmäßig und spannungsfrei zuge-

gangen, sie war gut verheiratet, hatte keine Kinder zu versorgen, brauchte nicht zu arbeiten, hatte ein hübsches Heim und relativ wenig Sorgen.

So paradox es klingt, aber wenn es jemandem so besonders gut geht über längere Zeit, dann liegt der Verdacht einer noogenen Verstimmung, das heißt also einer geistigen Unterforderung, immer recht nahe. Ich ließ mir deswegen von der Patientin ihren Tagesablauf schildern, was sie denn so mache, und führte sie selbst zu der Feststellung, daß sie eigentlich keinen Grund zum Traurigsein habe, denn praktisch könne sie weitgehend tun und lassen was sie wolle, und Tausende Menschen würden sie darum beneiden. Diese Einsicht änderte natürlich nichts an der Tatsache, daß sie in ihrem depressiven Zustand todunglücklich war. Nun führte ich sie behutsam weiter, indem ich sie fragte, ob es ihr immer schon so gut gegangen sei, oder ob sie auch einmal eine Zeit der Not kennengelernt habe. Sofort erinnerte sie sich an einen Zeitabschnitt von ungefähr drei Jahren, in welchem sie durch eine schwere Krankheit ihrer Schwester gebeten worden war, deren Haushalt zu übernehmen und deren Mann und zwei große Söhne mitzuversorgen.

Fast mit Schaudern dachte sie daran zurück, daß der Mann und die beiden Söhne beim Essen so schwierig gewesen wären, daß sie manchmal dreierlei Essen auf den Tisch stellen mußte. Auch hatte sie die gesamte Wäsche und das Putzen des Einfamilienhauses ihrer Schwester mitübernommen und war in diesen drei Jahren vor lauter Arbeit kaum zu ihrem eigenen Haushalt gekommen.

Wir hatten also im Gespräch einen deutlichen Gegensatz herausgestellt, nämlich das Sich-gut-gehen-lassen-Können ihres gegenwärtigen Lebens und die Schwierigkeiten und Sorgen dieser drei Jahre, in denen sie für die Schwester eingesprungen war. Und nun brauchte ich nur noch die zentrale Frage zu stellen: was war mit den Depressionen während der drei schweren Jahre gewesen, in denen sie so viel hatte arbeiten müssen?

Nun, die Patientin war selbst verblüfft, denn an Depressionen in dieser Zeit konnte sie sich überhaupt nicht erinnern. Nein, sosehr sie nachdachte, die Depressionen waren langsam entstanden, als die Schwester wieder gesund war, und sie selbst wieder wenig zu tun hatte.

Die Patientin war in diesem Gespräch sehr nachdenklich geworden, denn zum erstenmal war ihr eine Vermutung aufgedämmert, die sie früher nie geahnt hätte, nämlich daß da ein Zusammenhang bestehen könnte zwischen ihrer Auslastung und ihrer Gemütsverfassung. Bisher hatte sie stets den Schluß gezogen, daß, nachdem es ihr

Leben sehr gut ginge, sie aber keine Freude mehr am Leben emp-
...den könne, sie krankhaft abnormal, ja geradezu verrückt sein
müsse, und das hatte ihre Depressionen verständlicherweise nur ver-
schärft; nun aber konnte ich ihr etwas anderes beweisen, daß näm-
lich gerade das Gutgehen kein ausreichender Indikator sei für innere
Zufriedenheit, und daß mitunter Arbeit, Sorge und Mühe wesentlich
stabilere Gemütszustände erzeugen.

Oft und oft ist es schon der erste fruchtbare Ansatz einer Therapie, dem Patienten klarzumachen, daß seine noogen depressive Verstimmung *keine* Abnormität sondern eine ganz normale und klar erkennbare Reaktion auf eine geistige Unterforderung ist und eigentlich nur anzeigt, *daß* da eben geistige Kräfte vorhanden sind, die auch betätigt werden wollen, daß ein überschüssiges menschliches Potential brachliegt und nicht ausgenützt wird, und dadurch das ganze Leben sinnlos erscheint, weil die Zielsetzung des einzelnen Tages, aber auch des gesamten Wirkungskreises fehlt.

„Ich habe immer das Gefühl, ich bin für gar nichts gut", sagte die Patientin, als sie erkannt hatte, was ich ihr zeigen wollte, „niemand braucht mich wirklich und nichts Wichtiges geschieht durch mich."

Ja das ist es, was der Mensch sucht: gebraucht zu werden, für etwas gut zu sein, nicht nur genießen und so dahinleben, das ist ihm einfach zu wenig, das verträgt er psychisch überhaupt nicht. Die Erkenntnis des eigenen Strebens und Ringens nach Sinnerfüllung ist schon der erste Schritt in ein gesundes und zufriedenstellendes Leben!

Als unsere Patientin dies verstanden hatte, blieb uns noch die gemeinsame Aufgabe, etwas zu suchen, was ihrem Leben einen neuen und zusätzlichen Inhalt zu geben vermochte. Sinn geben, das kann niemand, auch nicht der Therapeut, denn jeder muß selbst herausfinden, was ihm persönlich Sinn gibt und seinen ganz speziellen Platz im Leben bedeutet, aber bei der Sinnsuche helfen, das kann der Logotherapeut sehr wohl. Deswegen ließ ich mir von der Patientin ausführlich erzählen, wie sie denn damals den Haushalt und die Verköstigung der vielen Personen so gut geschafft hatte, als sie für ihre Schwester eingesprungen war. Stolz erwähnte sie, daß sie eine gute Köchin sei, sonst hätte sie nie so viele verschiedene Gerichte für jeden Geschmack in relativ kurzer Zeit herstellen können, und fast habe man ihren Kochtöpfen nachgeweint, als die Schwester wieder

*in ihre Familie kam und das Kochen selbst übernahm. Nun fragte
ich die Patientin, ob sie eventuell bereit wäre, wieder für andere
Leute zu kochen, aber sie meinte sofort, sie habe es ja gar nicht nötig,
ihr Mann verdiene genug. Daß es nicht um den Gelderwerb ging,
sondern um die Reduzierung ihrer noogenen Depression, war eine
Vorstellung, die sich erst allmählich bei ihr festigen mußte. Doch
eines Tages fanden wir das Richtige: die Frau bekam die Möglichkeit
im Sozialdienst bei der Aktion „Essen auf Rädern" ehrenamtlich
mitzuhelfen. Sie trug Essen aus an alte und behinderte Menschen,
und als sie hörte, daß manche ihrer Schützlinge nur noch Diätkost
vertragen würden, stellte sie sich öfter selbst in die Großküche und
half mit, Speisepläne zu entwerfen, Suppen zu würzen oder Salate
anzurichten.*

*Ja, seither sind schon fast drei Jahre vergangen, aber die Depres-
sionen der ehemaligen Patientin sind nicht mehr zurückgekommen,
und ich glaube, sie werden auch nicht wiederkommen. Denn diese
Frau hat etwas zu ihrer Aufgabe gemacht, das zu den wertvollsten
und schönsten Zielsetzungen im Leben überhaupt gehört, nämlich
das Da-Sein für andere Menschen. Wer für andere da ist, bleibt selbst
psychisch gesund, diesen Zusammenhang sehen wir immer wieder
in der psychologischen Praxis, und verstehen ihn auch im Sinne des
logotherapeutischen Menschenbildes, das die Selbstsucht als
Grundmotiv des Menschen in der Psychologie endgültig überwunden hat.*

Dieses einfache Beispiel der Behandlung einer noogenen Depression mag als Verständnisgrundlage dienen, um eine der wichtigsten
Konsequenzen in der Psychotherapie, nämlich die von Frankl entwickelte psychotherapeutische Methode der *Dereflexion* zu besprechen.

Dereflexion ist sozusagen das Gegenteil von Selbstreflexion, sie
bedeutet also ein Abwenden von jeder Selbstbeobachtung, von jedem Sich-selbst-wichtig-Nehmen, von allem gedanklichen Kreisen
um das eigene Ich. Hier kommen wir jedoch in einen großen Konflikt mit dem „Zug der Zeit", könnte man fast sagen, denn der heutige Trend läuft eher dahin, sich selbst sehr stark in den Mittelpunkt
zu stellen, die eigenen Bedürfnisse sehr wichtig zu nehmen und
nach Möglichkeit durchzuboxen, und leider auch das Selbst in fast
abgöttischer Weise zu lieben.

Daß dies eigentlich nicht im Sinne der Natur des Menschen ist,
erzählt uns eine Grenzwissenschaft, die in den letzten Jahren große
Fortschritte gemacht hat, nämlich die Psychosomatik.

Psychosomatische Beschwerden, an denen ein sehr, sehr hoher Anteil der Bevölkerung heute leidet, sind keine eingebildeten Beschwerden, sondern oft sogar sehr schmerzhafte und heftige körperliche Beschwerden, für die jedoch eine organische Grunderkrankung fehlt. Und die psychosomatisch erkrankten Menschen sind bei weitem keine Hypochonder, auch wenn sie von den Ärzten, die nichts finden können, manchmal so hingestellt werden, sondern Menschen, die tatsächlich an ihrer Erkrankung leiden und oft sehr verzweifelt sind. Nun zeigt sich bei psychosomatisch gestörten Menschen immer wieder eines, nämlich daß sie ihren eigenen Körper und den jeweiligen Zustand ihres Wohlbefindens sehr stark *beobachten* und schon die geringste Veränderung ängstlich registrieren. Gerade das aber führt die psychosomatischen Beschwerden verstärkt herbei, was ich an einem Fall von Herzneurose demonstrieren möchte.

Fall Nr. 3:
Zu mir kam eine junge Frau, die wegen wiederkehrender Anfälle von ,,Herzrasen" bei verschiedenen Ärzten gewesen war und überall nur bestätigt bekommen hatte, daß das EKG in Ordnung und ihr Herz gesund sei. Einzig der Blutdruck war etwas niedrig und instabil, sonst fehlte ihr organisch nichts. Deswegen hatte man sie schließlich in die psychotherapeutische Praxis ,,abgeschoben" und sie kam zu mir.

Ich veranlaßte sie zunächst einmal genau Buch zu führen, wann das Herzrasen auftrete und was sie unmittelbar vorher getan und gedacht habe. Schon nach wenigen Wochen war klar erkennbar, daß die Anfälle von Herzklopfen meistens in absoluten Ruhepausen auftraten, z. B. vor dem Fernseher oder wenn sie abends im Bett las, also keineswegs etwa nach einer körperlichen Überanstrengung oder bei irgendeiner seelischen Aufregung. Die genauere Untersuchung des Phänomens ergab folgenden Zusammenhang: ihr etwas labiler Blutdruck dürfte gelegentlich in solchen Ruhepausen etwas absinken, woraufhin sich automatisch die Herzfrequenz etwas steigert, um die Blutzirkulation normal aufrechtzuerhalten. Das ist bei jedem Menschen so, es handelt sich um eine ganz normale Kreislaufkompensation. Aber unsere Patientin hörte besonders feinfühlig in sich selbst hinein und beobachtete ihren Herzschlag übergenau, wodurch sie diese leichte Herzfrequenzsteigerung überhaupt erst bemerkte.

Wenn sie dies aber bemerkte, dann war sie sofort sicher, alsbald wieder einen schweren Herzanfall erleiden zu müssen, was ihre

Angst extrem in die Höhe trieb. Angst bedeutet jedoch physiolo-
gisch eine Reizung des sympathischen Nervensystems, welches un-
der anderem die Herzfrequenz nochmals um einiges steigert. Sowie
sie nun spürte, daß das Herz noch schneller klopfte, fühlte sie sich in
ihrer Angst bestätigt, es näherte sich ja offensichtlich tatsächlich ein
Anfall, sie geriet in panische Angst und trieb sich auf diese Weise
mehr und mehr selbst in den Herzanfall hinein.

Man sieht, es muß gar nicht immer eine großartige seelische Ursache, ein verdrängtes Trauma, eine schlechte Kindheit, ein schwerer
Schock u. dgl. angenommen werden, um psychophysische Störungen zu erklären, es können auch kleine, zufällige Ursachen große
Wirkungen haben. Das Beispiel mit der Herzneurose ist in zweier-
lei Hinsicht sehr lehrreich, denn es zeigt zum einen, daß die Selbstbeobachtung und das ständige in sich selbst Hineinhorchen gar
nicht gesund, ja sogar zum Teil gefährlich ist, und zum anderen,
daß, biologisch betrachtet, Ruhe und Schonung nicht in jedem Fall
das Beste ist. Es ist nämlich eine besondere Tragik, daß Herzneu-
rotiker wie diese Patientin dazu neigen, sich übermäßig zu schonen,
um bloß keinen Anfall heraufzubeschwören, also weder Sport treiben noch sich vermehrt körperlich anstrengen, was alles geradezu
kontraindiziert ist. Im Gegenteil, es würden sich ihr Blutdruck und
ihre Herzregulation sofort stabilisieren und normalisieren, wenn
sie sich viel bewegen würden, und schon ein paar Kniebeugen
könnten bei leichtem Abflachen des Blutdrucks mit darauffolgen-
der Herzfrequenzsteigerung genügen, um den gesamten Kreislauf
wieder in Ordnung zu bringen. Aber das Grundproblem liegt ja
ganz wo anders, es liegt darin, daß diese Patientin nicht über sich
selbst hinweg blicken kann, sich nicht mit etwas anderem so intensiv beschäftigt, daß sie das bißchen Herzklopfen übersieht, überhaupt nicht merkt, gar nicht registriert oder jedenfalls für unwich-
tig nehmen kann. Denn das allein würde ihre Angst von vornherein
verhindern, der Herzschlag würde sich einpendeln, und es würde
überhaupt nichts passieren.

Nun, es gibt verschiedene Ansätze in der Psychotherapie, um
Angst zu reduzieren, doch im psychosomatischen Bereich hat sich
die Dereflexion von Frankl sehr bewährt. Das Leitmotiv dieser
psychotherapeutischen Methode ist es, dem Patienten zu vermitteln: „Denk nicht an Dich, vergiß Dich, Dein Körper macht alles
ganz von allein automatisch richtig, wenn Du ihm nicht dazwi-
schenfunkst und ihn nicht störst!"

Dieses Leitmotiv kann nur auf indirektem Wege vermittelt wer-

l, denn jemandem zu sagen, woran er *nicht* denken soll, ist keine
fe, man muß einen anderen und zwar einen sehr bedeutsamen
Denkinhalt vorgeben, um die Aufmerksamkeit des Patienten dort-
hin zu lenken und sie dadurch von seinem Selbst abzulösen.

Es ging also bei unserer Patientin darum, etwas zu finden, womit sie
sich gedanklich beschäftigen konnte, wenn sie wieder eine leichte
Herzfrequenzsteigerung verspürte. Dabei genügte aber keineswegs
irgendeine Ablenkung, z. B. wenn man ihr raten würde, sie solle bei
Eintritt der Beschwerden beginnen, ein Kreuzworträtsel zu lösen;
denn wenn jemand fürchtet einen Herzanfall zu bekommen, dann
interessiert ihn kein Rätsel mehr! In der Dereflexion muß man direkt
an einen Wert mit Sinnerfüllungscharakter *herankommen, an et-*
was, dem zuliebe der Patient bereit ist, sich selbst in den Hintergrund
zu stellen und sein eigenes Befinden einfach zu übersehen.
　　Ich suchte deshalb nach jenem Inhalt im Leben dieser jungen Frau,
der ihr am meisten bedeutete, und es stellte sich heraus, daß dies ihr
Mann war. Sie war erst seit kurzem verheiratet, und sie erzählte mir,
daß sie in den gemeinsamen Stunden mit ihm so glücklich sei, daß
sie die ganze Welt vergessen könnte und auch – sich selbst. Nun ver-
einbarte ich mit diesem Manne, der ja auch an einer Wiederherstel-
lung seiner Frau sehr interessiert war, daß sie ihn immer dann, wenn
sie das Gefühl habe, es könnte sich ein Herzanfall nähern, anrufen,
oder, wenn er zu Hause war, ein Gespräch mit ihm beginnen
sollte, wobei sich das Gespräch jedoch um alles nur nicht um ihre
Krankheit drehen dürfe. Die Frau bekam den Auftrag, ,,ob das Herz
klopfe oder nicht", sich ganz auf ihren Mann einzustellen, an seine
Sorgen zu denken, ihn zu fragen, wie es ihm gehe, und sich an seiner
Stimme zu erfreuen. Ihm zuliebe solle sie den Herzanfall Herzanfall
sein lassen, und nur an ihre glückliche Partnerschaft und ihre ge-
meinsamen Pläne denken.
　　Die Frau versuchte es, der Mann half ihr dabei, und es war über-
raschend, wie schlagartig die Herzbeschwerden aufhörten, und wie
sehr sich die beiden jungen Menschen darüber freuten. ,,Mein Mann
ist meine beste Medizin", sagte die junge Frau zu mir, als sie wieder
einmal in der Praxis war. Immer noch ist ihr Blutdruck nicht so ganz
in Ordnung, obwohl ich sie mittlerweile auch zu mehr sportlicher
Aktivität überreden konnte, was ihrem Kreislauf sehr gut bekommt,
aber sie hat wieder Vertrauen zu ihrem Körper gefaßt und keine
Angst mehr vor einem plötzlichen Herzrasen, das auch nicht mehr
auftritt. Seit ein paar Monaten erwartet sie nun ihr erstes Kind und
ist so ausgefüllt mit Vorfreude und Vorbereitungen, daß sie, wie sie

sagt, für Herzanfälle „sowieso keine Zeit mehr hat". Das Leitmotiv der Dereflexion ist durchgedrungen, sie beobachtet sich nicht mehr krampfhaft, und die psychosomatische Störung ist verschwunden.

In ganz ähnlicher Weise kann man bei anderen psychosomatischen Störungen helfen, zum Beispiel bei nicht organisch bedingten Potenzstörungen oder bei den sehr verbreiteten Einschlafstörungen.

Bei den meisten Fällen von psychogener Potenzstörung oder Frigidität spielt dieselbe ungesunde Selbstreflexion, die wir bei dem eben besprochenen Fall erlebt haben, eine kausale Rolle. Ein Mann will seine Erektion erzwingen, oder eine Frau ihren Orgasmus, beide beobachten sich schon während des ganzen Liebesspieles, denken nur an ihren eigenen Körper, ob sie wohl etwas spüren, sind enttäuscht, daß sich nichts tut, bekommen es vielleicht mit der Angst zu tun, daß sie in ihrer Geschlechtsrolle nicht vollkommen seien, also kein „richtiger Mann" oder keine „richtige Frau" seien, versuchen es noch verkrampfter zu erzwingen, und natürlich geht es nicht. Die ärztlichen Praxen sind heute voll mit solchen Patienten, und oft gibt es zusätzlich große Dramen in der Ehe, Partnerschaft und Familie.

Daß es auf breiter Ebene zu diesen Störungen kam, dafür ist zum allergrößten Teil die vermarktete Aufklärungswelle verantwortlich, die uns seit Jahren mit einer Glorifizierung des Sexualaktes überschwemmt, so daß tatsächlich der Eindruck entsteht, das Leben sei nicht mehr lebenswert, wenn man nicht fast täglich einen sexuellen Höhepunkt erlebe. Die Leute sind verunsichert und beginnen sich zu beobachten, es kommt zu einer „Hyperreflexion" und „Hyperintention" der Sexualität, wie Frankl es ausdrückt, jeder will mehr und mehr sexuell erleben, nachdem ihm dies als unbedingt erforderlich eingetrichtert worden ist, aber der menschliche Organismus ist nicht auf dauernde Lustproduktion angelegt, und vor allem ist menschliche Sexualität nicht einfach trennbar von einer *personalen Liebesbeziehung.* Die körperlichen Funktionen, die sich bei einer Liebesbeziehung ganz automatisch und von selbst ergeben, werden bei einer Aufmerksamkeitsreduktion auf den eigenen Lustgewinn und bei einer isolierten Hyperstimulation sofort gestört und lassen sich nicht mehr erzwingen. Frankl, der diese Zusammenhänge schon bei Beginn dieser unglücklichen soziologischen Entwicklung erkannte, pflegte seine potenzgestörten Patienten damit zu heilen, daß er ihnen für gewisse Zeit den Koitus sogar untersagte, sie aber dafür anhielt, bei den Liebesspielen wieler an den Partner zu denken und nicht an den eigenen Lustgewinn, sich dem Partner liebend hinzugeben und nicht den eigenen Körper zu beobachten. Meistens konnten diese Patienten das Koitusverbot dann gar nicht lange einhalten, weil sich die automatischen Körperfunktionen bei der Dereflexion von selbst regenerieren.

Auch die Einschlafstörungen zeigen oft und oft dieselbe Genesis, nämlich daß jemand abends im Bett daran denkt, wann er endlich einschlafen könne, sich selbst beobachtet, ob ihm wohl schon bald die Augen zufallen, und letzten Endes mehr und mehr den Schlaf erzwingen will, was praktisch nicht funktionieren kann, weil ja allein das Beobachten, Denken und Grübeln über das Einschlafen den Betreffenden wachhalten. Auch hier kann der dereflektorische Ansatz ausgezeichnet helfen, indem dem Patienten geraten wird, sich überhaupt nicht um seinen Schlaf zu kümmern, sondern etwas ganz anderes zu überdenken. Welcher Denkinhalt dann therapeutisch gewählt wird, das steht wieder im Zusammenhang mit der *Sinnfrage,* denn was dem Patienten nicht wichtig und sinnvoll genug erscheint, das wird ihn auch nicht von seiner gesteigerten Selbstbeobachtung weglocken können. Findet man jedoch den richtigen Denkinhalt, der für den Patienten hinreichend bedeutungsvoll ist, dann ist der Patient meist schneller eingeschlafen, als er eigentlich möchte, weil er seine Müdigkeit total vergißt.

Es ließe sich noch sehr vieles dazu sagen, doch worauf es mir bei all diesen Beispielen ankommt, ist es, aufzuzeigen, daß ein Menschenbild, das den Menschen als ein sinnorientiertes Wesen mit einer geistigen Dimension darstellt, nicht mehr den Menschen allein auf sein Selbst zentrieren kann! Die fundamentalste Konsequenz aus dem logotherapeutischen Menschenbild ist die Erkenntnis der sogenannten ,,*Selbst-Transzendenz*'' des Menschen, das heißt, der Mensch greift in seinem Denken, Fühlen und Handeln immer zugleich über sich selbst hinaus, in seine Umwelt, zu seinen Mitmenschen, hinein in das vielfältige Reich der Möglichkeiten, von denen er einige wenige realisieren möchte. Und tut er dies nicht, klebt er am eigenen Befinden, an der eigenen Lustbefriedigung, an der Beobachtung eigener körperlicher oder seelischer Zustände, ja nimmt er überhaupt nur sich selbst wahr und wichtig, dann ist er krank, dann kommt es zu einer so radikalen Einengung seines persönlichen Gesichtsfeldes, daß er dies weder psychisch noch physisch verträgt, dann rebelliert alles in ihm, sein Verstand, seine Emotion und auch die automatische Regulation seiner Körperfunktionen.

Hierin begründet sich auch die enorme Gefährdung durch eine Wegwerf- und Überflußgesellschaft, wie wir sie heute in den westlichen Ländern haben. Je weniger Arbeit im weitesten Sinne dem einzelnen abverlangt wird, je weniger Sorgen er sich zu machen braucht, je mehr ihm zur reinen Konsumation angeboten wird, und je passiver seine Freizeitinteressen sich gestalten, desto weniger Mobilisierungshilfen gibt es für seine Selbst-Transzendenz; im Extremfall sitzt er mit vollem Bauch und dickem Bankkonto in seiner Luxuswohnung und weiß nicht, was er sich noch wünschen soll, weil alle seine Wünsche finanzierbar sind. Ein solcher zielloser Endzustand kommt schon fast einem Verlust des Mensch-Seins gleich, weil alle kognitiven Verbindungslinien zur Welt und zum Leben nach dem Wörtchen „ich" abgeschnitten sind, und die eigene Existenz absolut sinnlos erscheint. Niemand kann nur existieren, um seine eigene Existenz möglichst angenehm aufrechtzuerhalten, das widerspricht dem geistigen Niveau des Menschen.

Selbst Kinder und insbesondere junge Menschen brauchen das Verstehen eines Sinnzusammenhanges sowohl bei ihrer Arbeit, als auch beim Spiel, in der Familie wie in der Gemeinschaft, und der ganze weltweite Protest der heutigen Jugend, der uns so oft erschüttert und in den schrecklichsten Formen begegnet, könnte seine Wurzeln in diesem Problem haben.

Man muß bedenken wie anders etwa Kinder in ländlichen Verhältnissen aufwachsen als in der Großstadt. Kinder, die in die Landwirtschaft integriert sind, helfen von klein auf mit bei der Arbeit, aber sie wissen von Anfang an, immer und überall, warum und wozu sie dies tun. Wenn sie die Hühner füttern, verstehen selbst die Kleinsten, welchen Sinn dies hat, oder wenn sie bei der Kartoffelernte helfen, ist der Sinn ihres Handelns und des Handelns ihrer Eltern unmittelbar gegeben. Arbeit und Freizeit verschmelzen zu einer Einheit, die sich aus dem Wechselspiel der Kräfte zwischen Anstrengung und Erholung ergibt, aber vom gleichen Sinnzusammenhang durchzogen wird: der Bauer, der den ganzen Tag über auf dem Feld gearbeitet hat, setzt sich vielleicht am Feierabend auf eine Bank vor das Haus und blickt zufrieden über die Felder, die unter seinen Händen gedeihen.

Ich will das Landleben nicht idealisieren, sondern nur gedanklich herausarbeiten, wie sehr im großstädtischen Leben alles auseinanderklafft und der Sinnzusammenhang gerade für Kinder in Verlust gerät. Die Arbeit ist da von der Freizeit streng getrennt, Arbeit der Eltern bedeutet, daß sie aus dem Haus gehen, Arbeit für die Kinder bedeutet Schulaufgaben machen, deren Notwendigkeit sie nicht immer einsehen können. Als einziger Sinn für das tägliche Weggehen der Eltern wird meist das Geldverdienen angegeben, als einziger Sinn für die Schule wird auch oft den Kindern dargelegt, daß sie etwas lernen müssen, um später einen ordentlichen Beruf zu bekommen, um eben Geld zu verdienen.

Der Sinn des Spieles ist oft nur der, sich selbst zu unterhalten, und die moderne Spielwarenindustrie erzeugt beklagenswert sinnarme Gegenstände: Hunde, die auf Knopfdruck bellen können, Kriegsschiffe, mit denen man den Gegner versenken kann, Autobahnen, auf denen die tollsten Rennwagen im Kreise rasen, oder Marsmenschen mit utopischen Gesichtern, die man auseinandernehmen und wieder zusammensetzen kann. Welchen Sinn soll ein Kind in all dem sehen, es ist meist ganz lustig, sich damit zu beschäftigen, aber allzu schnell auch wieder uninteressant. Wie glücklich waren noch Kinder, die sich z. B. aus einem Ast selbst ein primitives Schifflein schnitzten, um es im Teich schwimmen zu lassen, sie wußten noch, wozu ihre Mühe beim Schnitzen gut war, sie hatten noch ein Ziel vor Augen, da war noch so etwas wie eine kindliche Selbst-Transzendenz!

Unsere übersättigten Wohlstandskinder können oft gar nicht mehr richtig selbstvergessen spielen, sie wissen auch nicht, warum sie etwa aus Legosteinen einen Turm bauen sollen, den sie am Abend vor dem Fernsehen sowieso wieder zerlegen und aufräumen müssen; viele, viele Spielsachen sind von einem Sinnzusammenhang weit entfernt und stehen nur als nutzlose Ziergegenstände im Kinderzimmer herum.

Sinnentfremdete Arbeit bei den Eltern und sinnentfremdetes Spiel bei den Kindern, wie sollen junge Menschen, die in diesem Milieu aufwachsen, ihr eigenes Leben einmal sinnvoll gestalten können? Das vielgenannte Wort vom Geld-Verdienen zieht bei ihnen kaum, dagegen protestieren sie im Grunde, wenn sie gegen die Ordnung des Establishments Sturm rennen.

Aber damit, daß man etwas verneint, hat man noch keine Lösung gefunden, und so verzweifeln auch viele junge Menschen heute an ihrer eigenen Sinnsuche, für die sie keine Vorbilder mehr haben in den geänderten Lebensbedingungen ihrer Umwelt.

Kürzlich war in Deutschland ein Artikel in der Zeitung, der sich mit dem Thema „Was tun, wenn Kinder Eltern schlagen?" befaßte. Diese Frage ist gar nicht so abwegig, denn die Brutalität nimmt auf allen Seiten zu, und die Jugendlichen, über die Medien tagtäglich mit Krimis und Greueltaten gefüttert, werden schon auch tätlich gegen ihre Eltern. Nun wurde ein Soziologie- und Psychologie-

Professor, dessen Name mir bekannt ist, zu diesem Thema befragt, besonders dazu, was er den bedrohten Eltern raten würde zu tun. Ich zitiere seine Antwort wörtlich: „Bedrohte Eltern sollen dem Kind zum Beispiel schnell eine Vase in die Hand drücken, die es gegen die Wand werfen kann. Das löst seine Aggressionen!" riet der Professor.

Es ist nicht zu verwundern, daß die Psychologen keinen guten Ruf haben im Volk, denn wer nur ein bißchen gesunden Menschenverstand hat, der wird sagen: „Um Himmels willen, ist es schon so weit mit uns gekommen?" Aber das sind die verheerenden Auswirkungen eines Menschenbildes, das den Menschen a priori als ein Sammelbecken aufgestauter Triebregungen dargestellt hat, welche alle nach Möglichkeit abreagiert werden müssen, wobei die geistige Dimension völlig ausgeklammert ist. Die „armen Kinderchen" haben ihre Aggressionen unbewußt aufgestaut, und wenn sie dann mit dem Messer auf den Vater losgehen oder mit der Faust auf die Mutter, dann müssen eben die Eltern für eine andere Aggressionsabfuhrmöglichkeit sorgen, aber abreagieren müssen sich die Kinder auf jeden Fall...

Welch ein ungeheuerlicher Denkfehler: es wird überhaupt nicht mehr gefragt, was zu dem familiären Konflikt geführt hat, oder ob es nicht eine andere Möglichkeit der Konfliktlösung geben könnte, nein, die Aggressionen müssen abfließen, notfalls über Mutters schönste Blumenvase; nur wird dann die Mutter ihrerseits wieder Aggressionen ins Unbewußte verdrängen und *die* wieder eines Tages am Kinde abreagieren müssen – das Denkmodell führt sich selbst ad absurdum.

Fall Nr. 4 (Gruppe):
Wir haben in unserer psychologischen Beratungsstelle ein therapeutisches Experiment unternommen mit 6 extrem aggressiven Kindern, die seit langem ihren Eltern große Sorgen bereiteten, weil sie mit ihren Spielsachen nur destruktiv umgehen konnten. Es waren Kinder, die einen neuen Teddybären zwei Tage lang besaßen, dann war dessen Bauch aufgeschlitzt, oder ein Bein ausgerissen, Kinder, die ein neues Auto dazu benützten, die Räder abzumontieren und die Antennen abzubrechen, die in den Bilderbüchern die Seiten zerknüllten und den Bällen die Luft ausließen, Kinder, die nicht spielen, sondern nur zerstören und das Zerstörte in die Ecke werfen konnten.

Wir ließen die Eltern dieser Kinder alle zerstörten und kaputten Spielsachen und deren Bestandteile einsammeln und baten sie, diese Sammlung zur ersten Therapiestunde mitzubringen. Unsere Heil-

pädagogin wurde nun angeleitet, mit den 6 Kindern ein therapeu-
tisches Werken ganz besonderer Art zu unternehmen, und zwar
sollte aus den mitgebrachten kaputten Materialien Stück für Stück
etwas Neues, Ganzes und Schönes gebastelt werden, und noch dazu
in mühsamer Gemeinschaftsarbeit.

Alle Kinder mußten Ideen beitragen, denn die Dinge sollten nicht
einfach repariert, sondern zu neuen Spielsachen kunstvoll zusam-
mengebaut werden, so wurden zum Beispiel aus verschiedensten Pup-
pen und Kleidungsresten Vertreter der wichtigsten Menschenrassen
nachmodelliert mit jeweils einem für ihr Volk typischen Gegenstand
in der Hand. Die Kinder malten, nähten, feilten, hämmerten, stopf-
ten Bäuche aus, zogen Gesichter nach, klebten Hüte und strickten
Ministrümpfchen, sie bastelten kleine Strohhütten und überzogen
Tierfiguren mit Pelz- und Wollresten. Jeder fertige Gegenstand
wurde unter den Kindern ausgelost und dem glücklichen Gewinner
geschenkt.

Das Denkmodell, das hinter diesem Versuch stand, war im Sinne
des logotherapeutischen Menschenbildes die Einsicht, daß ein
Sinnzusammenhang für die Kinder hergestellt werden mußte, den
sie mit ihren Spielsachen verknüpfen konnten, ein *Wertbewußtsein*
der sie umgebenden Dinge, eine *Aufgabe*, der sie ihre Kräfte im
Konstruktiven statt im Destruktiven widmen sollten. Die Kinder
wurden vom reinen Konsumieren der ihnen geschenkten Güter
weg und zu einer zielgerichteten Aktivität geführt, bei welcher sie
durch ihre Ideen und ihre Arbeit selbst beitragen konnten bei
einem Art *Schöpfungsprozeß*, bei der Schaffung von etwas „außerhalb ihnen selbst Liegendem", wie es der geistigen Konzeption des
Menschen entspricht.

Keines der Kinder dachte im entferntesten daran, die mühsam selbst
hergestellten Gegenstände wieder leichtfertig zu zerstören, und
Eltern, die gesehen haben, wie behutsam und liebevoll diese Kinder
ihre selbstgebastelten Stücke nach Hause trugen, glaubten ihren
Augen nicht zu trauen. Nach einem halben Jahr mußten wir die The-
rapiegruppe einstellen, weil wir keine kaputten Spielsachen als
Grundmaterial mehr geliefert bekamen, die Kinder hatten alle sechs
gelernt, adäquat mit ihren Sachen umzugehen.

Ob wir das auch erreicht hätten, wenn wir den Kindern wertlose
Tonvasen zur Verfügung gestellt hätten, die sie in der Therapiestunde an die Wände hätten schmettern können? Ich glaube es

nicht, ich bin überzeugt, ihre Aggressivität hätte sich nur potenziert, und sie hätten schließlich auch das Wohnzimmer ihrer Eltern in ein Schlachtfeld verwandelt unter dem ihnen einsuggerierten Hinweis, sie „müßten ihre Aggressionen loswerden". Wie im Kleinen, so ist es im Großen, und wer unserer heutigen Jugend helfen will, der muß sinnvolle Aufgaben für sie finden und an sie delegieren, der muß aber auch bereit sein, ihr selbst ein sinnerfülltes Leben vorzuleben, in dem nicht die Triebbefriedigung dominiert, sondern das Gewissen, der Wille und die Vernunft.

Wir müssen noch eine weitere Konsequenz aus dem logotherapeutischen Menschenbild besprechen, die sich nicht so sehr auf die Selbst-Transzendenz, sondern auf die *„Selbstdistanzierungsfähigkeit"* des Menschen bezieht. Wenn es nämlich innerhalb der geistigen Dimension möglich ist, über sich selbst hinauszuwachsen, sozusagen seinem eigenen beschränkten Ich zu entwachsen, wie wir es bei der Dereflexion gesehen haben, dann bedeutet dies, daß ein *Abstand* zu sich selbst und den eigenen Gefühlen gefunden werden kann, und aus dieser Distanz kann – bildlich gesprochen – auch wieder auf das eigene Selbst zurückgeblickt werden, allerdings in einem ganz anderen Maßstab, in einer neuen Stellungnahme, die ohne diese Distanz gar nicht möglich wäre.

Um bei einem Vergleich zu bleiben, so ließe sich die Selbst-Transzendenz analogisieren mit dem Hinauswandern aus dem heimatlichen, eng begrenzten Dorf in die weite Welt, um Neues zu erforschen und zu begreifen, und die Selbstdistanzierung wäre dann der Blick von der weit entfernten Bergspitze zurück ins heimatliche Tal, das nun in einer ungewohnten, aber der Wirklichkeit angepaßteren Perspektive erscheint und die ganze Relativität seiner Größe und Bedeutung aus der Distanz besser erahnen läßt. Wer nie aus dem Dorf hinauskommt, wird das Dorf für die ganze Welt halten, oder die ganze Welt für ein Dorf, er wird in einer ständigen Fehleinschätzung seiner selbst und seiner engeren Umwelt leben. Das Gleichnis ist deshalb recht günstig, weil eine bestimmte Art psychisch Kranker, nämlich der *Neurotiker* tatsächlich sehr oft in der Gefahr ist, sich selbst fehleinzuschätzen, und zwar genauso seine engeren, kleinlichen Belange zu hyperinterpretieren und bei weitem zu wichtig zu nehmen, wie eben im Gleichnis der Dorfbewohner, der nie hinauskommt, und der vielleicht die kleine Bergkapelle vor seinem Haus für eine der größten Kirchen der Welt hält.

Die typische neurotische Verstimmung kann ganz laienhaft direkt dadurch definiert werden, daß jemand „aus der Mücke einen

Elefanten macht", daß er also alles Mögliche sehr tragisch nimmt und dadurch aus einem tragischen Leben gar nicht mehr herausfindet. Eine überhöhte Sensibilität und gesenkte Reizschwellen im Emotionalbereich bewirken heftige psychische Reaktionen schon auf kleine Vorkommnisse, und kommt einmal wirklich eine ernstere Lebenskrise, dann dreht der neurotische Patient mitunter völlig durch und erleidet einen psychischen Kollaps.

Frankl war nun der erste, der auf die geniale Idee kam, daß dem Neurotiker therapeutisch dadurch geholfen werden könne, daß seine Selbstdistanzierungsfähigkeit gestärkt und aufgebaut wird, und er somit aus der Distanz, die er zu sich selbst gewinnt, auch eine neue Einstellung zu den kleinlichen Belangen seiner engeren Umwelt findet. Der Gedanke erwies sich als durchschlagend im gesamten therapeutischen Raum, und die nach diesem Konzept entwickelte Methode der „paradoxen Intention" hat inzwischen weltweite Anerkennung gefunden. Ein Beispiel soll zeigen, wie dabei vorgegangen wird.

Fall Nr. 5:
Bei einer Elternberatung berichtete mir eine Mutter, daß sie täglich überaus große Ängste ausstehe und bald nur mehr mit Beruhigungsmitteln existieren könne. Und zwar sei sie mit ihrer Familie in ein neues Einfamilienhaus am Stadtrand eingezogen, für welches sie jahrelang gespart hätten, und nunmehr fühle sie sich dort ständig bedroht, besonders wenn ihr Mann nicht zu Hause wäre; sie bilde sich dann ein, daß jemand um das Haus schleiche, daß die Fensterläden knarren würden, sie höre das Gartentor quietschen und glaube, jeden Augenblick von Einbrechern überfallen zu werden.

Erschwerend kam dazu, daß ihr Ehemann beruflich einen Schichtdienst hatte, der ihn an jedem zweiten Tag erst sehr spät nach Hause kommen ließ. Wenn die Frau gegen 18.30 h ihr kleines Kind ins Bett gebracht hatte, pflegte sie dann voller Angst und Verzweiflung wach zu bleiben, bis ihr Mann gegen Mitternacht heimkam, und obwohl eine teure Alarmanlage installiert war, und alle Zugänge stets fest verschlossen und verriegelt wurden, konnte sich die Frau einfach nicht beruhigen. Durch Wind und Wetter gab es immer irgendwelche nächtlichen Geräusche, die genügten, um sie in helle Aufregung zu versetzen.

Hier haben wir eine subneurotische Verstimmung wie sie im Lehrbuch steht; Kleinigkeiten wie diese nächtlichen Geräusche werden zu großen Angstauslösern, die Ängste stehen in keinem sinnvollen

Verhältnis zu den wahren Gegebenheiten; typisch auch, daß die Ängste zunehmen, sobald das Kind zu Bett gebracht ist, also die Mutter von allen Arbeiten und Aufgaben entlastet ist und mehr „Muße" hat, sich in ihre Angstvorstellungen hineinzusteigern. Es ist das Kleben an den eigenen kleinen Belangen, das Überbewerten des Selbst und seiner Wichtigkeit, das Hyperreflektieren einer an sich harmlosen Situation.

Was ich der Frau sagte, war folgendes: Solange sie Angst hat, hat die Angst auch Macht über sie und stört ihr Wohlbefinden. Um dieser sinnlosen und störenden Angst die Macht zu nehmen, solle sie ihre eigene Angst verspotten. Dies könne sie am besten, wenn sie sich innerlich genau das wünsche, wovor sie sich fürchte, denn niemand kann sich zugleich etwas wünschen und dasselbe auch fürchten, Wunsch und Furcht hemmen sich gegenseitig.

Wenn sie also allein zu Hause sei, solle sie sich laut vorsagen: „Ach wäre das schön, endlich einmal überfallen zu werden, das wünsche ich mir schon so lange und niemals klappt es, und dabei hätte ich so guten Whisky zu Hause, den ich den Einbrechern anbieten könnte, und auch sonst allerlei Schätze, die sie interessieren würden, wo bleiben sie bloß, es ist so langweilig zu Hause, nie tut sich etwas, rein gar nichts passiert, in jedem Krimi geht's turbulent zu, nur bei mir zu Hause nicht, na hoffentlich klopft bald einer an die Tür, ich warte schon sehnlichst darauf…" usw.

Natürlich klingt das recht lächerlich, eben *paradox*, doch gerade in seiner Lächerlichkeit erfüllt dieser humorvoll formulierte paradoxe Wunsch seinen Zweck, denn er soll ja gar nicht ernst genommen werden, er dient nur dazu, einer ebenso lächerlichen Angst den „Wind aus den Segeln zu nehmen", denn wer über den paradoxen Wunsch lacht, der kann nicht zugleich vor Angst zittern. Ist aber die Angst geschwächt, dann reduziert sich auch die neurotische Verstimmung, der Patient wird ruhiger, sein Verstand übernimmt die emotionale Kontrolle, und alle psychischen Funktionen normalisieren sich.

Die Frau konnte erst gar nicht glauben, was ich ihr riet, doch ich bestand darauf, daß sie den ihr genannten Trick zu Hause des Abends ausprobieren solle, und übte mit ihr geeignete Texte zum sich selbst Vorsagen ein.

Nun braucht die Wirkung einer paradoxen Intention eine gewisse Zeit, es ist wie bei dem Auspendeln zweier Waagschalen. Solange die Waagschale mit der Angst überwiegt und der paradoxe Wunsch nur zögernd und ungläubig formuliert wird, solange bleibt die neurotische Verstimmung Sieger. Wird einmal die paradoxe Intention intensiviert und der konträre Wunsch entschieden geäußert oder gedacht, dann überwiegt plötzlich die gesunde Waagschale, und das Gewicht der Angst verliert sich.

So kam es auch bei dieser Mutter: wochenlang übte sie die paradoxe Intention, aber in ihrem Innersten lauerte noch immer sprungbereit die Angst und konnte stets wieder durchbrechen; eines Tages jedoch, als ein besonders heftiger Wind wehte und es rings ums Haus rauschte und knackste, war die Frau so aufgeregt, daß sie in ihrer Verzweiflung das Fenster öffnete und laut hinausschrie, die Einbrecher mögen doch endlich kommen, sie könne sie schon gar nicht mehr erwarten. Natürlich kam niemand, sie selbst aber begann zu lachen, und das löste den Bann. Als ihr Mann in dieser Nacht heimkam, staunte er nicht wenig, als er sah, daß seine Frau schon ruhig schlief, und noch dazu bei offenem Fenster! Wenn die paradoxe Intention einmal gewirkt hat, kann sie immer wieder herangezogen werden, um die neurotische Angst niederzukämpfen, und es dauerte von diesem Zeitpunkt an nicht einmal mehr einen Monat, bis die Frau völlig geheilt war.

Um zur Selbstdistanzierung zurückzukommen: Seine eigene Angst verspotten kann man nur, wenn man sich von dieser Angst innerlich distanziert, wenn man nicht identisch ist mit seinen Gefühlen, sondern wenn über diesem Gemütsbereich nochmals eine Instanz existiert, eben die geistige Dimension, innerhalb welcher zur eigenen Gemütsverstimmung auf anderer Ebene Stellung genommen werden kann, ja ihr sogar *getrotzt* werden kann. Frankl spricht wiederholt von einer „Trotzmacht des Geistes", von der einmaligen Chance des Menschen, sich über seine eigenen Emotionen hinwegzusetzen und sie aus der geistigen Perspektive heraus zu relativieren, wie im Gleichnis der Wanderer auf sein Dorf, dem er entstammt, zurückblicken kann aus der Distanz dessen, der diesem Dorf entwachsen ist.

Alle neurotischen Übersteigerungen schrumpfen auf das ihnen zustehende Gewicht zusammen, wenn sie aus der hinreichenden geistigen Distanz betrachtet werden, und die paradoxe Intention ist unter anderen eine sehr bewährte Methode, um diese nötige

Distanz zu erringen. Vor allem ist sie eine Methode, die einem Menschenbild entspringt, das dem Menschen überhaupt eine Distanzierungsfähigkeit zuspricht und sich nicht mit der reinen Registratur von angeborenen oder erworbenen Bedürfnissen und deren Abreaktion zufriedengibt.

Selbst-Transzendenz und Selbstdistanzierungsfähigkeit sind also Konsequenzen des logotherapeutischen Menschenbildes, und schließlich möchte ich noch eine dritte, und zwar die vielleicht wichtigste Konsequenz erwähnen, die im härtesten Widerspruch zu allen anderen psychologischen Denkansätzen steht, und der wir doch am meisten in unserer heutigen Zeit bedürfen: es ist die erstaunliche Fähigkeit des Menschen, *„ein Leiden in eine menschliche Leistung zu verwandeln"* (Frankl).

Was ich bisher vorgestellt habe, die noogene Depression, psychosomatische Beschwerden, sinnlose kindliche Aggressivität und eine neurotische Verstimmung, waren alles Leiden, die sozusagen „überflüssig" waren, die eigentlich nicht sein müßten, wie immer sie auch zustande gekommen waren. Aber ich glaube, wir alle sind uns einig, daß es auch Leiden gibt, die aus heiterem Himmel über einen Menschen ganz ohne dessen Zutun hereinbrechen und Angst, Kummer, Sorge und innere Not verursachen. Ein geliebter Mensch ist gestorben, eine schwere Krankheit ist ausgebrochen, ein berufliches, finanzielles oder familiäres Unglück hat sich ereignet oder eine Fehlentscheidung ist getroffen worden. Es gibt Dinge im Leben, die sind nicht wiedergutzumachen, für die gibt es keine Heilung und keinen Ersatz, sie bedeuten einen unaufhebbaren Verlust, eine schwere Verwundung, einen Schlag des Schicksals.

Hierher gehört, was ich anfangs zur Verdrängungshypothese sagte, daß es nämlich gar nicht nötig ist, eine Verdrängung ins Unbewußte anzunehmen, weil das wahre Leid stets sehr wohl bewußt ist, wie ein Stachel, der ein Leben lang in der Wunde steckt und verhindert, daß sich die Wunde schließt.

Wie kann man also dem leidenden Menschen helfen, dem, dessen Vergangenheit oder Gegenwart einen solchen Stachel enthält, der ihn nie zur Ruhe kommen läßt und die Wunde immer wieder aufreißt? Hier verstummen die herkömmlichen psychologischen Theorien, in ihrem Menschenbilde ist das wahre Leid nicht miteingezeichnet. Was sich nicht aus einer Verdrängung aufdecken oder über einen neuen Lernprozeß umändern läßt, sondern was *unabänderliche* Tatsache ist, mit der bewußt gelebt werden muß, dafür fühlen sie sich nicht kompetent, sie ziehen sich mit der Ablehnung ihrer Zuständigkeit aus der Affäre.

Gewiß, ein Leid, das kann man nicht wegtherapieren, nicht ungeschehen machen und auch nicht bagatellisieren, und doch ist es möglich, etwas in der Begegnung mit dem Leid zu verändern, und das ist die persönliche Einstellung zum Leid. Denn innerhalb der geistigen Dimension steht es jedem Menschen frei, wie er sich zu seinem Schicksal einstellt, und in welchem Sinnzusammenhang er sein Leiden betrachtet. Er kann als ein verzweifelt Fragender und Anklagender gegen sein Schicksal Amok laufen oder selbst eine positive Antwort suchen, er kann sich in dumpfer Resignation gehen lassen oder durch die Art, wie er sein Leiden auf sich nimmt, ein leuchtendes Beispiel geben für andere.

Fall Nr. 6:
Ein junger Mann, der durch eine lang anhaltende Erkrankung in seiner beruflichen Laufbahn totalen Schiffbruch erlitten hatte, sagte einmal zu mir: „Ich bin so froh, daß ich geheilt und wieder gesund bin, aber es bleibt mir jetzt noch die Aufgabe, mit meiner Vergangenheit fertig zu werden."

Nun, er hatte nicht die Wahl, seine Vergangenheit zu verändern, das bisherige berufliche Versagen war eine unleugbare Tatsache, aber er hatte sehr wohl die Wahl zu entscheiden, ob er deswegen den Kopf hängen lassen und keinen Versuch einer Rehabilitation mehr unternehmen würde, oder ob er gerade trotzdem in einer ungeheuren Anstrengung den Versuch wagen würde, aus seiner Situation das Beste zu machen und dadurch sein Schicksal doch noch zu meistern.

Viele großartige Menschen sind im Feuer des Leides geschmiedet worden, und oft wird ein inneres Reifestadium *nur* über einen leidvollen Reifeprozeß errungen. Es ist auch das nicht wahr, was uns die Psychoanalyse mit unglaublicher Beharrlichkeit einzureden versucht, nämlich daß ein Leid über Verdrängung und Störimpulse aus dem Unbewußten nur *negative* psychische Folgen zeitigen könne, die Wirklichkeit lehrt uns etwas ganz anderes, sie zeigt uns an zahllosen Beispielen, daß es gute, ja geradezu heldenhafte Einstellungen zum Leiden gibt und daß die wertvollsten Menschen oft diejenigen sind, die durch ein tiefes Leid gegangen.

Auch der junge Mann, den ich erwähnt habe, war imstande, aus dem Leid seiner Vergangenheit ein Zeugnis menschlicher Leistungsfähigkeit zu machen, indem er sich selbst zu einem wesentlich höheren geistigen Niveau hinaufarbeitete, als es ihm vielleicht je gelungen wäre ohne diese Leiderfahrung.

Wer sein Leid als eine Art Bewährungsprobe auffaßt, als e[ine]
Frage des Schicksals an ihn, auf die er die optimale Antwort zu f[in]den hat, der wird sein Leid niemals als völlig sinnlos ansehen, er
wird immer zumindest *den* Sinn darin erkennen, daß es gilt, eine
Herausforderung anzunehmen, „trotzdem ja zum Leben zu sagen", wie Frankl es formuliert, und in dieser Bejahung zu zeigen,
wessen der Mensch fähig ist.

Wer also kommt mit einem Leid aus der Kindheit, das er nicht
bewältigt glaubt, und meint, es nachträglich ausagieren und auferbeiten zu müssen, dem kann man nur sagen, er möge im Gegenteil
stolz sein auf sein Leid, denn Leid und Not sind oft und oft *die Voraussetzung für eine geistige Weiterentwicklung,* und gerade diejenigen Menschen, deren Kindheit nicht so ganz ideal verlaufen ist,
entwickeln sich leichter zu geistig und menschlich hochstehenden
Persönlichkeiten, als verwöhnte Wohlstandskinder, denen immer
alles Glück in den Schoß gefallen ist, und die mit Liebe und elterlicher Fürsorge nur so überschwemmt worden sind.

Die Logotherapie ist die einzige Psychologie, die sich zum
„homo patiens", zum leidenden Menschen bekennt, ja sogar in der
Art, wie jemand sein unabänderliches Leiden trägt, eine Möglichkeit sieht, sein Leben mit Sinn zu erfüllen. Und wenn heute soundso viele Menschen an der Sinnlosigkeit ihres Lebens verzweifeln,
Menschen, denen es von den äußeren Lebensbedingungen her
blendend geht, und auf der anderen Seite Menschen stehen, denen
ein schweres Leid widerfahren ist, die es jedoch in einen Sinnzusammenhang einbetten können und auf diese Weise nicht nur heroisch
ertragen, sondern sogar in eine menschliche Leistung verwandeln,
dann sind das unübersehbare Gegensätze, die zum Nachdenken
anregen und aufrütteln sollten.

Wir alle wollen irgendwie, daß es uns gut geht, und doch spielt
dieses Gutgehen nicht die entscheidende Rolle in unserem Leben.
Was wirklich wichtig ist, ist, daß wir früher oder später einen Sinn
in unserem Dasein erkennen und ihn nach Möglichkeit erfüllen, sei
es durch aktive Tatkraft, sei es in einem mitmenschlichen Erleben,
sei es auch durch die heldenhafte Einstellung zu einem Leid. Niemand und nichts kann die geistige Freiheit des Menschen einschränken, wenn wir es nicht selbst tun, und kein Schicksal kann
uns in die Knie zwingen, wenn wir nicht gewillt sind, uns vor ihm
zu beugen.

Beugen jedoch sollten wir uns nur vor *einer* Instanz, die der
letzte Sinn von allem sein könnte – wie immer wir sie benennen
wollen.

Ziele moderner Erziehungs- und Lebensberatung

Bisher haben wir vom einzelnen Menschen, seinem Streben nach Sinnerfüllung, seinen Problemen und Hilfsmöglichkeiten gesprochen. Wir wollen aber nicht vergessen, daß der einzelne nicht allein lebt, sondern in überwiegender Mehrheit einem Familienverband angehört, der von der Entwicklung des einzelnen unausweichlich mitbetroffen ist. Wurde früher der einzelne mit seinen Sorgen und Problemen im Kreis der Familie gestützt und fand dort Verständnis und Geborgenheit, so wird heute die Schwäche des einzelnen zum Zündstoff für die ganze Familie. Wer selbst nicht depressiv oder neurotisch ist, der wird es im Zusammenleben mit den anderen Familienmitgliedern, denn Zusammenleben-Können ist eine Fähigkeit, die irgendwann verlorengegangen zu sein scheint im Getriebe unserer Zeit.

Die Familie ist krank, schwerkrank, vielleicht hat sie eine Chance, vielleicht stirbt sie. Zurückblickend auf eine jahrelange Praxis in Erziehungs- und Lebensberatung muß ich zugeben, daß dem einzelnen relativ gut zu helfen ist, während sich der Bruch durch die Familie kaum kitten läßt. Die ichbezogene Grundhaltung des modernen Menschen steht im Widerspruch zum Familienleben, das in seinem ureigensten Sinne das Füreinanderdasein jedes einzelnen für alle bedeutet. Heute jedoch glaubt jeder einzelne vielmehr, daß alle für ihn da seien, was zu Widersinnigkeiten führen muß, die den Brand entfachen, der zwischen den Familienmitgliedern lodert. Generationskonflikte, Eheprobleme, Geschwisterrivalitäten, all dies sind nur Randerscheinungen des Grundübels, das nicht zu fassen ist. Ein hoher Politiker hat vor kurzem die Familien gebeten, wenigstens einen fernsehfreien Tag in der Woche einzuführen, damit sie untereinander noch zum Sprechen kommen. Sind wir schon so weit?

Ja, wir sind so weit. Die Familie ist auf dem besten Wege, „sinnlos" zu werden, und verliert sie eines Tages ganz ihren Sinn, dann stirbt sie. Was dann aus den Kindern wird, aus der Erziehung unserer Kinder? Ich weiß es nicht.

Viele Familienmitglieder, vor allem Mütter, aber auch Väter und sogar Jugendliche suchen heute Rat und Hilfe in den *psychologischen Beratungsstellen,* deren Zahl in den letzten Jahren genauso schnell angewachsen ist, wie es mit der familiären Harmonie abwärts ging. Vorübergehend kam es zu dem völlig unsinnigen Phänomen, daß alle Beratungsstellen überlastet waren und vielfach Wartezeiten bis zu neun oder zehn Monaten entstanden, was eine rasche Hilfe in Notsituationen praktisch ausschloß. Es ist mittlerweile besser geworden, aber nicht deswegen, weil es weniger Familienkonflikte gäbe, sondern weil sich die Arbeit in den Beratungsstellen gewandelt hat. Man war gezwungen, nach neuen Konzepten und Beratungstaktiken Ausschau zu halten, weil die alten den Anforderungen unserer Zeit nicht mehr gerecht werden konnten.

Um einen ungefähren Eindruck über die Arbeit mit Einzelpersonen und auch ganzen Familien in der psychologischen Beratungsstelle vermitteln zu können, muß zunächst eines geklärt werden: die Ratsuchenden sind nicht „verrückt" oder „abnormal", sie sind Menschen „wie du und ich".

Man hat immer schon in der Psychiatrie die Grenzen zwischen normal und krankhaft als fließend erkannt und nur eine mehr oder weniger künstliche Markierung dazwischen geschaffen, um gewisse Entscheidungen, die nun einmal getroffen werden müssen, zu erleichtern und festzulegen. So sind die Gefährdung einer Person, die soziale Brauchbarkeit, die bisherige Dauer und Auffälligkeit ihrer Krankheitssymptome oder die Heilungschancen als Kriterium der Unterscheidung herangezogen worden, wobei selbst diese Kriterien immer noch einen gewissen Deutungsspielraum zulassen. Man könnte aber darüber nachdenken, ob es nicht eine wirklichkeitsnähere Projektion wäre, *zwei* künstliche Markierungen definitiv einzuführen, nämlich die Grenzlinie zwischen „sicher normal" und „psychisch labil" und die Grenzlinie zwischen „psychisch labil" und „psychiatrisch krank". Das Volksempfinden jedenfalls spräche für diese zweite Version, denn wir erleben es immer wieder in der Praxis, wie sehr sich problembelastete Personen, die eigentlich der psychisch labilen Zwischengruppe zuzuordnen sind, mit Händen und Füßen dagegen wehren, als „psychiatriereif" angesehen zu werden oder auf die Psychiatrie geschickt zu werden. Ihr stetes Argument ist: „Ich bin doch nicht verrückt!"

Nun, ist jemand verrückt, weil er – mit oder ohne gegebenen

Anlaß – besonders traurig, nervös oder ängstlich ist, oder weil er mit der Erziehung seiner Kinder oder in seiner Partnerschaft, mit seinen Geschwistern oder mit sich selbst nicht mehr fertig wird? Ganz sicher nicht! Aber da er Hilfe braucht, ist er auch nicht ganz gesund, wenn man Gesundheit als hinreichende Stabilität eines Individuums bezogen auf seinen Lebensraum definiert. Es handelt sich also um einen *Zwischenbereich* zwischen dem Zustand, innerlich weitgehend gefestigt und in seine Lebenskonditionen voll integriert zu sein, und dem Zustand schwerer psychischer Gestörtheit oder Verwirrung, welcher dem Zerfall der geistigen und emotionalen Persönlichkeit eines Menschen nahekommt. Ein Zwischenbereich, der sehr groß und sehr variabel ist, und dessen Grenzen wiederum nur fließend sein können. Und das ist auch der Zwischenbereich, in dem die Familie heute vielfach steht, der Zwischenbereich, aus dem die Klientel der psychologischen Beratungsstellen kommt.

Für die Personen aus diesem Zwischenbereich, die also zu wenig innere Kraft besitzen, um ihr Leben selbständig zu meistern, aber auch zu wenig „verrückt" sind, um psychiatrische Hilfe in Anspruch zu nehmen, gibt es ein deutliches Kennzeichen, nämlich die enge Verknüpfung zwischen psychischer und physischer Labilität.

Eben diese kleinen aber lange Zeit andauernden und kaum behandelten Ängste und Übererregungen, Kontakt- und Kommunikationsprobleme, Selbstwertminderungen und Partnerschaftskonflikte, eben die oftmaligen und sinnlosen familiären Auseinandersetzungen sind es, die selten zur Sprache kommen und noch seltener behandelt werden, die aber um so öfter in körperlichen Symptomen, von Kopfschmerzen bis zu Magengeschwüren, von Herzbeschwerden bis zu Schlafstörungen wieder auftauchen und dann erst recht im eigentlichen Sinne unbehandelt bleiben. Denn genauso oft, wie die relativ leichten Störungen des genannten Zwischenbereichs in psychosomatische Symptome konvertieren, genauso oft werden sie auch ärztlicherseits rein medikamentös behandelt, sei es mit leichten Tranquilizern und Schlafmitteln, sei es mit Herz und Kreislauf anregenden oder auch einfach schmerzstillenden Mitteln. Und da es in der Gesellschaft immer noch akzeptabler ist, körperlich krank als psychisch labil zu sein, so spielen auch die Klienten und Patienten dieses Zwischenbereichs mit und schlucken brav ihre Pulverchen bei jedem Angstgefühl, bei jedem Herzklopfen und nach jedem Familienstreit.

Vor drei Jahren gab es in Deutschland eine interessante Fernsehsendung, in der viele Vertreter der Ärzteschaft zu Wort kamen. Und zwar ging es darum, daß die Zahl der Kranken permanent ansteigt, obwohl von der Medientechnik her in den vergangenen Jahren soviel medizinische Aufklärungsarbeit geleistet und allerorts für schlankere Linie und gesündere, kalorienbewußtere Kost geworben worden ist. Der Schlußkommentar dieser Sendung gipfelte in folgenden Worten:

> Zwar sind die Deutschen leichter geworden, die Zahl der Kranken und die Unkosten für ihre Behandlung jedoch vermehren sich ständig – trotz Fitneß-Aktionen, trotz Aufklärung, trotz Information in Fernsehen und Hörfunk. Die Folge: Gesundheitspolitiker und Programmacher gehen nun verstärkt gegen die psychischen Leiden der Deutschen an, Hauptursache von 40% aller Krankheiten. Die Kampagne 1978 lautet: Kampf der kranken Seele.

Grobgeschätzt 40% aller Krankheiten wurden von Ärzten als psychosomatisch klassifiziert! Von diesen 40% aller Kranken ist nur ein geringer Bruchteil „psychiatrisch" krank, die anderen gehören alle in den genannten Zwischenbereich zwischen psychisch gesund und krank, in jenen Bereich, mit dem sich in erster Linie die psychologischen Beratungsstellen befassen, und wenn einer wirklich der kranken Seele den Kampf angesagt hat, dann sind es diese.

Es ist demnach schwer abzuwägen, wie groß die Probleme eigentlich sind, die an die Beratungsstellen herangetragen werden. Selbstverständlich sind es oftmals wirklich nur geringfügige Probleme, die jedoch dem Ratsuchenden selbst mitunter sehr groß, ja unüberwindlich vorkommen, und die mehr und mehr sein Stimmungsbild und auch sein körperliches Wohlbefinden stören und verschlechtern. Soll man sie angesichts dessen noch als geringfügig bezeichnen?

Es ist wie mit den kleinen Schneebällen, die irgendwie ins Rollen gekommen sind – noch ist weit und breit keine Lawine zu sehen, aber ist es weniger wichtig, diese kleinen Bälle aufzuhalten, als im Lawinenfall Katastrophenhilfe zu gewähren? Ich persönlich halte die Arbeit der Beratungsstellen für sehr, sehr wichtig, und ich sehe im Berater, Psychotherapeuten, Nervenarzt und Psychiater ein Team von Fachleuten, das eng zusammenarbeiten muß, wenn auch ihr Wirken an verschiedenen Stellen in den fließenden Übergängen zwischen gesund und krank der menschlichen Psyche ansetzt. Angesichts der alarmierenden Statistiken zur psychischen Volksgesundheit der Gegenwart sollten alle Kompetenz- und Metho-

56

denstreitigkeiten der Fachleute verstummen und einer aufrichtigen Kooperationsbereitschaft Platz machen, denn sie allein wäre die beste Chance in der gemeinsamen und fast uferlosen Aufgabe, die der Fernsehkommentator so eindrucksvoll genannt hat: Kampf der kranken Seele!

Zur Frage, *was* nun eigentlich diese starke Zunahme an psychisch labilen und psychosomatisch kranken Familien bewirkt hat, gehen die Meinungen stark auseinander. Grundsätzlich kann man wohl wählen zwischen der Hypothese, daß es immer schon so viele psychisch labile Menschen gegeben habe wie heute, ihre Leiden jedoch früher nicht bemerkt oder richtig interpretiert worden seien, oder der Hypothese, daß die innere Gesundheit des Menschen früher gefestigter und erst in unserem Jahrhundert zunehmend Störungen ausgesetzt war. Es klingt fast wie die Frage nach der Priorität von Henne und Ei: was war früher da, die Psychotherapeuten oder die psychisch Kranken?

Nun, wir wissen, daß sich vieles, verglichen zu früher, massiv geändert hat. Es ist unbestreitbare Tatsache, daß das Leben des heutigen Menschen in unserer Zivilisation bequemer, leichter und gesicherter verläuft als das Leben der Menschen früherer Epochen. Zwar wird sehr viel über Schlagworte wie Streß, Überforderung oder Umweltbelastungen debattiert, aber das nur isoliert vom geschichtlichen Vergleich. Wirklichkeit ist, daß zum Beispiel der Durchschnittshaushalt unserer Bevölkerung heute einem Haushalt mit 20 Dienstboten vor 200 Jahren entspricht. Alle unsere selbstverständlichen Hilfen wie Wasser- Wärme- und Lichtversorgung, all die vielen maschinellen und elektrischen dienstbaren Geister, die pflegeleichten Materialien, die gebrauchsfertigen Artikel, die Fahrgelegenheiten usw. wären Menschen früherer Zeiten rein paradiesisch erschienen. Niemand muß heute bei uns verhungern; verliert er seine Arbeit, bekommt er Unterstützung, ist er krank, bekommt er ärztliche Versorgung, ist er unfähig sich zu ernähren, springt die Sozialhilfe ein, ist er alt, ist ihm seine Rente sicher; es müßte überhaupt keine Lebensangst heute mehr geben, das Existenzminimum ist jedem ohne sein geringstes Zutun gesichert, Ausbildungsmöglichkeiten stehen allen Kindern aber auch Erwachsenen offen, es gibt keine Kinderarbeit, keine Prügelstrafe, keine Zwangsmaßnahmen mehr, die tägliche Arbeitszeit ist seit Beginn unseres Jahrhunderts auf die Hälfte gesunken, eine ganze Reihe von sozialen Erleichterungen und Sicherungen sind uns längst selbstverständlich geworden. Aber das ist nicht einmal das Wesentliche, die Einstellungen, das Bewußtsein und Selbstverständnis des heutigen Menschen ist viel freier und emanzipierter geworden! Niemand ist mehr gezwungen, bei einem Partner zu bleiben, der ihm nicht zusagt, Scheidungen, Partnerwechsel, Lebensgemeinschaften und auch uneheliche Kinder stellen kein unüberwindliches gesellschaftliches Problem mehr dar. Jedermann ist weitgehend frei, seine Weltanschauung oder politische Meinung zu vertreten, jedermann kann streiken oder protestieren oder demonstrieren soweit es ihm Spaß macht, die Spielregeln der Sexualität und der individuellen Macht sind in jeder Weise erweitert worden, selbst die Abtreibung wird allmählich legal, was die vollkommene Wahlfreiheit der Kinderzahl garantiert; immer mehr Rechte, immer weniger Pflichten und immer höherer Lebensstandard waren die Zielpunkte der westlichen Kultur. Man mag diesen Fortschritt bewerten wie man will, er macht die unerklärliche Zunahme an psychischen Leiden und kaputten Familien in derselben westlichen Kultur nicht plausibel.

Im Gegenteil, gerade diese ungeheure Befreiung, Modernisierung, Emanzipation des heutigen Menschen und zugleich die mehr und mehr ansteigende psychische Labilität und Not dieses heutigen Menschen, diese *Parallelläufigkeit* von zwei ebenso auffallenden wie unleugbaren Tatsachen hat ja die schönsten Thesen der Psychologie fragwürdig gemacht. Es waren diese so einleuchtenden und selbst einem Laien verständlichen Thesen, daß jede Form von Unterdrückung und Repression seelischer Bedürfnisse oder Triebe im Menschen, jede Überbelastung und existentielle Bedrohung sich tief im Unbewußten einpräge und von dort aus Störungen des inneren Gleichgewichtes und der inneren Harmonie verursachen würde. Aber wie sehr auch der Streit der Fachleute darum kreist, die allgemeine Enthemmung, Befreiung und Egozentrierung des heutigen Menschen hat ihm keine Zunahme an innerer Harmonie und Stabilität eingebracht, im Gegenteil, die Konfliktbereitschaft jedes einzelnen mit seinem Leben und in seiner Familie ist gigantisch gewachsen, wie die traurigen Spitzenrekorde der steigenden Selbstmordraten beweisen.

Es ist schon mehrfach erwähnt worden, daß sich aus diesen vielfältigen Gründen die heutige Psychologie in einer Umbruchphase befindet, in der die alten Thesen korrigiert werden müssen, um das wissenschaftliche Menschenbild einer Rehumanisierung zuzuführen. Welch gewaltigen Schatten die aufgezeigten theoretischen Diskrepanzen auf den praktischen Umgang mit Menschen, insbesondere mit psychisch labilen Menschen, zu werfen vermögen, soll das folgende Beispiel illustrieren:

Fall Nr. 7:

Ein Familienvater kam zu mir, weil er mit seinen Kräften am Ende war. Seine Ehe war in Trümmern, seine Zwillingssöhne waren beide hoch neurotisch und zum Teil körperlich krank (einer mit psychogenem Asthma, der andere litt unter chronischen Kopfschmerzen, für welche der Arzt keine Erklärung fand), und der Mann selbst wälzte sich in schlaflosen Nächten im Bett hin und her und stand selbst knapp vor dem Zusammenbruch. Was war geschehen? Die Darstellung des Mannes klang für mich so unglaubhaft, daß ich auch mit Frau und Kindern darüber sprach, aber alle bestätigten mir dasselbe: es war nichts geschehen, als daß die Mutter eine ,,Therapie" mitgemacht hatte, und auch das mehr aus Neugierde als aus einem spezifischen Grund. Ihre Freundin war nämlich in psychotherapeutischer Behandlung gewesen und hatte ihr so lange vorgeschwärmt, was alles Interessantes in der Gruppe gesprochen werde, bis diese Mutter auch gerne einmal dabei sein wollte und ,,Angstzustände" etwas übertrieben schilderte, um in die therapeutische Gruppe aufgenommen zu werden. Durch Intervention ihrer Freundin gelang dies, und die Mutter wurde also über ein halbes Jahr lang mit Gedanken zur Befreiung, Ichstärkung, Durchsetzung gegenüber anderen und Verselbständigung eigener Bedürfnisse bombardiert, bis sie ihren gesunden Hausverstand und Familiensinn gänzlich verloren hatte, und auch in ihrer Familie nur mehr ,,Ich-Stärkung" durchsetzen wollte. Durch die Therapie ermutigt fand sie heraus, daß schon ihre Eltern sie unterdrückt hätten, der Ehemann diese Unterdrückung natürlich fortgesetzt habe, und die Kinder dabei seien, die Vater-Imago zu übernehmen. Alle wollten sie unterdrükken und ihre Bedürfnisse beschneiden, sie hingegen müsse sich nun emanzipieren und ihren eigenen Bedürfnissen ungeachtet der anderen Rechnung tragen. Das begann damit, daß sie Hausarbeit nur mehr verrichtete, wenn es ihr Spaß machte, die Zärtlichkeiten des Ehemannes zurückstieß, weil er ja ,,nichts als seine Triebe an ihr befriedigen" wolle, und sich gedanklich mehr mit ihrem Therapeuten als mit den eigenen Kindern beschäftigte, weil eine ,,Übertragung" stattgefunden hatte. Den Protest der Familie wies sie als ,,deren Problem" zurück und deutete ihn als Sinnbild der Unterdrückung, die sie sich nun nicht mehr gefallen ließe.

Was hier passierte, das wiederholt sich in vielfältigster Art bei allen leicht beeinflußbaren und gutgläubigen Menschen: sie verfallen einer Theorie so vollkommen, daß keine vernünftige Argumentation mehr an sie herandringt. Das Seltsame ist, daß solche Theorien, denen Menschen schnell verfallen, ganz unterschiedlichen Inhalts sein können und dennoch ein gemeinsames Charakteristikum aufweisen: sie nehmen dem Menschen *einen Teil seiner Verantwortung ab.* Das beginnt mit der Astrologie und reicht über diverse religiöse Sekten bis zu den Ufos. Ob die Konstellation der Sterne, irgendwelche Teufel oder Außerirdische unser Tun und Handeln beeinflussen, immer sind die Menschen in diesen Theorien ziemlich machtlos fremden Kräften ausgeliefert und können nur wenig zur tatsächlichen Entwicklung der Geschehnisse beitragen.

Bei psychologischen Gruppentherapien kommt es mitunter zu ähnlichen Täuschungseffekten: nur mehr der in die Theorie Eingeweihte, also Therapeut oder anderes Gruppenmitglied, kann als adäquater Gesprächspartner akzeptiert werden, alle anderen sind „Ungläubige", ja sie gehören sogar jenen fremden Mächten an, die beeinflussen und damit Verantwortung abnehmen, die sozusagen „schuld sind" an den Fehlhandlungen des Selbst.

Noch eine andere Parallele gibt es bei all diesen Theorien, denen leichtgläubige Menschen so gerne verfallen; sie verlangen den Glauben an ein gewisses Wunder, wie immer dies aussehen mag, also an etwas äußerst Unwahrscheinliches, und trüben dadurch den Blick auf die wahren Wunder, die es rings um uns gibt. Wer an Horoskope und Besucher von fremden Sternen glaubt, übersieht die tatsächlich unfaßbare Gestaltung der Gestirne, und wer, wie in unserem Fall, an psychologistische Hyperinterpretationen glaubt, vergißt die tatsächlich staunenswerten Kräfte des menschlichen Geistes.

Die Delegation von Verantwortung nach außen und die irreale Wundergläubigkeit nach innen stellen eine teuflische Kombination dar, die dem Wahnsinn näher bringt, als alles andere. Nirgends ist Vernunft und der Appell an die Einsicht ohnmächtiger als bei dieser Kombination, wie der sinnlose und oft freiwillige Massentod solcher „theorie-verfallenen Gruppen" immer wieder gezeigt hat.

Um der Familie (Fall Nr. 7) zu helfen telefonierte ich mit dem Leiter der Gruppenpsychotherapie und schilderte ihm die Sachlage, doch er freute sich sichtlich darüber. „Sie ist eine meiner fortschrittlichsten Patientinnen", sagte er, „sie ist auf dem besten Weg der Genesung. Ist es nicht herrlich, wie sie sich durchzusetzen vermag? Keine Ängste mehr, sie schluckt nicht und verdrängt nichts mehr, sie arbeitet langsam alle Traumen auf und entwickelt ein neues Realitätsbewußtsein." Es war sinnlos mit dem Kollegen zu streiten, zwei Menschenbilder prallten aufeinander, die unvereinbar sind.

Die Frau war nicht zu bewegen, ihre Therapie aufzugeben, alle meine Argumente für den Zusammenhalt der Familie „durchschaute" sie als neuerliche Unterdrückungsversuche, und unaufhaltsam brach die Familie auseinander. Der Mann bekam vom Arzt einen längeren Kuraufenthalt verordnet, die Scheidung war eingereicht, und die Kinder wurden bei Verwandten untergebracht, welche einen Buben gleich aus dem Gymnasium nahmen und den anderen die Klasse wiederholen ließen.

Noch einmal versuchte ich mit der Mutter ins Gespräch zu kommen, und da sie einer Einladung nicht mehr Folge leisten würde, fuhr ich zu ihrer Wohnung. Doch niemand öffnete auf mein Klingeln. Eine Nachbarin blickte zur Tür heraus und flüsterte mir geheimnisvoll zu: „Wollen Sie zu Frau X.? Die haben sie vorige Woche weggebracht, weil sie die Wohnungseinrichtung zertrümmert und randaliert hat, ich sage Ihnen, das war ein Krach! Die ist nämlich nicht mehr normal!"

Eines muß ich meinem Kollegen lassen, er war selbst betroffen, als ich ihm die letzte Entwicklung telephonisch durchgab. „Ich wollte nur das Beste für diese Frau!" sagte er, und das müssen wir ihm auch glauben. Aber das ist eben die Krise der heutigen Psychotherapie, sie ist unsicher geworden, was das Beste für die ihr anvertrauten Menschen ist.

Der Blickwinkel des Psychotherapeuten hat sich aus dieser Unsicherheit heraus gewaltig verschoben. Seit Anbeginn unseres Jahrhunderts war die Blickrichtung aller Psychiater und Therapeuten auf die *Ursachenerforschung* von Krankheiten gerichtet gewesen, immer unter der Annahme, daß eine Störung zu beheben ist, wenn man nur ihre Ursache kennt. Die Psychotherapie begann mit einer fast zwanghaften Jagd nach den möglichen Ursachen psychischer Erkrankungen, der Psychotherapeut mußte um jeden Preis versuchen, solchen Ursachen auf die Spur zu kommen. Da das Leben vieler Patienten zur Zeit ihrer Erkrankung jedoch keinen Anlaß für mögliche Ursachen bot, mußte man logischerweise die Ursachen in der Vergangenheit der Patienten suchen. Aber wie sollte man das? Die Patienten konnten sich meistens an nichts Besonderes oder Störendes erinnern.

Dazu kam, daß die feinneurologische Diagnostik noch lange nicht entwickelt war, und daher auch im Physikum keine Ursachen so ohne weiteres sichtbar zu machen waren. Wie sollte also der Psychotherapeut bloß an die für ihn so entscheidenden Ursachen der psychischen Krankheiten seiner Patienten herankommen? Es blieb gar nichts anderes übrig, als diese Ursachen letzten Endes *erraten zu müssen,* das große Raten, Deuten und Spekulieren begann in der Psychologie. Einerseits versuchte man, die Krankheitsursachen den Äußerungen der Patienten zu entnehmen, man ließ sie frei assoziieren, man erhob Anamnesen, man versenkte sie sogar in Hypnose in der Hoffnung, dann mehr von ihnen zu erfahren, andererseits ging man dazu über, aus Träumen, aus Malereien, aus Irrtümern und mit Hilfe projektiver Verfahren Deutungen zur Persönlichkeit des Patienten zu entwerfen. Schließlich erreichte man sogar eine gewisse Meisterschaft in diesem großen Rätselraten, und viele durchaus mögliche reale Ursachen psychischer Störungen wurden und werden noch auf diese Weise aufgefunden. Allein, das Auffinden von Ursachen bedeutet *nicht unbedingt* die Heilung von den psychischen Störungen.

Mit der Zeit kam eine Sättigung all diesem Raten und Deuten gegenüber auf, Zweifel meldeten sich an, das mehr und mehr empirisch geschulte Gewissen der Fachleute wehrte sich dagegen, man fand langsam den Mut, sich die Ohnmacht, alle Ursachenketten psychischer Krankheiten rekonstruieren zu können, einzugestehen. Aus dieser Ohnmacht heraus begann sich nun der Blickwinkel des Psychotherapeuten zu verschieben: Was nützen ihm Ursachen, wenn sie aus Spekulationen aufgebaut sind und außerdem nicht einmal die Heilung garantieren? Der Praktiker denkt anders als der Professor, ihm geht es nicht um das Prestige einer Schule, er muß nicht beweisen, daß Theorien stimmen, er muß seinen Patienten helfen. Der echte Praktiker greift zu jeder Methode, wenn sie nur halbwegs erfolgversprechend ist, und wenn er jemals gute Erfahrungen damit gemacht hat. Aber die praktischen Erfahrungen mit dem Raten und Deuten und krampfhaften Suchen nach Ursachen psychischer Störungen waren nicht gut genug, man begann sich davon abzuwenden.

Der neue Blickwinkel des Therapeuten richtete sich auf das gegenwärtige Zustandsbild seiner Patienten und Klienten, wie immer es zustande gekommen sein mochte, und auf Möglichkeiten, dieses nun einmal vorgefundene Zustandsbild langsam und Schrittweise in ein gesünderes, stabileres und glücklicheres überzuführen. Die *Lerntheorie,* die Verhaltenstherapie, von der wir schon gesprochen haben, wurde entwickelt, und sie hat sich ganz mächtig gegen das alte Rätselraten und Spekulieren gewehrt, *zu* mächtig, könnte man fast sagen.

Man ließ in der Psychologie nur mehr gelten, was in riesigen Statistiken und zahlreichen Experimenten hinlänglich bewiesen war, wobei die meisten Experimente den kleinen Schönheitsfehler hatten, daß sie nur an Tieren durchführbar waren, so daß sich die Human-Psychologie allmählich auf die Tierpsychologie zubewegte; alles, was sich der empirischen Forschung entzog, jedes Gefühl und jeder Gedanke, die nicht mit Apparaturen meßbar und wägbar waren, wurden als nichtexistent beiseite geschoben. Mittlerweile hat sich dies alles wieder ein wenig einreguliert, es war einfach die emotionale Reaktion auf das große Unbehagen aus der Zeit des Deutens und Ratens gewesen.

Geblieben ist die Blickwinkelverschiebung des Psychotherapeuten, insbesondere bei den Therapeuten in den psychologischen Beratungsstellen. Aber auch auf den Universitäten hat sich manches geändert. Vor kurzem wurde ich von einem Praktikanten gefragt, ob ich noch „projektive Testverfahren" wie den Rorschach-Test, Farb- und Zeichentests kennen würde, sie würden an der Universität kaum mehr gelehrt. „Ja", antwortete ich ihm, „ich habe die projektiven Verfahren noch gelernt, aber ich bin froh, daß ihre Zeit vorbei ist!"

Alle Deutungen, sei es aus Worten von Patienten, aus Testbildern, aus Farbklecksen, aus Träumen oder menschlichen Fehlhaltungen, alle psychologischen Deutungen waren eine mittelmäßige Hilfe oder eine große Gefahr. Nämlich eine mittelmäßige Hilfe, wenn man zufällig das Richtige erraten hatte, aber eine große Gefahr, wenn man *nicht* das Richtige erraten hatte. Ein Vabanque-Spiel am hilflosen Menschen – eine Ära in der Psychologie, die sich ihrem Ende zuneigt.

So wie sich der Blickwinkel des Therapeuten verschoben hat, so hat sich auch das *Bild des Therapeuten* selbst gewandelt. Der Psychologe und Psychotherapeut in der Beratungsstelle ist nicht mehr der Magier früherer Zeiten, der Medizinmann, der unverständliche Worte vor sich hinmurmelnd und vielleicht noch Wunderdrogen verteilend auf den Grund der Seele blickt. Der psychologisch geschulte Berater von heute muß nicht mehr den Hellseher spielen, der die geheimsten Wünsche und Gedanken des Patienten lesen kann und ihn dann kraft einer persönlichen „Ausstrahlung" hypnotisch vergewaltigt, man operiert nicht mehr mit der Angst und Scheu des Patienten vor dem Therapeuten und verzichtet auch gerne auf den bedingungslosen Glauben des Patienten an ihn als einen Wunderdoktor.

Die modernen Psychotherapeuten nehmen Abstand von weißen Arbeitsmänteln, gewaltigen Schreibtischen und anderen Insignien ihrer Macht, sie setzen sich schlicht und einfach mit den Klienten

63

zusammen, um deren Probleme gemeinsam miteinander zu besprechen, und ihr Operationswerkzeug ist das Vertrauen des Ratsuchenden allein.

Wie die Psychotherapeuten aller Epochen können sie besonders gut zuhören und beobachten, aber wenn es zur Beratung kommt, stellen sie sich nicht mehr als unfehlbar hin, als alleinwissend und alles durchschauend, sondern erörtern mit den Klienten ruhig und voller Einfühlung ihre Sicht der Sachlage, welche Hilfsmöglichkeiten sie anbieten möchten, und wie sehr sie die Mitarbeit und Rückmeldung des Ratsuchenden brauchen.

Die *Mitarbeit des Patienten,* das ist ein neuer und ungemein wichtiger Aspekt, den auch die Logotherapie als eine der ersten Therapieformen in ihrer Methodenlehre anklingen läßt.

Denn der Verzicht auf Unfehlbarkeit gibt dem Therapeuten die einzigartige Möglichkeit, sein Beratungskonzept während der Dauer der Behandlung ständig zu korrigieren – und zwar entsprechend den Rückmeldungen seines Patienten. Deswegen bedeutet Mitarbeit des Klienten in der psychologischen Beratungsstelle eine *zweifache,* nämlich zum einen die Bereitschaft des Klienten, die Ratschläge des Therapeuten auch wirklich durchzuführen – eine Bereitschaft, die durch das Vertrauen zwischen Patient und Therapeut getragen wird – und zum anderen die Offenheit des Klienten, dem Therapeuten frei zu erzählen, wie gut oder wie schlecht seine Ratschläge sich praktisch erwiesen haben, eine Offenheit, die vom Bewußtsein getragen wird, daß der Therapeut zwar sein Bestes versucht, aber eben *nicht* unfehlbar ist.

Es ist leicht zu verstehen, daß nur beide Komponenten von Klientenmitarbeit eine weitgehend große Sicherheit, wirklich helfen zu können, gewährleisten. Tut der Patient nicht, was der Therapeut ihm vorschlägt, oder tut er es zwar, kommt aber nie mehr wieder in die Beratungsstelle, weil es nicht geholfen hat, dann ist der therapeutische Kontakt abgerissen und alle Bemühungen waren umsonst.

Nicht anders ist es in der ärztlichen Praxis. Angenommen, der Arzt verschreibt einem Patienten ein bestimmtes Medikament. Wenn der Patient nach ein paar Tagen wiederkommt und erzählt, daß dieses Medikament ihm keine Linderung sondern sogar zusätzliche Beschwerden verursacht hat, so ist das unter Umständen eine wichtige Information für den Arzt. Er lernt gewisse Verträglichkeiten und Unverträglichkeiten seines Patienten besser kennen, und er kann seine eigenen Hypothesen über den Krankheitsfall exakter formulieren. Kommt der Patient aber nicht mehr, wirft das Medikament weg und geht zu einem anderen Arzt, weil sein Vertrauen dahin ist, so muß der neue Arzt ganz von vorne beginnen, und wichtige ärztliche Informationen gehen verloren. In dieser wechselseitigen Kooperation zwischen Arzt und Patient besteht der unschätzbare Vorteil des guten alten Hausarztes, der ganze Familien über lange Zeitspannen hindurch kennt und aus der Summe aller Rückmeldungen während dieses Zeitraumes geradezu hundertprozentig sichere Diagnosen bei den geringsten Krankheitsanzeichen seiner Patienten zu stellen vermag.

Nun hat der Psychologe in der Beratungsstelle gegenüber dem Arzt einen großen Nachteil und einen großen Vorteil. Der Nachteil ist, daß er einen Ratsuchenden nicht immer sofort annehmen kann, weil manchmal Wartezeiten bestehen. Es gibt ja auch nicht so viele psychologische Beratungsstellen wie ärztliche Praxen, obwohl schon von verschiedensten Fachleuten der Verdacht geäußert wurde, daß man heute annähernd gleich viele benötigen würde. (Auch das ist ein Symptom unserer Zeit: nichts spiegelt die Krise so eindeutig wieder, wie dieser Schrei nach Hilfe und die nachfolgende Enttäuschung, daß auch die Hilfe des Fachmannes nur beschränkt ist!)

Der Vorteil des Psychologen und Beraters gegenüber dem Arzt ist die Tatsache, daß er sich für seinen Klienten, wenn dieser endlich an die Reihe kommt, noch Zeit nimmt und nehmen kann – kein überfülltes Wartezimmer bedrängt ihn. Der Ratsuchende kann langsam Zutrauen fassen, er kann so umständlich erzählen wie er will, er kann Schweigepausen machen, und der Therapeut wird ihn dabei nicht stören. Oft sind solche Gesprächspausen sogar sehr wichtig, damit der Klient sich sammeln kann und Zeit hat, sich durchzuringen, um dem Therapeuten auch unangenehme oder intime Dinge zu erzählen. Die Brücke des gegenseitigen Verstehens wächst allmählich, der zwischenmenschliche Kontakt braucht Zeit. Es gibt keine Technik in der Psychotherapie, die so gut wäre, daß sie diesen Zeitfaktor aufwiegen könnte!

Das bedeutet nun nicht, daß nur sogenannte Langzeittherapien sinnvoll wären, im Gegenteil, auch Kurztherapien, die nur aus 5 bis 10 Gesprächskontakten bestehen, können außerordentlich effektiv sein, doch der einzelne Gesprächskontakt selbst muß in einer Atmosphäre von Ruhe und ohne Zeitdruck erfolgen. Der heute vielfach verkrampfte Patient braucht einfach Zeit, um sich innerlich zu öffnen, und der Therapeut braucht Zeit, um sich dem Patienten verständlich zu machen.

Auch in dieser Verständigung, in der Kommunikationsbasis

Patient–Therapeut hat sich vieles geändert. Der moderne Psychotherapeut sieht es als seine Aufgabe an, sich immer so auszudrücken, daß er vom Ratsuchenden verstanden wird, wie hoch oder nieder das intellektuelle Bildungsniveau des Klienten auch sein mag. Es ist nicht Sache des Patienten, die Fachsprache der Psychologen zu verstehen, sondern es ist die Sache des Psychologen so zu sprechen, daß er verstanden wird. Wieweit der Klient in die theoretischen Hintergründe seiner Problematik und Behandlung eingeweiht wird und werden kann, bleibt jedem Berater selbst überlassen. Ich persönlich neige dazu, fast allen meinen Klienten in der ihnen verständlichen Weise Einsicht in diese Hintergründe zu geben, und auch bei der Anwendung gezielter Methoden Sinn und Zweck meines therapeutischen Programmes zu erläutern. Und ich muß sagen, ich habe damit sehr gute Erfahrungen gemacht, weil ich auf diese offene Weise dem Ratsuchenden das Gefühl vermitteln kann, sein *Partner* im Kampf gegen seine Schwierigkeiten zu sein. Dadurch entsteht schneller und leichter eine Distanzierung von Patient und Symptom, was ein wesentlicher Schritt zur Heilung ist, wie wir aus der Logotherapie wissen. Außerdem festige ich damit die Bereitschaft des Ratsuchenden zu der zweifachen Mitarbeit, die ich als so notwendig dargestellt habe, und bekomme noch dazu viel gezieltere Rückmeldungen, weil der Klient weiß, worum es geht.

Fall Nr. 8:
Eine Mutter kam mit einem kleinen Mädchen zur Beratung, weil das Mädchen ständig nägelbiß und dadurch sehr unschöne Fingerspitzen hatte. Vor allem war die Mutter beunruhigt, weil sie glaubte, daß Nägelbeißen ein Zeichen für seelischen Kummer sein müsse, und sie hatte Angst, ihr Kind sei seelisch krank. Ich erhob die Anamnese, untersuchte das Kind eingehend, sprach und spielte mit ihm, aber es fand sich kein Anhalt für eine seelische Verstimmung. Das Mädchen war ein fröhliches Kind, das intensiv spielen konnte, in der Familie angenommen und eher verwöhnt war und keine wie immer geartete Schocks erfahren hatte. Natürlich hätte ich das Kind trotzdem in Therapie nehmen können, und die Mutter wäre davon wahrscheinlich begeistert gewesen, aber ich entschloß mich doch, ihr die Wahrheit zu sagen. Ich teilte also der Mutter mit, daß meines Erachtens keine psychischen Ursachen vorlägen, und das Nägelbeißen eine unangenehme Angewohnheit sei, welche am besten mit mechanischen Mitteln abgewöhnt werden könne. Das Mädchen solle zu Hause dünne Netzhandschuhe tragen, die eine verstärkte Fingerkuppe be-

sitzen, so daß es allenfalls an dieser nagen könne. Diese werde ihr jedoch nicht schmecken, und so werde sie die Gewohnheit allmählich verlieren, zumal nachgewachsene Nägel für das Knabbern nicht so interessant sind wie abgerissene. Zusätzlich solle die Mutter das Mädchen belohnen fürs regelmäßige Handschuhetragen und vor allem für jeden nachgewachsenen Fingernagel. Ferner bat ich die Mutter, alles zu notieren, was ihr als psychisch „belastend" beim Kind auffallen sollte, zum Beispiel Ängste, Zornausbrüche und dergleichen, und mir nach einer gewissen Zeit mitzuteilen, damit wir gemeinsam nichts übersehen.

Nach ca. 2 Monaten kam die Mutter wieder und berichtete, daß der Trick mit den Handschuhen gut geholfen habe, ihre Tochter trage sie noch immer, aber sie würde kaum mehr die Finger zum Mund führen. Als ich die Mutter fragte, ob ihr sonst irgend etwas aufgefallen sei, antwortete sie lachend, daß sie früher das Kind immer ängstlich beobachtet habe und alle möglichen Fehlverhalten zu entdecken glaubte, jetzt aber, da sie wisse, das Kind sei unbeschwert und gesund, sei ihr überhaupt nichts mehr aufgefallen und eine große Last vom Herzen genommen.

Der Leser mag vielleicht staunen und fragen: „Was, so einfach war das?" Aber es war wirklich so einfach, warum sollte ich diese Beratung komplizieren? Wir sind heute so hypersensibilisiert, daß wir überall seelische Probleme wittern und eine einfache Gewohnheit oder Charaktervariable gar nicht mehr als solche akzeptieren können. Sollte ich die Mutter im Ungewissen lassen und das Kind in die therapeutische Kindergruppe nehmen, nur um den Anschein zu wahren, daß etwas „Psychologisches" gemacht werde, und um die Gruppen zu füllen? Das Nägelkauen hätte davon doch nicht aufgehört, aber die Mutter hätte sich weiter geängstigt und in ihrer Hyperreflexion nur noch mehr Störungen ins Kind hineinprojiziert, als vorhanden waren. Das aufrichtige, offene Gespräch mit der Mutter half in dem Fall mehr als zwanzig „unehrliche" Therapiestunden genützt hätten.

Bisher habe ich versucht, das spezielle Klientengut der Beratungsstellen zu schildern: Angehörige jenes Zwischenbereichs zwischen psychisch gesund und krank, mit ihren kleinen und doch großen Sorgen und Nöten, mit ihrer Labilität trotz aller sozialen Fortschritte und Sicherungen, mit ihrer Gefährdung in Richtung Psychosomatik und ihrer Überbesorgnis, als psychiatrisch Kranke oder Verrückte eingestuft zu werden.

Ferner habe ich versucht, ein Bild des heutigen Psychologen und

Psychotherapeuten in der Beratungssituation zu skizzieren, ein Bild, das menschlichere Züge als zu früheren Zeiten aufweist, mit dem Verzicht auf Magie und Allwissenheit, mit der Abneigung gegen das große Spekulieren, die Blickwinkelverschiebung des Therapeuten von der Vergangenheit des Patienten auf dessen Zukunft, und das Angewiesensein des Therapeuten auf die zweifache Mitarbeit des Ratsuchenden.

Ich habe damit ein wenig Einblick in das Klientengut und in die Position des Beraters geschaffen, was fehlt, sind die *Zielvorstellungen* einer solchen beratenden Hilfe, und dieser wollen wir uns nun zuwenden.

Vielleicht werden manche denken: Naja, was kann in einer Beratungsstelle schon Großartiges an Therapie geboten werden? Der Psychologe erteilt ein paar Ratschläge und fertig. Ja, was ist denn nun eigentlich der Unterschied zwischen Beratung und Psychotherapie?

Ich will Ihnen ein Geheimnis anvertrauen: zwischen Beratung und Psychotherapie ist von seiten des Therapeuten aus gesehen *überhaupt kein Unterschied*. Wer erlebt hat, wie schnell mancher kunstvolle therapeutisch-methodische Plan an Hypothesenfehlern oder einfach am Widerstand des Patienten scheitern kann, und wie andererseits ein einfacher Ratschlag manchmal einen ungeheuren therapeutischen Effekt erzielen kann, der läßt sich auf diese generelle Unterscheidung nicht mehr ein. Allerdings gibt es doch einen Unterschied, und zwar vom Anliegen des Patienten aus gesehen.

Es gibt Ratsuchende, die wissen nicht, wie sie sich in einer konkreten Situation oder einem bestimmten Problemkomplex gegenüber verhalten sollen, und es gibt Ratsuchende, die wissen ganz genau, wie sie sich verhalten sollten, sie sind aber außerstande, dieses Verhalten auch wirklich durchzuführen. Ich möchte diese maßgebliche Differenz an zwei einfachen Beispielen erläutern:

1) Eltern kommen in die Beratungsstelle und fragen, wie sie denn ihrem Kinde gewisse Grenzen setzen können, wenn es ordinäre Kraftausdrücke aus der Schule heimbringt und bei jeder Gelegenheit provozierend von sich gibt.

Dies ist eine pädagogische Frage, eine Frage nach dem pädagogisch optimalen Elternverhalten, die auch eine entsprechende pädagogische Beratung erfordert.

2) Anders ist es, wenn eine Mutter zum Beispiel in der Beratungsstelle verzweifelt gesteht, daß sie ihr Kind bei jedem geringen Anlaß aus einem plötzlichen Zorn heraus brutal schlägt, was ihr, sobald sie wieder einigermaßen die Kontrolle über sich ge-

wonnen hat, schrecklich leid tut, wobei sie ihre Unbeherrschtheit gar nicht verstehen kann.

Es steht wohl fest, daß es hier *nicht* um eine pädagogische Anleitung geht, denn die Mutter weiß ganz genau, daß ihr Erziehungsverhalten unangepaßt ist, es tut ihr ja selbst leid, aber sie kann ihr Verhalten nicht ändern. In diesem Fall hat eine Beratung darüber, daß brutale Strafen kein sinnvolles Erziehungsmittel darstellen, logischerweise wenig Erfolg; etwas, das sie sowieso weiß, braucht ihr nicht nochmals erklärt zu werden. Sie braucht andere Hilfe, sie braucht eine Methode, mit der sie ihr eigenes Verhalten besser lenken und steuern kann – wenn man so will, beginnt hier die Notwendigkeit einer Psychotherapie.

Das heißt, die besten Ratschläge hören dort auf, sinnvoll zu sein, wo sie der Ratsuchende nicht mehr zu *konkretisieren* vermag. Und mit diesem Fall, daß der Ratsuchende sehr gut erkennen und auch ausdrücken kann, was in seiner Lage das Beste wäre, und was er gerne erreichen möchte, daß er sich aber völlig außerstande fühlt, sein Vorhaben in die Tat umzusetzen, seine Schwäche zu überwinden oder sein persönliches Ziel zu erzwingen, mit diesem Fall sind wir in der Beratungsarbeit tagtäglich konfrontiert.

Es mag damit zusammenhängen, daß Personen, die wirklich nur gute Ratschläge suchen und benötigen, diese heute überall bekommen können, dazu brauchen sie keine Beratungsstelle aufzusuchen. In den Gesprächen mit Nachbarn und Bekannten, in der Volkshochschule, im Fernsehprogramm, in der kaum mehr zu überblickenden Fachliteratur, überall finden sie gute Ratschläge, in jeder Illustrierten gibt es eine Ecke: „Doktor Soundso berät Sie bei Erziehungs- und Lebensfragen". Abgesehen davon, wie wertvoll oder auch weniger wertvoll solche Ratschläge sind, muß doch zugegeben werden, daß im Zuge der allgemeinen Aufklärungskampagne pädagogische Anleitungen in Hülle und Fülle auf den Markt geworfen wurden. Woran mindestens 90 % unserer Klienten scheitern, das ist jedoch *die Umsetzung in die Wirklichkeit*.

Zum Problem „Umsetzung in die Wirklichkeit" fallen zwei Gesichtspunkte der modernen Beratung ins Gewicht: einerseits impliziert der Wunsch nach „Umsetzung in die Wirklichkeit" das Erkennen des gegenwärtigen, weniger wünschenswerten Zustandes beim Ratsuchenden, und andererseits bedeutet das Eingehen auf diesen Wunsch nach „Umsetzung in die Wirklichkeit" ein Charakteristikum der Blickwinkelverschiebung des Therapeuten, wie ich sie erwähnt habe.

Der erste Gesichtspunkt stellt fest, daß die Klienten aus dem beschriebenen Zwischenbereich zwischen psychisch gesund und krank zum überwiegenden Teil sehr klar erkennen können, wo ihre Probleme liegen und was geändert werden müßte, und dementsprechend gehen sie auch schon mit den verschiedensten Zielvorstellungen in die Beratungssituation hinein. Vielleicht ist hier ein markanter Unterschied zu echt psychiatrischem Patientengut formulierbar, welches wohl zu überwiegendem Teil weniger Problemeinsicht besitzt, weil auch der kognitive Bereich sehr oft nicht mehr intakt ist. Unsere psychisch labilen Klienten hingegen haben ihren „Leidensdruck", wie man heute sagt, ihre Wunschvorstellungen, aber sie kämpfen mit der „Umsetzung in die Wirklichkeit".

Auch der zweite Gesichtspunkt ist gewissermaßen ein Novum gegenüber den Standardpraktiken der Psychiatrie, denn der Psychotherapeut in der Beratungsstelle geht meist auf die Wunsch- und Zielvorstellungen des Ratsuchenden ein, ja er weckt sie geradezu, wenn er sie nicht vorfindet.

Diese Vorgangsweise, das Anliegen des Patienten zunächst einmal ernst zu nehmen, haben die Berater überwiegend aus der verhaltenstherapeutischen Methodik gelernt, in welcher es nützlich ist, eine konkrete Zielvorstellung beim Patienten zu haben, welche schrittweise angepeilt werden kann, aber genauso lehrt es auch die Logotherapie, innerhalb welcher jeder Mensch in seiner Einmaligkeit und Einzigartigkeit angenommen wird. Während die alten psychoanalytischen Schulen geneigt waren, das Anliegen des Patienten und die Gesamtheit seiner vorgebrachten Äußerungen a priori als vordergründiges Symptom auszulegen, und daher die Wunschvorstellungen des Patienten mehr oder weniger als Startschuß benützten, um in dessen Triebleben wiederum nach den Ursachen dieser Wunschvorstellungen zu forschen, so ist man also heute eher bereit, auf das Anliegen des Patienten zu hören und es – unter gewissen Einschränkungen natürlich – für echt zu werten.

Bis daher herrscht demnach in großen Zügen Einigkeit unter den Fachleuten in den psychologischen Beratungsstellen. Der Ratsuchende wird angenommen, er breitet seine Sorgen aus, man hört ihm zu und nimmt ihn ernst. Psychologische Gesprächstechniken helfen in der Kommunikation, der Psychotherapeut baut sich eine Brücke des Vertrauens zu seinem Klienten auf. Er nimmt sich Zeit, für ihn gibt es keine großen oder kleinen Probleme, alles ist gleichermaßen wichtig. Auch die psychologische Diagnostik fließt mit ein, Fragebogen und Selbsteinschätzungen der Klienten runden das Bild ab, Leistungs- und Interessentests finden Anwendung, auf projektive Verfahren wird zunehmend verzichtet. Großer Wert wird in den Beratungsstellen auch auf die ärztliche Kontrolle und Beratung gelegt. So verdichtet sich allmählich die Problemstellung vor dem Hintergrund der Familien- und Lebensstruktur des Ratsuchenden.

Aber nun scheiden sich wieder die Geister. Und zwar gehen die Meinungen der verschiedenen Berater als erstes dort auseinander, wo es um die Formulierung des *Therapiezieles* geht.

In der Psychiatrie ist es ganz einfach, ein Therapieziel zu finden, es ist immer die Gesundung und Renormalisierung des Patienten. Hat er Ängste oder Zwangsgedanken, so sollen sie beseitigt werden, ist er übermäßig traurig und deprimiert, so soll er fröhlicher werden, hat er irreale Halluzinationen, so soll er den Bezug zur Realität wiederfinden etc.; das Therapieziel ist also der Kontrast zum Krankheitsbild. Viel anders ist es auch nicht bei den Ratsuchenden unserer psychisch labilen Zwischengruppe, aber da diese praktisch freiwillig und mit einem bestimmten Anliegen in die Beratungsstelle kommen, so wollen sie bei der Vereinbarung des Therapiezieles entscheidend mitreden. Dennoch, das, was in diesem Zusammenhang an Wunschvorstellungen von den Ratsuchenden geäußert wird, ist mitunter unerfüllbar, unzumutbar oder keineswegs zu deren Vorteil, jedenfalls ist es sehr, sehr oft fragwürdig.

Ich will einige Situationen schildern: Das klassische Beispiel ist die Mutter, die vom Psychologen verlangt, daß er ihr lernbehindertes Kind befähige, das Gymnasium zu absolvieren. Oder die Ehefrau, deren Mann eine außereheliche Beziehung hat, und die nun vom Eheberater verlangt, er solle ihm diese ausreden.

Fall Nr. 9:
Oder was ich vor kurzem erlebte, als mir ein Bewährungshelfer einen jungen Mann brachte, der wohl schon an die 50 Autos geknackt hatte und nun, nachdem er sich an keine richterlichen Ermahnungen gehalten hatte, doch endlich vor der Inhaftierung stand. Aus lauter Angst vor der Gefängnisstrafe, die ihm drei Jahre lang gestundet worden und jetzt wirklich sicher war, hatte er psychosomatische Symptome entwickelt: nervöse Zuckungen, Magenkrämpfe und anderes. Und nun wollte der Bewährungshelfer von mir, daß ich seinen Schützling noch vor Inhaftierung von diesen psychosomatischen Beschwerden heile. Das hätte aber zugleich bedeutet, ihm die Angst vor der Strafe nehmen zu müssen und ihn praktisch gleichgültig gegenüber den Folgen seiner Handlungen zu machen. Wer abgebrüht genug ist, der geht auch ohne Magenkrämpfe ins Gefängnis, aber ist es wirklich das, was erreicht werden sollte? Ist nicht die Sen-

sibilität dieses jungen Mannes, die Angst, die Sorge um die Zukunft, vielleicht eine Spur von Reue, auch wenn sie sich auf seinen Magen schlägt, ist das nicht die einzige Chance, die er noch hat, um aus dieser negativen Erfahrung zu lernen und sein verpfuschtes Leben doch noch in den Griff zu bekommen?

Das Beispiel zeigt deutlich, daß ein Therapieziel durchaus nicht immer selbstverständlich ist. Ich erinnere mich, wie ein Kollege von mir auf einer Tagung lachend über einen Fall berichtet hat, in welchem es um eine junge Frau ging, die ein bißchen schüchtern und gehemmt war und den Wunsch hatte, robuster und selbständiger zu werden. Er hatte mit ihr ein sehr intensives verhaltens-therapeutisches Assertive-Training gemacht und der Erfolg war so groß, daß sich ihr bester Freund von ihr trennte mit der Begründung, er habe sie als bescheidene, ein bißchen hilflose, aber liebenswerte Lebenskameradin geliebt, aber nicht als den egoistischen Drachen, in den sie sich seit der Therapie verwandelt habe. Der Kollege führte diese Entwicklung als Beweis dafür an, wieviel Durchsetzungsvermögen, Dominanz und Ellbogentechnik diese früher etwas gehemmte Frau in kurzer Zeit hatte erwerben können. Ich persönlich fand diese Fallbeschreibung gar nicht so lustig, es drängt sich doch die Frage auf, ob der Psychotherapeut nicht hätte erkennen müssen, welche Verhaltensweisen zum Wesen dieser jungen Frau passen, und wie vorsichtig man dosieren muß, um nicht mehr Schaden als Nutzen anzurichten. Aber natürlich konnte er sich damit rechtfertigen, daß die Frau selbst ihm ja das Therapieziel vorgegeben hatte. Die Verhaltenstherapie kennt keine Wertigkeit eines Therapiezieles, was der Klient wünscht, kann der Therapeut im Rahmen des Möglichen erreichen, die Methode ist außerordentlich effektiv, aber der Psychotherapeut wird zum Werkzeug, zum „Psychomechaniker".

Die Kollegen in den Beratungsstellen merken es auch und es befriedigt sie nicht; wo ist das Kriterium, wo ist der *Maßstab* nach dem gemeinsam mit dem Ratsuchenden ein akzeptables Therapieziel aufgestellt werden soll? Die Psychoanalyse hat sich ein solches gemeinsames Therapieziel von vornherein damit verbaut, daß sie die Wünsche des Patienten nie ernst nahm. Die Therapieziele des Patienten wurden stets in das „Sammelbecken der Symptomatik" gekehrt, nur das dahinterliegende Triebleben zählte, und das kannte nur der Psychotherapeut, also kannte auch nur er die wahren therapeutischen Ziele und bestimmte darüber – nun ja, das war auch noch in der Ära der Unfehlbarkeit des Therapeuten. Die

Verhaltenstherapie ist auf der ganzen Linie ins andere Extrem gefallen: das Therapieziel bestimmt der Patient allein, aus eigener Willkür, und der Therapeut programmiert es in seine Methodik ein. Was daraus wird, geht ihn nichts an – aus der früheren *falschen Unfehlbarkeit* könnte sich heute sehr leicht eine *echte Unverantwortlichkeit* beim Psychotherapeuten entwickeln!

Fall Nr. 10:
Eine Gynäkologin meldete mir eine ihrer Patientinnen an, die einen Schwangerschaftsabbruch bei sich hatte durchführen lassen und nunmehr von heftigen Schuldgefühlen geplagt wurde. Außerdem konnte die Patientin keine fremden Kinderwagen sehen, ohne daran zu denken, daß sie – hätte sie anders gehandelt – selbst einen solchen besäße, oder daß ihr Kind bereits beginnen würde, zu lächeln, die Mutter zu erkennen, die ersten Sitzversuche zu machen usw. Die Frau kam also zu mir mit dem Anliegen, ich solle sie von ihren Schuldgefühlen befreien. Was für eine Mechanik, die hinter solchen Vorstellungen steckt! Es ist nicht viel anders, als wenn man den Klavierstimmer holt, weil ein Ton verstimmt ist, er hat ihn eben zu reparieren. Der Schwangerschaftsabbruch der Klientin hatte auch so einen mißgestimmten Ton hinterlassen.

Ich habe mich jedenfalls mit diesem Therapieziel nicht einverstanden erklärt. Ich sagte ihr, daß ich gerne bereit wäre, über die Sache zu sprechen und sie von allen Gesichtspunkten aus zu beleuchten, daß ich ihr aber keine wie immer geartete „psychologische Absolution" erteilen könne.

„Wenn man dem Menschen die Schuld nimmt, dann nimmt man ihm auch die Würde", diesen Lehrsatz der Logotherapie habe ich in der Psychotherapie schon oft bestätigt gefunden. Und an anderer Stelle schreibt Frankl: „Das Leiden – auch: die Schuld – hat einen Sinn, wenn Du selbst ein anderer wirst." Hierin liegt das Geheimnis verborgen, wie mit Schuld umgegangen werden muß. Nicht das Auslöschen von Schuld ist anstrebenswertes Ziel, sondern das Umwandeln von Schuld zu einem Wendepunkt des Lebens, zu einer Basis persönlicher Weiterentwicklung und Reife. Auch wenn eine Wiedergutmachung im eigentlichen Sinne nicht möglich ist, so kann doch „die Wandlung des Schuldigen" das Gewicht der Schuld aufwiegen, und sei es noch so schwer.

Die Frau lernte innerhalb unserer Gesprächskontakte verstehen, daß sie ihre Entscheidung zwar rückwirkend weder ungeschehen noch für sich selbst entschuldbar machen könne, daß sie aber dem Geschehnis durch neue Entscheidungen hier und jetzt einen positiven Sinn geben und dadurch seine Bedeutung verändern könne. Auf der Suche nach neuen sinnvollen Entscheidungen begann sie ihre frühere Fehlentscheidung zu akzeptieren und zu überwinden, schließlich meldete sie sich sogar als „Tagesmutti" und übernahm bei einem jungen berufstätigen Ehepaar, das sehr in Bedrängnis war, die Kindesbetreuung. Sie hat die frühere Ablehnung ihrer eigenen Schwangerschaft weder verdrängt noch kompensiert, sondern ist daran zu einem verantwortungsbewußteren Handeln und zu einer neuen Sicht ihres Lebens gereift.

Aus diesen Beispielen ist ersichtlich, daß die Wahl der Methode zuallererst bedeutet *eine Wahl des Therapiezieles.* Die Fragen, was erreicht werden *kann,* und was erreicht werden *soll,* sind nicht identisch. Solange die Möglichkeiten der Psychiatrie noch recht beschränkt waren, hatte die erste Frage, die Frage nach dem Können, Vorrang. Wenn wenig erreicht werden kann, ist man natürlich froh für das wenige. Aber je exakter und wirkungsvoller die Methoden der Psychotherapie ausgebaut werden, desto mehr Bedeutung erhält die zweite Frage, die Frage nach dem, was überhaupt erreicht werden soll. Wenn man vielleicht eines Tages (über Eingriffe ins Gehirn?) fast alles verändern wird können, die Persönlichkeit eines Menschen, sein Verhalten, sein Wissen, ja sogar seine Wertorientierung, dann wird die Frage nach Sinn und Ziel solcher Veränderungen entscheidend sein. Und keine Richtung, keine Methode und keine Schule hat dazu solche Kriterien und Hilfen anzubieten, wie die Logotherapie. Es ist aber nicht nur das Kriterium der optimalen Sinnfindung allein, auch die logotherapeutische Hilfsmöglichkeit der „Einstellungsmodulation" ist dabei von entscheidender Wichtigkeit.

Man hat in der Psychologie unglaublich lange die Bedeutung persönlicher Einstellungen des Menschen übersehen, und auch in der Psychiatrie war man zu sehr mit der „Umsetzung in die Wirklichkeit", also der Realisierung von Therapiewünschen beschäftigt, um die zentrale Funktion individueller Einstellungen zu ermessen. Erst in allerletzter Zeit ist die enge Verknüpfung zwischen inneren Einstellungen und der psychischen Gesundheit des Menschen entdeckt und näher erforscht worden. In der Logotherapie nehmen die „Einstellungswerte" sogar einen *Vorrangplatz* vor den „schöpferischen Werten" und vor den „Erlebniswerten" ein, denn ohne die entsprechende innere Einstellung kommt es weder zu schöpfe-

rischer Aktivität noch zu positiven Erlebnissen irgendwelcher /
Sitzt jemand gelangweilt zu Hause herum und hat die Einstellung, daß es sowieso egal ist, was immer er macht, er werde auf alle
Fälle versagen, dann blockiert diese Einstellung jede kreative
Aktivität, und es ist nicht anzunehmen, daß derjenige sich plötzlich
produktiv betätigt und eine zufriedenstellende Arbeit vollbringt.
Oder besucht jemand Freunden zuliebe ein Konzert und geht
schon mit der Einstellung hin, daß es eigentlich verlorene Zeit ist,
und er auch noch Tongeräuschen zuhören muß, die ihm im Grunde
nichts sagen, dann wird das Musikerlebnis, das ihm dieses Konzert
vermitteln kann, dementsprechend nicht sehr groß sein.

Auch im kognitiven Bereich spielen Einstellungen eine entscheidende Rolle. Wenn ein Vortragender der Gegenpartei spricht, so
betrachtet man seine Ausführungen viel kritischer, als wenn es ein
Gesinnungskollege ist, oder wenn ein Lehrer von einem Schüler
nichts Gutes erwartet, so wird er dessen Leistungen unwillkürlich
schlechter bewerten. Man könnte zahllose Beispiele dazu anfüh-
ren, daß die Einstellung, die man gegenüber irgendwelchen
Lebensinhalten hat, sei es sich selbst gegenüber, sei es anderen
gegenüber oder einem Sachverhalt gegenüber, wesentliche emotionale und kognitive Konsequenzen nach sich zieht.

Auf dieser Kenntnis basierend hat die Logotherapie als erste
Psychotherapie-Richtung damit begonnen, in der *Modulation von
Einstellungen* einen zusätzlichen therapeutischen Ansatzpunkt zu
entwickeln. Lassen Sie uns nochmals zurückblenden zur Methode
der paradoxen Intention: wenn man über seine Ängste lacht, so
verschwinden sie, wenn man sich zur gefürchteten Angstreaktion
positiv einstellt und sie geradezu herbeiwünscht, so bleibt sie aus –
im Grunde entfernt sich der Psychotherapeut bei der Anwendung
dieser Methode schon ziemlich weit von der planmäßigen „Umsetzung in die Wirklichkeit". Der Patient kommt mit seinen Ängsten
wie Agoraphobie, Klaustrophobie oder was immer und möchte sie
loswerden, aber der Logotherapeut arbeitet nicht an der Beseiti-
gung dieser Ängste, sondern am Aufbau einer neuen Einstellung
des Patienten *zu* seinen Ängsten, was erst dann in einem sekundä-
ren Prozeß zur Erreichung des Therapiezieles führt. Das hat zudem
den enormen Vorteil, daß der Patient diese Einstellungsänderung
lange beibehält und demnach künftig in der Lage ist, ähnliche
Fehlreaktionen durch seine neue Einstellung selbst in den Griff zu
bekommen. Nicht anders ist es bei der Dereflexion, der zweiten
wichtigen Methode der Logotherapie, die ich ebenfalls schon vorgestellt habe. Bei ihr wird die Aufmerksamkeit eines Patienten von

seinen Störungen weg und auf andere, positive Inhalte hingelenkt, wodurch sich wiederum sekundär eine Störungsreduktion ergibt. Der Patient, der etwa mit Schlaf- oder Potenzstörungen in die Praxis kommt, wird von seiner Hyperreflexion befreit, indem ihm andere Beobachtungsinhalte nahegebracht werden. Der Therapeut arbeitet also ganz und gar nicht an einer Umsetzung der Schlaf- oder Sexualwünsche in die Wirklichkeit, sondern er erreicht über eine Einstellungskorrektur gerade ein Nicht-mehr-erzwingen-Wollen der gestörten Funktion, wodurch die psychovegetative Blockierung der automatischen Funktionssteuerung des Organismus aufgehoben wird, und die Funktionen sich normalisieren.

Die Bedeutung der Logotherapie für die Beratungsarbeit liegt eben darin, daß sie einerseits den Psychotherapeuten befähigt, ein *adäquates Therapieziel* für den Klienten zu finden, andererseits aber auch unterstützende Techniken liefert, um die *innere Einstellung* des Klienten für dieses Therapieziel gewinnen zu können. Je mehr Macht und Einfluß die Psychologie eines Tages erringen mag, um so mehr Gewicht wird ihren Zielen zukommen, und es ist sogar heute schon vielfach therapeutisch höherwertig, die mitgebrachten Wunschvorstellungen der Ratsuchenden durch Einstellungsmodulationen zu korrigieren, als sie zu erfüllen.

Ich habe öfters erlebt, daß im gemeinsamen Ringen um ein gesundes und sinnvolles Therapieziel ganz neue Aspekte zur Sprache kamen, die den Ratsuchenden selbst von seinen ursprünglichen Wunschvorstellungen abgehen ließen. Daß also zum Beispiel eine Mutter, die ursprünglich von mir verlangte, ihr Kind zu höheren schulischen Leistungen anzuspornen, späterhin sich darum bemühte, ihr Kind samt seinen Schwächen zu lieben. Oder daß eine Ehefrau, die erst gemeint hatte, ich solle ihren Mann vom Seitensprung zurückholen, letztlich erkannte, was sie selbst noch beitragen könnte, um die Partnerschaft mit ihrem Mann zu erneuern. Dieses Korrigieren von Einstellungen und Ringen nach neuen, sinnvollen Zielen gehört allerdings zu den schwierigsten und manchmal auch schmerzlichsten Dialogen im therapeutischen Gespräch und muß mit unendlich viel Geduld, Einfühlsamkeit und Behutsamkeit durchgeführt werden.

Die Personen aus der dargestellten Zwischengruppe weisen nämlich noch ein anderes typisches Merkmal auf, das sogar im Zunehmen begriffen zu sein scheint. Es ist in gewisser Weise eine *geringere emotionale Tragkraft* und eine Gewohnheit, das Denken und Urteilen zunächst im *Negativen* und nicht im Neutralen anzusetzen. Beides muß auf seltsame Weise zusammenhängen, es ist ein Gemisch von Nivellierung und Negierung, von Gefühlsarmut und Mißtrauen, von Wehleidigkeit und Intoleranz, es ist das stärkste Gift gegen ein friedliches Familienglück, das es gibt.

Das, was ich als geringere emotionale Tragkraft bezeichne, drückt sich folgendermaßen aus: Unsere Klienten sind im Durchschnitt psychisch und manchmal sogar körperlich besonders empfindlich, sie halten geringsten Schmerz, Kummer und Leid kaum aus, ihre Frustrationstoleranz ist minimal. Aber dasselbe Phänomen taucht auch im positiven Bereich mit umgekehrten Vorzeichen auf: sie können sich an kleinen Dingen nicht mehr freuen, sie können kleine Vergnügungen nicht mehr genießen – eine hübsche Landschaft, ein warmer Sommertag, eine schöngeformte Blüte, ein frisches Bad oder eine kleine Aufmerksamkeit, all das sagt ihnen nichts mehr, sie sind sensibilisiert im Negativen und abgestumpft im Positiven. Wie sie geringfügige Schmerzen nicht ertragen können, können sie auch geringfügige Freuden nicht erfassen, die emotionalen Reizschwellen sind in unglücklicher Weise verschoben.

Dazu kommt als Analogon im kognitiven Bereich dieses „A-priori-Mißtrauen", dieses „Von-vorn-herein-negativ-Denken" und dann erst, wenn überhaupt, überprüfen und überlegen. Manchmal ist es schaurig, der Kommunikation zwischen Eltern, Kindern oder auch Partnern und Geschwistern zuzuhören. Ein Kind hat zum Beispiel eine Blumenvase aus Versehen umgestoßen, die Mutter brüllt los: „Das hast du mit Absicht getan, nur mir zufleiß, ich kenn dich doch!" oder eine Hausfrau nimmt am Wochenende ihren Staubsauger in Betrieb, weil sie während der Woche wenig Zeit hatte, und ihre Nachbarin schimpft sofort los: „Aha, jetzt macht sie wieder Lärm, weil sie weiß, daß ich zu Hause bin, und daß meine Nerven Ruhe brauchen, die paßt genau auf, wann ich da bin, nur um mich zu stören!" Oder ein Kind versagt bei der Klassenarbeit aus lauter Nervosität und der Vater legt sofort los: „Da geschieht dir ganz recht, du hast es ja nicht anders gewollt, hättest du dich hingesetzt und gelernt und wärst du nicht so faul gewesen, hättest du es besser gemacht!" Oder ein Ehemann kommt etwas später nach Hause, weil sein Chef ihn gebeten hatte, eine Arbeit zu beenden. Er hat ganz vergessen, daß seine Frau an diesem Abend mit ihm ins Kino gehen wollte. Sobald er nach Hause kommt, beginnt eine Serie von Vorwürfen von seiner Frau, daß er ihr absichtlich den Abend verderben wollte, nur um sie zu kränken, und allein deshalb später gekommen sei.

Das alles sind keine Lächerlichkeiten, keine Übertreibungen oder Extremfälle, das ist der *ganz normale und durchschnittliche Umgangston, der die Familie langsam zersetzt*. Ein Großteil gerade unserer Klienten aus der labilen Zwischengruppe geht in der zwischenmenschlichen Kommunikation zunächst blindlings vom negativen Aspekt des anderen aus und verspielt dadurch die Chance, den anderen im Positiven kennen und verstehen zu lernen. Beides, diese geringe emotionale Tragkraft und dieses negativistische Denken hängt miteinander zusammen, kleine Anlässe werden zu großen Dramen, kleine zwischenmenschliche Differenzen werden zu Komponenten von Sadismus und Haß, und das Gute, Schöne, Lebenswerte wird völlig übersehen.

Nun, was geschieht? Gegen die kleinen Schmerzen und Wehwehchen, die schon nicht ertragen werden können, gibt es Mittel, vor allem medikamentöse – die Tablettensucht des heutigen Menschen ist gewaltig, die geringe Frustrationstoleranz wird im allgemeinen mit Beruhigungssaft kuriert – aber was ist mit den fehlenden kleinen Freuden? Wenn man sich an Kleinigkeiten nicht freuen kann, dann muß man auf die Lebensfreude verzichten, denn sich über Großes freuen ist noch viel schwerer. Dieses *Fehlen der kleinen Freuden* möchte ich sehr, sehr kritisch bewerten, denn die vielen Kleinigkeiten des Lebens spielen in bezug auf die psychische Gesundheit eine wichtigere Rolle, als seltene, einschneidende Ereignisse. Auch hier mußten die alten psychologischen Theorien korrigiert werden, das gefürchtete psychische Trauma hat ausgedient. Fragen Sie die Eheberater, sie werden Ihnen übereinstimmend sagen, daß die Ehen an Kleinigkeiten zugrunde gehen und nicht an großen Schwierigkeiten; fragen Sie die ewigen Versager nach ihrer Lebensgeschichte, Sie werden keinen großen Schock, sondern eine Kette kleiner Mißerfolgserlebnisse finden, und ganz ähnlich ist es auch im positiven Bereich.

Die Lebensfreude eines Menschen setzt sich aus vielen kleinen Freuden zusammen, das große Glück ist eine sehr fragliche Sache, aber oftmalige kleine Augenblicke des Glücks garantieren eine stabile Zufriedenheit. Das Sich-an-Kleinigkeiten-freuen-Können ist unerläßlich für die psychische Gesundheit, vielleicht schlummert in diesem Problem eine Erklärung für die statistisch nachgewiesene rapide Zunahme an psychisch Kranken in unserer Zeit des Fortschritts, des Komforts und der Emanzipation, wie ich bereits dargestellt habe. Je mehr Luxus, desto weniger Freude läßt sich daraus gewinnen; wie sehr freut sich z. B. jemand, der *ein* Paar Schuhe besitzt, wenn er ein zweites Paar bekommt, und wie wenig kann sich jemand, der *hundert* Paar Schuhe besitzt, über das hunderteinte Paar Schuhe freuen!

Zu dieser Reduzierung an Lebensfreude kommt auch eine Verschiebung der Berufsbezogenheit: die Arbeit ist soviel komplexer geworden in unserer Zeit, daß die Leute oft nicht mehr durchschauen, in welch großem Gefüge sie ein kleines Rädchen durch ihre Arbeit bewegen. Noch schlimmer ist es für die Kinder, für die die Arbeit der Eltern überhaupt kaum mehr eine sinnvolle Betätigung, sondern nur mehr die Ursache für deren tägliches Verschwinden und der Zweck fürs Geldverdienen ist. Aber was bedeutet Geld für Kinder, die fast alles haben? Sie tauschen oftmals die Anwesenheit der Mutter gegen einen Berg von Spielsachen und eine Freizeit, mit der sie nichts anzufangen wissen. Nicht nur der einzelne, auch die Familie ist „noogen" gefährdet, die Sinnzweifel der Eltern spiegeln sich im sinnlosen Widerstand ewig unzufriedener Kinder einer nüchternen Industriegesellschaft. Die allgemeine Schwäche, kleinen Kummer nicht mehr ertragen und kleine Freuden nicht mehr empfinden zu können, ist ein so vielfach in der Praxis festgestelltes Symptom, daß es in der Diskussion um optimale Therapieziele nicht unerwähnt bleiben darf. Wir leben nicht in einer Zeit, in der es an *psychischen Konflikten* fehlt, sondern wir leben in einer Zeit, in der es an *psychischer Belastbarkeit* und Tragfähigkeit fehlt.

Immer noch gibt es Nachwirkungen aus der Vergangenheit der Psychotherapie, Richtungen, die daraufhin abzielen, Konflikte aufzudecken statt Konflikte zu mildern, die das negativistische Denken geradezu fördern, das Mißtrauen untereinander und das Selbstmitleid, statt dem Patienten die Fähigkeit mit auf den Weg zu geben, kleine Freuden in seinem Leben zu erkennen und zu schätzen. Zum Abschluß unseres Themas „Therapieziel" möchte ich zwei divergierende Fallbeispiele einander gegenüberstellen, die aus dem Beratungsalltag gegriffen sind und eigentlich nur Kleinigkeiten betreffen, aber wer kann schon abschätzen, was klein und was groß ist in der Bedeutung einer menschlichen Existenz?

Den einen Fall habe ich nicht selbst behandelt, ich habe ihn auf einem Therapeutentreffen im Zuge einer Video-Vorführung über Familientherapie kennengelernt.

Eltern hatten sich wegen Konzentrationsstörungen ihrer Tochter, die vor allem am Nachmittag beim Aufgabenmachen auffielen, an eine Beratungsstelle gewandt. Sie wollten fragen, ob man diese Schwäche durch gezielte Übungen etwas vermindern könne. Der zuständige Psychologe antwortete den Eltern, daß eine Familientherapie notwendig sei und bat sie, möglichst samt Großeltern und Geschwistern des Mädchens zur Sitzung zu kommen. Wohlgemerkt, er hat weder eine Intelligenzuntersuchung des Mädchens, noch eine Überprüfung ihres Begabungsprofiles, ihres Gesundheitszustandes, ihrer Schulsituation, ihres Aufgabenplatzes noch ihrer Konzentrationsfähigkeit für notwendig gehalten. Als dann alle Familienmitglieder beisammen waren, führte er das Gespräch dahingehend, möglichst alle nur denkbaren Konflikte zwischen diesen Familienmitgliedern aufzufinden. Schließlich brachte er endlich heraus, daß das Mädchen als jüngstes Kind gar nicht mehr geplant gewesen war, weil die Eltern mit den anderen beiden Kindern schon genug Arbeit gehabt hatten, woraufhin das Mädchen bitterlich zu weinen begann. Dessenungeachtet kam durch geschickte Gesprächsführung zur Sprache, daß die Eltern der Mutter sich früher einmal einen etwas höherstehenderen Schwiegersohn für ihre Tochter erhofft hatten. Daraufhin bot der Vater des Mädchens, also dieser Schwiegersohn, den Großeltern verärgert an, sie könnten gerne sein Haus verlassen, in dem sie nun so lange gewohnt hatten. Wenn er ihnen zu minderwertig wäre, brauchten sie nicht unter seinem Dach zu leben. Gegen Ende der Sitzung gelang es dem Psychotherapeuten noch, den älteren Bruder des Mädchens zu der Aussage zu bewegen, daß er sich schon manchmal heimlich gewünscht hatte, von zu Hause durchzubrennen, weil er sich von der Mutter zu sehr bevormundet fühle. Er meinte, daß andere Mütter freizügiger wären, was Taschengeld und Ausgeherlaubnis anbelange. Daraufhin schrie die Mutter entrüstet, daß er gehen könne, wenn er wolle, er sei sowieso nur eine Belastung für die Eltern, die schließlich das Geld für alle verdienen müßten.

Nachdem das Videoband über dieses Gespräch abgelaufen war, sagte der Kollege zu uns den bemerkenswerten Satz: „Sie sehen, wieviel Unausgesprochenes ich in dieser ersten Sitzung bereits aufarbeiten konnte!"

Das war also ein Beispiel für die althergebrachten psychologischen Tendenzen in neuem Gewand. Das Anliegen des Klienten, in dem Fall die Konzentrationsstörungen des Mädchens, wird nicht ernst genommen, das Therapieziel kennt allein der Therapeut, für ihn bedeutet es das Auffinden möglicher Konflikturachen um jeden Preis. Mir persönlich wäre der Preis, den diese Familie in der therapeutischen Sitzung gezahlt hat, zu hoch.

Fall Nr. 11:

Der andere Fall, den ich zum Vergleich erzählen möchte, ist mir vom Leiter eines Kinderheimes angemeldet worden. Es ging dabei um ein kleines Mädchen, eine Brasilianerin mit ziemlich negroidem Ausse-hen, das Probleme hatte, weil es mitunter von Mitschülerinnen oder Straßenkindern wegen der Farbigkeit verspottet wurde. Es fielen auch einmal die Worte: „Geh weg, du Schwarze, mit dir spielen wir nicht!" und das Mädchen hatte sich dann traurig im Heim verkro-chen. Der Heimleiter fragte mich, ob man etwas tun könne, um ihr zu helfen, daß sie weniger gehänselt werde. Ich habe mir das Mäd-chen angesehen, lange mit ihr gesprochen und dann den Heimleiter folgendermaßen beraten: Das Problem der Farbigkeit kann für das Mädchen nicht aus der Welt geschafft werden, das wußte er so gut wie ich. Wenn sie hier in Deutschland aufwächst, dann wird sie sich damit auseinandersetzen müssen, auf jeder Altersstufe und in jedem zwischenmenschlichen Bereich, sie wird damit leben müssen, sicht-bar eine Ausländerin zu sein. Aber man kann ihr Selbstwertgefühl und ihr Selbstvertrauen stützen, wenn man ihr die Möglichkeit gibt, etwas, das sie sehr gut kann, auszubauen und damit Anerkennung bei den Mitmenschen zu gewinnen.

Wir fanden heraus, daß sie in der Rhythmik und tänzerischen Bewegungsgestaltung weit überschnittlich begabt ist; wohl ein Erbe ihrer Vorfahren, aber warum soll man dieses Erbe nicht positiv ausnützen, wenn es ihr doch andererseits Kummer bringt? Ich setzte dem Heimleiter auseinander, daß man dem Mädchen entscheidend helfen könne, wenn man ihr regelmäßig Tanzunterricht erteilen ließe, weil sie dann eines Tages in der Lage sein würde, bei kleinen Anlässen eine Probe ihres Könnens zu geben und vielleicht sogar die Begeisterung und den Beifall der Zuschauer zu gewinnen. Außer-dem stellen die Tanzstunden ein Privileg im Heim dar, das andere nicht haben, so daß sie neben ihrer Nachrangstellung als Farbige auf einem anderen Gebiet wiederum eine Vorrangstellung einnehmen dürfe. Der Heimleiter hat den Vorschlag sehr begrüßt, und das Mäd-chen strahlte über ihr ganzes Gesicht, als sie erfuhr, daß sie als Ein-zige der gesamten Kindergruppe wegen ihrer besonderen Begabung ab sofort Tanzunterricht bekommen solle.

Auch in diesem Fall ist auf das unmittelbare Anliegen des Heim-leiters, das Farbigkeitsproblem des Kindes, von mir nicht eingegan-gen worden, und zwar aus dem einfachen Grund, weil es unlösbar ist. Aber ich verschob das Therapieziel in eine Richtung, die dem Mädchen eine zusätzliche Erfüllung und Freude im Leben bieten würde, um seine innere Kraft und Stabilität zu gewährleisten. Dieses

Therapieziel habe ich dem Heimleiter auch so auseinandergesetzt, daß er genau wußte, worum es geht, sollte unsere Idee mit den Tanzstunden nicht realisierbar sein, so wäre er in der Lage, ein Äquivalent zu finden.

In beiden Fallbeispielen konnte in diesem einen einzigen Beratungskontakt nicht besonders viel erreicht werden. Aber wenn man vergleicht, was beide Mädchen aus den Beratungskontakten mitgenommen haben, nämlich einerseits das Wissen, den Eltern unerwünscht gewesen zu sein, und andererseits das Wissen, ab nun Tanzunterricht zu bekommen, so ahnt man die Unterschiedlichkeit im Menschenbild.

Das logotherapeutische Kriterium einer positiven Sinnerfüllung als Zielvorstellung wendet sich ab vom Schüren in Konflikten und wendet sich hin zum *Aufbau neuer Persönlichkeitsdimensionen*.

Hat der Ratsuchende unerfüllbare oder unzureichende Zielvorstellungen, dann muß die Therapiezielverschiebung zusammen mit ihm besprochen und ihm klar verständlich gemacht werden, wobei wiederum die logotherapeutische Methode der Einstellungsmodulation eine große Hilfe ist. Gerade Klienten mit geringer emotionaler Tragkraft und negativistischen Pauschal-Urteilen, müssen verstärkt zu dem heilenden Therapieziel gelenkt werden: mehr ertragen zu können, mehr Freude im Leben finden zu können, und dem Mitmenschen, Kind oder Partner offener, vorurteilsloser und toleranter entgegenzutreten. *Dieses* Therapieziel wird selten von Ratsuchenden genannt und enthält doch oft und oft den Schlüssel zur Gesundung.

Deshalb möchte ich zusammenfassend sagen: Um heute in der Beratungssituation als Psychotherapeut wirksam zu werden, braucht man ein hohes Maß an Einfühlungsvermögen, um das Vertrauen der Klienten zu gewinnen, eine sichere Diagnostik, um die Problemlage und die Fähigkeit der Klienten richtig einzuschätzen, ein Verantwortungsbewußtsein im Sinne der Logotherapie, um ein adäquates Therapieziel für und mit den Klienten auswählen zu können, und eine gute Kenntnis der verschiedenen Methoden, um dieses Therapieziel schließlich auch annähernd zu erreichen.

Logotherapie ist demnach nicht die einzige, aber eine *sehr, sehr notwendige Bedingung* moderner Erziehungs- und Lebensberatung.

Sexuelle Prägung
contra Willensfreiheit

A) Einstellung zur Sexualität

Die Psychotherapie hat seit ihrem Bestehen als eigenständige Wissenschaft einen großen Teil ihrer Anstrengungen und Forschungen der menschlichen Sexualität gewidmet. Dadurch hat sie wesentlich dazu beigetragen, diesen eigentlich kleinen Teilbereich unseres Lebens ins öffentliche Blickfeld zu rücken. Spätere Generationen werden rückschauend auf unsere Zeit gewiß sagen: „Das war das Jahrhundert, in dem die Tabus um die menschliche Sexualität in der zivilisierten Welt gesprengt wurden", genauso wie sie sagen werden: „Das war das Jahrhundert, in welchem die Atomkraft entdeckt und angewendet wurde", oder „Das war das Jahrhundert, in welchem die Erde zum erstenmal verlassen und nach anderen Planeten gegriffen wurde".

Und ebenso wie man heute nicht sagen kann, ob es eigentlich gut ist, daß atomare Prozesse in Gang gesetzt und ausgelöst werden können, oder ob es gut ist, daß der Mensch die Hand nach dem Weltraum auszustrecken beginnt, genausowenig kann heute gesagt werden, ob es gut ist, daß die Tabus um die Sexualität zu fallen begonnen haben. So wenig wir solche Entwicklungen aufhalten können, so wenig vermögen wir auch die Folgen vorauszusehen. Es ist das ewige Dilemma des Menschen, daß er nicht nur – wie das Tier – mit seiner Umwelt, sondern auch mit sich selbst, mit den von ihm selbst heraufbeschworenen Problemen fertig werden muß.

Die Einstellung zur Sexualität hat sich also in unserem Jahrhundert in unserem Kulturkreis grundlegend geändert. Und nachdem wir immerhin schon vier Fünftel dieses Jahrhunderts hinter uns gebracht haben, so ist uns wenigstens *ein* großer Überblick, *eine* Erkenntnis gegeben, die allerdings von manchen philosophisch-psychologischen Grundannahmen abweicht.

Ursprünglich war man davon ausgegangen, daß die Unterdrückung, Verheimlichung und Tabuisierung sexueller Bedürfnisse die menschliche Gesundheit und speziell die psychische Gesundheit störe und schädige. Sigmund Freud, der nun einmal auf diesem Gebiet bahnbrechend war, versuchte an Hunderten von Krankengeschichten nachzuweisen, daß Neurosen und Hysterien entstünden auf Grund unbefriedigter und unterdrückter sexueller Bedürfnisse. Sein theoretisches Konzept basierte auf der festen Annahme, daß unbefriedigte Triebregungen in traumatischer Form ins Unbewußte verdrängt würden und von dort aus die seelische Gesundheit beeinträchtigen könnten; und dementsprechend war auch sein therapeutisches Konzept im *Aufdecken* und Bewußtmachen solcher verdrängter Triebregungen und mitunter im *Ausleben* der aufgestauten Bedürfnisse begründet.

Wahrscheinlich hätte Freud, wenn er einen Blick in unsere heutige Gegenwart hätte werfen können, sein Konzept selbst revidiert. Denn in Wirklichkeit hat alles Aufdecken, alles Nicht-Unterdrükken und alles Ausleben von Sexualbedürfnissen *nichts* zur psychischen Gesundung des Volkes beigetragen. Das ist ein seltsames Ergebnis, welches uns heute, nachdem ein dreiviertel Jahrhundert zunehmender Emanzipation in der Sexualität vergangen ist, immer noch verwundert. Kaum je hatten die Menschen unserer Kultur so viele sexuelle Freiheiten wie heute, so viel sexuelle Stimulanz, so viele Chancen zum Partnerwechsel, so viel sinnliche Anregung durch Technik und Medien, und so viele Möglichkeiten, offen und ungeniert über ihr Triebleben zu diskutieren wie heute; selten noch hat sich eine Jugend so ungehindert ihrer Sexualität bedient und ein solches Übermaß an sexueller Aufklärung mitbekommen wie heute – und bei alledem gab es noch niemals so viele Konflikte, so viele sexuelle Probleme, so viele Ehe- und Partnerschaftsdramen, wie sich auch in den psychologischen Beratungsstellen zeigt.

Die zunehmende Freizügigkeit in der Sexualität mag eine Errungenschaft des Fortschrittes sein, ein Beitrag zur Volksgesundheit war sie nicht.

Lange blieb dieses außerordentlich unbefriedigende Ergebnis ohne Erklärung, bis die Entwicklung der modernen Motivationsforschung und nicht zuletzt die Logotherapie eine Antwort darauf fand, die Antwort lautet: „Innerhalb der geistigen Dimension des Menschen *gilt das Homöostaseprinzip nicht.*" Homöostase bedeutet Gleichgewicht, und in unserem Zusammenhang das „innere Gleichgewicht eines Individuums".

Ein Individuum ist dann mit sich und der Umwelt im Gleichgewicht, wenn alle seine Bedürfnisse befriedigt sind und es sich in einem Zustand wunschlosen Behagens befindet. Zum Beispiel eine sattgefressene Katze, die hinter dem wärmenden Ofen liegt und zufrieden schnurrt, ist in vollem inneren Gleichgewicht, sie hat keinerlei Bedürfnis, ihre Situation zu ändern, sie steht unter keinem Triebzwang oder äußeren Druck, der ihr unangenehm ist und den sie zu beseitigen sucht, sie ist nach menschlicher Diktion „wunschlos glücklich".

Man könnte meinen, es gibt auch für uns Menschen nichts Schöneres auf Erden, als dieses innere Gleichgewicht zu erreichen, nämlich „vollkommene Ausgeglichenheit" und „wunschloses Behagen", und genau das haben auch alle frühen psychologischen Theorien seit Freud als höchstes therapeutisches Ziel angesehen. Der unruhige, gestörte, geplagte Patient muß demnach sein inneres Gleichgewicht wiederfinden, und es muß alles getan werden, um ihn in diesen Homöostasezustand überzuführen. Er muß seine Triebe abreagieren, seine aufgestauten Bedürfnisse formulieren, seine unterdrückten Wünsche durchsetzen und sich von jeglichem äußeren oder inneren Druck befreien. Es war nicht nur der therapeutische Ansatz, der unter das Zeichen des Homöostaseprinzips gestellt wurde, es war schon fast ein Menschenbild, das den Menschen als Kampfplatz innerer Spannungen darstellte, die alle möglichst entlastet und gelöst werden sollten, um den Idealzustand des inneren Gleichgewichts wieder herzustellen. Und dazu gehört natürlich auch die Entlastung von sexuellen Spannungen oder von Aggressionstendenzen, was durch *„Abreagieren-Lassen"* in irgendeiner Form zu erreichen versucht wurde.

Hierher passen alle therapeutischen Methoden, bei welchen man Leute „sich ausweinen" oder „ausschreien" (Urschrei) läßt, bzw. bei welchen Kinder mit Schaumgummihämmern aufeinander losschlagen oder Sand an die Wände werfen dürfen, um sich abzureagieren. Auch die Propagierung von Pornobildern in Magazinen oder Sexfilmen blüht auf dem Hintergrund, „sexuelle Spannungen im Volk abfließen zu lassen" (abgesehen vom Geld, das sie einbringen!). Alles, wie gesagt, im Dienste des Homöostaseprinzips.

Aber, die Hypothese hat sich als *falsch* erwiesen. Ein Mensch, der in vollkommenem inneren Gleichgewicht mit sich und der Umwelt ist, der also keine Wünsche und keine Bedürfnisse mehr hat, der alles, was überhaupt erstrebenswert für ihn wäre, besitzt und kein Ziel mehr vor Augen sieht, für das er sich einsetzen müßte oder das er anstreben könnte, ein solcher Mensch ist nicht extrem glücklich und psychisch gesund, sondern – er dreht durch, er „spielt verrückt", er stirbt nahezu an Langeweile und erlebt eine *tiefe innere Leere*. Er fällt in *existentielle Frustration,* weil das Leben scheinbar jeden Sinn verloren hat.

Welch eine Erkenntnis! Das Wirtschaftswunder und die Wohlstandszeit haben uns alle Beweise dafür geliefert, unübersehbare Beweise, die gar keiner wissenschaftlichen Sanktionierung mehr bedurften. Das Idol unserer Generation, der Supermann, der sich alle sexuellen Träume erfüllen kann, der hübsche Mädchen am laufenden Band „serviert" bekommt, der alle seine Launen ausleben kann, ungestraft hinschlägt, wenn er zornig ist, immer straflos durchkommt, wenn er das Gesetz umgeht, der Traummann, der Star unserer Gesellschaft, der sich alle finanziellen Wünsche erfüllen kann, den Superwagen, den Privatjet, der jede Augenblicksregung erfüllen kann mit Einfluß, Macht und technischer Raffinesse, welchem Schicksal treibt er zu? Es kommt der Zeitpunkt, da freut ihn das Leben nicht mehr, es kommt der Augenblick, da ist er seelisch am Ende, übersättigt bis oben, lebensüberdrüssig, lebensunfähig. Der Traum der Superlative erschöpft sich sehr schnell, und was bleibt ist gähnende Leere.

Der Mensch ist eben ein denkendes Wesen und kann als Träger einer *geistigen Dimension* nicht nur konsumieren und genießen, es reicht einfach nicht aus zur psychischen Gesundheit und inneren Erfüllung.

Maria Simon, klinische Psychologin der Würzburger Universitäts-Frauenklinik, schreibt im Zusammenhang mit der „Abtreibungswelle" folgendes: „Gewachsen sind die Ansprüche der Menschen auf individuelle Befriedigung. Gewachsen ist die kritische Beurteilung aller traditionellen, moralischen und institutionellen Schranken solcher Befriedigung. Das „Ende der Bescheidenheit" wurde proklamiert. Gewachsen ist die Neigung zur Brutalität gegenüber allem, was sich individuellen Ansprüchen in den Weg stellt. Und da dies oft individuelle Ansprüche anderer sind, hebt sich das emanzipatorische Bewußtsein vielfach selbst wieder auf. Emanzipation ist oft nur ein anderes Wort für Hedonismus, für das Streben nach individueller Lustmaximierung. Hedonismus aber hat seit jeher einen Hang zur Brutalität. Er kennt zwar eine gewisse Solidarität, aber nur die der Genußfähigen und Genießenden. Wer kein möglicher Partner in der Gemeinschaft der Genießenden ist, soll dieser Gemeinschaft dienen oder aber lieber gar nicht sein."

Genauso ist es, nicht nur das „Ende der Bescheidenheit" ist angebrochen, auch das Ende der Emanzipation naht, die sich selbst ad absurdum führt. „Genießen auf Kosten anderer" kann nicht für alle möglich sein, wie „Genießen um des Genusses willen" nicht einmal für einen allein möglich ist. Und daß Hedonismus von jeher zur Brutalität tendiert, ist ausreichend geschichtlich erwiesen.

Die Kriminalstatistik des Jahres 1977 war überschrieben mit den Worten: „Im Teufelskreis von Langeweile und sinnloser Zerstörungswut", weil man keine anderen vorherrschenden Motive mehr für die zunehmenden Verbrechen und Vergehen fand. Die Selbstmordstatistiken schließen sich dem an und weisen immer wieder auf den durchschnittlich hohen Lebensstandard der Selbstmörder hin, der die Tat umso unbegreiflicher erscheinen läßt, wenn nicht Lebensüberdruß und Übersättigung angenommen würden. Und besonders die Drogenforschung kennt das Leitmotiv der Süchtigen: „…das erste Mal habe ich es aus Langeweile probiert…".

Brutalität, Kriminalität, Selbstmord und Süchtigkeit als Folgereaktionen auf Reichtum, erfüllte Wünsche und Langeweile, psychische Massen-Entgleisungen als Ergebnis einer Entwicklung, die beglücken und befreien sollte – ist das zu fassen?

Das Homöostaseprinzip läßt sich beim besten Willen nicht mehr aufrechterhalten. Die Möglichkeit, sich viele Wünsche erfüllen zu können und nahezu alle Bedürfnisse befriedigen zu können, bietet *keine Gewähr* für die Stabilität psychischer Gesundheit, im Gegenteil, sie ist eine Gefahr, für die Gemeinschaft wie für den einzelnen, weil das menschliche Leben dadurch als *sinnärmer* erlebt wird: es fehlen die Ziele, für die es sich lohnt, zu arbeiten, zu kämpfen, ja sogar Opfer zu bringen und Wünsche zurückzustellen.

Heute wissen wir: was der Mensch für seine psychische Gesundheit unabdingbar braucht, ist nicht, daß er alle seine Wünsche befriedigen kann, sondern daß eine Reihe von Wünschen *offen bleiben,* und zwar in Form anstrebenswerter Lebensinhalte und persönlicher Ziele, die es zu verwirklichen gilt. Das Engagement erst hält die Persönlichkeit intakt, auch wenn es Opfer kostet und eigene Bedürfnisse einschränkt, das Engagement für eine Idee, für andere Menschen, für eine Sache, wofür immer, baut eine menschliche Existenz auf und erfüllt sie. Das *Prinzip der Selbst-Transzendenz* steht dem Homöostaseprinzip gegenüber, wie der Mensch dem Tier gegenüber steht; zwischen beidem gibt es Analogien aber keine Identität, weil eine ganze dimensionale Stufe dazwischensteht.

Denken wir z. B. an die Mütter, die sich jahrelang für ihre Familie und ihre Kinder aufgeopfert und fast alle eigenen Wünsche in den Hintergrund gestellt haben, und die oftmals gerade *dann* an Depressionen leiden, wenn die Kinder erwachsen sind, und keine Arbeit mehr zu tun bleibt – nach dem Homöostaseprinzip unerklärlich! Danach müßten sie während der Belastungen durch die

Kinder todunglücklich sein und nach dem Fortfallen dieser Belastungen endlich zufrieden und innerlich ausgeglichen sein, das Gegenteil ist der Fall.

Der Mensch muß im Unterschied zum Tier wissen, wozu er lebt. Das müssen keine hochgesteckten Ziele sein; seine Pflichten gut zu erfüllen oder seiner Familie eine entsprechende Basis zu bieten oder selbst ein interessantes Hobby kann schon sehr viel zur inneren Sinnerfüllung beitragen, was simple Bedürfnisbefriedigung auf menschlicher Ebene nie und nimmer zu geben vermag. Das Homöostaseprinzip ist heute im wissenschaftlichen Raum gefallen und damit ein ganzes Kartenhaus von psychologischen Theorien und Hypothesen!

Eine der gefallenen Hypothesen ist die, daß „Glück" (oder auch „Lust") ein erstrebenswertes Ziel sein kann. Um dies zu verstehen, erinnern wir uns nochmals an den Indikationsbereich der logotherapeutischen Methode der Dereflexion. Wir stellten fest, daß es psychosomatische Beschwerden gibt, die allein dadurch entstehen, daß irgendeine normalerweise automatisch ablaufende Körperfunktion wie Herzrhythmus, Einschlafvorgang oder Erektion zu stark beobachtet wird, also zum Aufmerksamkeitszentrum erhoben wird, was diese Körperfunktion sofort stört. Wird jedoch die Aufmerksamkeit in die Außenwelt zurückgelenkt, regeneriert sich die gestörte Körperfunktion und läuft (nicht als Ziel sondern) als „Nebeneffekt" ganz normal ab. Wie nun in der Psychotherapie der

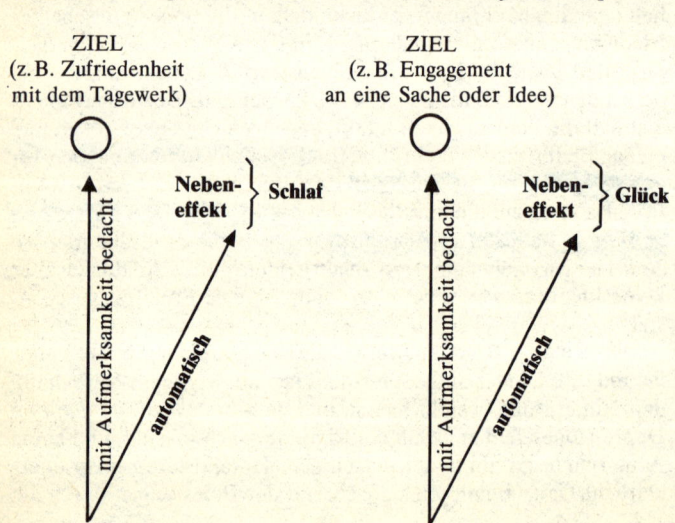

automatische Nebeneffekt, der blockiert sein kann, meist eine vegetative Körperreaktion ist, so ist in der Philosophie der automatische Nebeneffekt, der heute vielfach blockiert ist – das Glück.

Wann immer die Aufmerksamkeit zum Nebeneffekt abgelenkt wird, „blockiert die Automatik". Glück läßt sich nicht erhaschen, wie sich Schlaf nicht erzwingen läßt, ohne Ziel kein Nebeneffekt, ohne Engagement und Sinnerfüllung kein inneres Glück, *„je mehr man erzwingt, desto weniger gelingt";* dieser Satz gilt auch in der Psychologie.

Wir haben vorhin das Bild jener Mütter aufgezeigt, die voll inneren Engagements für ihre Familie sorgen, auch wenn sie eigene Wünsche hintanstellen müssen. Dieses Sorgen für die Familie, das Zusehen, wie sich die Kinder unter ihrer Obhut zu jungen Menschen entfalten, das macht der Mutter Freude. Nun ist es aber nicht so, daß sie intensiv für ihre Kinder sorgt, damit sie *sich selbst* eine Freude bereitet, sondern sie sorgt dafür, daß sich *die Kinder* gut entwickeln, und ihre eigene Freude an der guten Entwicklung der Kinder stellt sich automatisch als Nebeneffekt dazu ein.

Lustgewinn kann im Humanbereich kein Hauptziel sein, sondern nur als Nebeneffekt einen Hauptzweck begleiten. Frankl, der in der modernen Motivationsforschung bahnbrechend war, hat den *Effektcharakter* des Glücks wiederholt nachgewiesen, er drückt ihn so aus: „Je mehr es einem um die Lust geht, desto mehr vergeht sie einem auch schon." Lust allein läßt sich nicht anstreben, nicht erzwingen, sie ist kein menschenadäquates Intentionsobjekt. Die Erfüllung von Wünschen um der Lust willen hinterläßt uns – „wunschlos unglücklich"*.

Ein anderes Beispiel: Wir können Freude und Lust empfinden, wenn wir einer schönen Musik lauschen, aber die Lust stellt sich nicht deswegen ein, weil wir an unser eigenes Vergnügen dabei denken, sondern weil wir uns ganz der Schönheit und Harmonie der Melodien hingeben; und nicht anders ist es auch im sexuellen Bereich. Freude und Lust stellt sich nicht ein, wenn man selbst beim Intimkontakt durch den Partner befriedigt werden will, sondern wenn man sich mit ganzer Liebe dem Partner hingibt. Beim gesunden menschlichen Sexualverhalten ist das Ziel das „Du", der andere, und die eigene Lust stellt sich als Begleiterscheinung ein.

---

* Frankl hat diese seine Theorie von der Nicht-Intendierbarkeit des Glücks bzw. vom Effektcharakter von so etwas wie Glück systematisch auf dem Wiener Weltkongreß für Philosophie dargelegt (dieser Vortrag ist als Einleitungskapitel „Der Mensch auf der Suche nach Sinn" im Herderbuch Nr. 387 mit dem Titel „Psychotherapie für den Laien" abgedruckt).

Und in dem Maße, in dem Menschen ihr Augenmerk auf die eigene Lust oder auf den Sexualakt selbst wenden, in dem Maße vergeht ihnen auch schon die Lust bei der Sache, sie suchen den Nebeneffekt ohne das Hauptziel und finden nur – Enttäuschung. Existentielle Frustration und sexuelle Frustration laufen parallel, wie Sinn und Liebe korrelieren: wird kein Sinn gesehen, verliert das Leben an Wert, wird keine Liebe gesehen, verliert die Sexualität an Sinn.

Wir beginnen heute zu ahnen, warum die ärztlichen und psychologischen Praxen mit Sexualstörungen überfüllt sind, die *sexuelle Inflation,* wie Frankl es nennt, ist über uns hinweggezogen.

Wie jede Inflation, auch die auf dem Geldmarkt, mit einer Entwertung Hand in Hand geht, so kam es auch im sexuellen Bereich zu einer Entwertung, und zwar wurde das eigentliche Ziel menschlicher Sexualität, die *Liebesbeziehung* zwischen zwei Menschen entwertet. Das personale Element der Zweisamkeit ging zum Teil verloren, Gefühle und Zuneigung für den Partner wurden unmodern, Rücksichtnahme und Behutsamkeit im Umgang mit dem Partner wurden als Hemmungen denunziert. Enthaltsamkeit und Wartenkönnen auf den anderen wurden als Unfähigkeit belächelt, die Orientierung am primitiven Lustgewinn, sowie das Demonstrieren von Potenz und Prahlen mit einschlägigem Wissen ersetzte echte Zärtlichkeit und echte Bindungen.

Wie immer man weltanschaulich darüber denken mag, vom psychologischen Standpunkt aus wäre nichts dagegen einzuwenden gewesen, wenn diese Entwicklung eine menschheitsbeglückende gewesen wäre – und als eine solche war sie noch unter den alten Vorstellungen des Homöostaseprinzips auch gedacht gewesen –, aber die sexuelle Inflation hat genauso wie die existentielle Frustration gezeigt, wie wenig sich tierisches Verhalten auf menschliche Verhältnisse übertragen läßt. Im tierischen Bereich ist sexuelles Verhalten ein in Tausenden von Generationen erlerntes und ererbtes komplexes Verhaltensmuster, das instinktgetrieben automatisch abläuft, wenn gewisse innere und äußere Schlüsselreize zusammenkommen. Der Ablauf hat keine Bedeutung und keine psychische Nachwirkung, er ist ein Teil der Natur dieses Lebewesens. Auch das menschliche sexuelle Verhalten ist noch weitgehend instinktgesteuert, und auch für den Menschen existieren selbstverständlich vorprogrammierte Schlüsselreize, aber die ganze hormonelle, psychophysische Steuerung unterliegt einer ontogenetisch wesentlich höheren Kontrolle, einer kognitiven Steuerung, für welche Gesetze gelten, welche im Tierreich undenkbar sind.

Erst in den letzten Jahrzehnten ist begonnen worden, diese kognitive Steuerung – oder in logotherapeutischer Diktion: die geistige Dimension des Menschen – genauer zu erforschen. Gewiß sind primitives Instinktverhalten oder sub-kognitive Reaktionsketten wesentlich leichter zu beobachten, zu messen und vorherzusagen, als komplizierte geistige Denk- und Willensphänomene, die weder isolierbar noch konstant sind, und die sich auch nicht so ohne weiteres in elektrischen Impulsen und psychometrischen Einheiten abbilden. Dennoch sind wir heute zu dem Ergebnis gekommen, daß die innere kognitive Steuerung des Menschen *sinn- und zielgerichtet* ist, daß sie nach einer inneren *Wert-Orientierung* funktioniert, und daß sie die Eindrücke aus der Umwelt sowie das eigene Handeln und Verhalten immer mit einer gewissen *Bedeutung* umgibt.

Es gibt keine Umweltsituation im normalen menschlichen Leben, die nicht zugleich für das sie wahrnehmende menschliche Wesen etwas bedeutet und in einen Sinnzusammenhang eingebettet ist. Wer dieses Buch hier liest, tut dies nicht rein zufällig, seine Augen gleiten nicht irgendwelchen schwarzen Zeichen entlang, weil dies Spaß macht, sondern das Lesen ist vielmehr ziel- und sinngerichtet, der Leser möchte Neues erfahren, er ist an Weiterbildung interessiert. Und wenn er meinen Worten zustimmt oder sie ablehnt, dann orientiert er sich dabei nach seinem eigenen inneren Wertsystem, er vergleicht meine Aussagen mit seinen eigenen Erfahrungen und Überzeugungen. All das sind eigentlich selbstverständliche geistige Zusammenhänge, nur hat sich die psychologische Forschung leider lange nicht an sie herangewagt.

Analog dazu kann der Sexualakt im menschlichen Bereich nicht nur eine Instinkthandlung ohne Bedeutung sein, auch er wird in einen geistigen Zusammenhang gebracht. Und deswegen ist unser sexuelles Verhalten immer auch schon *mehr* als nur Sexualität, es kommt ihm eine Ausdrucksfunktion zu, welche mit einer Wertorientierung verknüpft ist.

In der geistigen Ebene des Menschen ist Partnerschaft und Zweisamkeit eine *personale Beziehung,* eine Beziehung zu einer anderen Person, und je intensiver diese Beziehung ist, je mehr Wert dieser Person zugesprochen wird, um so sinnvoller wird die Ausdrucksfunktion der Sexualität, der Sexualakt wird zur Inkarnation von Liebe, wie Frankl es formuliert.

Aber wenn die personale Beziehung fehlt und der Sexualakt als psychische Lustquelle per se benutzt wird, so fehlt in der kognitiven Steuerung des Menschen die *Bedeutung* dieses Verhaltensmusters, der Sinnzusammenhang. Der Sexualakt hört auf Ausdrucksfunktion zu haben, er wird zwar emotional noch als angenehm oder erregend, aber geistig mehr oder weniger als Leerlaufhandlung empfunden, und nachdem das emotional angenehme Gefühl abgeklungen ist, was nach dem Höhepunkt sehr rasch der Fall ist, bleibt das Leeregefühl bestehen. Ohne personale Beziehung zu einem Partner kommt es nach sexuellen Handlungen zu einer kognitiven Frustration, genauso, wie es beim Leser zu einer kognitiven Frustration kommen würde, wenn er stundenlang in einem Buch blättern würde, dessen Worte er nicht lesen und dessen Aussage er nicht verstehen kann. Er würde sich nämlich fragen: „Wozu sitze ich hier und blättere?" Eine Frage, die ein Tier niemals stellen könnte: „Wozu tue ich dies?"

Nach dem letzten Forschungsstand der Motivationstheorie scheint der Zustand, den wir Glück nennen, fast ausschließlich davon abzuhängen, ob wir eine Antwort auf diese Frage finden können: „Wofür lebe ich? Wozu bin ich gut?" Menschen, die auf diese Frage sicher eine Antwort wissen, sind von erstaunlicher psychischer Gesundheit und Stabilität und können auch bei Schicksalsschlägen nicht so schnell aus der Bahn geworfen werden. Die Frage *wozu?* und *wofür?* ist unumgehbar, solange wir denken, und die Antwort darauf mißt all unserem Tun und Lassen seine Bedeutung bei.

Ich habe erwähnt, daß gegen die allgemeine Enthemmung im Sexualverständnis des Volkes von uns Psychologen nichts einzuwenden gewesen wäre, wenn es eine menschheitsbeglückende Entwicklung gewesen wäre. Genauso kann man hinsichtlich der Prostitution denken: wenn wir von unseren persönlichen Einstellungen absehen, vom psychologischen Standpunkt aus könnte man fragen: warum nicht? Wenn es den Männern Spaß macht und die Mädchen dabei verdienen, wem schadet es? Aber es schadet eben doch, und zwar nicht unter einem moralischen Aspekt, sondern unter einem psychohygienischen Aspekt. Und zwar schadet es aus dem einzigen einfachen Grunde, weil ein *Übungs- und Gewöhnungsprozeß* an eine depersonale Sexualität und damit an eine im menschlichen Bereich unzureichende Sexualität einsetzt.

Die Erkenntnis um die Bedeutung von Übungs- und Gewöhnungseffekten haben wir der Lerntheorie zu verdanken, die vor rund vier Jahrzehnten das sogenannte „soziale Lernen" entdeckte, welches keineswegs immer bewußt vor sich geht, und bei dem *Übung, Verstärkung* und *Vorbild* von maßgeblicher Gewichtung sind. Demnach wird jedes – menschliche wie tierische – Verhalten tief eingeprägt, fixiert und mit hoher Wahrscheinlichkeit künftig beibehalten, wenn es

1. oftmals in der gleichen Weise abläuft: *die Übung,*
2. öfters mit einem positiven Nacheffekt gekoppelt ist, oder man kann auch ganz einfach sagen, „belohnt wird": *die Verstärkung* (der Gewinn).
3. wenn es bei anderen Individuen (Eltern, Gleichaltrigen) oftmals gesehen wird: *das Vorbild.*

Übung, Gewinn und Vorbild sind die drei Hauptpfeiler, auf denen soziales Lernen beruht. Je stärker diese drei Hauptpfeiler, desto höher die Konstanz des gelernten Verhaltens. Nehmen wir ein Beispiel dazu: das Rauchen. Erwiesen ist, daß das Aufgeben um so schwerer fällt, je länger jemand schon raucht, er hat sich an die Verhaltensweise des Rauchens gewöhnt. Erwiesen ist auch, daß jemand, je nervöser, innerlich gespannter, verkrampfter, unruhiger und unsicherer er ist, desto weniger leicht mit dem Rauchen aufhören kann, weil der kurzfristige Entspannungs- und Beruhigungsgewinn durch das Inhalieren von Nikotin eine besonders hohe Belohnungs- und Verstärkungskraft für einen nervösen Menschen besitzt. Erwiesen ist außerdem, daß Kinder aus Raucherfamilien unvergleichlich eher und intensiver zu rauchen beginnen als Kinder aus Nichtraucherfamilien, das Vorbild der Umwelt spielt keine zu geringe Rolle. Natürlich gibt es auch Ausnahmen für diese Regeln, aber die engen Korrelationen zwischen den drei genannten Faktoren und sozial gelernten Verhaltensweisen sind unbezweifelbar gegeben. Das gilt im Negativen wie im Positiven, das gilt z. B. auch für gute Partnerschaften. Auch hier stimmen die Statistiken darin überein, daß Partnerschaften um so gefestigter sind, je länger sie schon andauern, je mehr sie für den einzelnen an Gewinn und Freude bedeuten und je mehr auch im eigenen Elternhaus oder zumindest im engen Freundeskreis stabile Partnerschaften vorgelebt wurden.

Die Logotherapie anerkennt selbstverständlich diese Erkenntnisse, wenn sie sie auch nicht so absolut setzt wie die lerntheoretisch orientierte Verhaltenstherapie.

Die Phänomene des sozialen Lernens gelten nun genauso in bezug auf das sexuelle Verhalten, auch dabei spielen Gewöhnung, Belohnung und Vorbild eine entscheidende Rolle. Und besonders gefährlich für die Etablierung einer depersonalen und damit einer unglücklichen, einer menschenunwürdigen und psychohygienisch ungesunden Einstellung zur Sexualität sind zwei von den drei lerntheoretischen Hauptpfeilern des Lernens, nämlich die *Gewöhnung* und das *Vorbild.* Der dritte Faktor, die „Belohnung" für depersonales Sexualverhalten, der Lustgewinn also, ist so gering, daß er keine große Gefahr zur Etablierung dieses Fehlverhaltens darstellt, im Gegenteil, weil er so gering ist, wird er wieder zur Ursachenbasis für sexuelle Störungen im Sinne von psychogener Impotenz und Frigidität.

Am Beispiel „Sexualität" läßt sich die Synthese verschiedener Wissenschaften und ihrer Erkenntnisse eindrucksvoll demonstrieren: Auf der einen Seite der Zusammenbruch des Homöostaseprinzips, die logotherapeutische Erkenntnis, daß menschliche Sexualität eine personale Beziehung zwischen zwei Menschen, eine Liebesbeziehung, voraussetzt, und daß ohne diese Zielgerichtetheit der Nebeneffekt „Lust" kaum erreicht werden kann. Auf der anderen Seite die Erkenntnisse der Lerntheorie, welche drei Hauptursachen zur Erlernung von beständigen Verhaltensweisen aufzeigt: Übung, Verstärkung, Vorbild. Und nun die Synthese von beidem, eingebettet in die Verwirrung einer unruhigen, industrialisierten Zeit:

Nach dem alten Homöostaseprinzip war vor einem halben Jahrhundert die Parole ausgegeben worden: Spannungen um jeden Preis reduzieren, Triebe ausleben, Gefühle ausagieren, Unterdrücktes hinausschreien, Hemmungen fallenlassen, Schamgefühl über Bord werfen und innere Triebkräfte befreien. Ein viertel Jahrhundert später erkannte die Lerntheorie, daß Gefühle, die abreagiert werden, zugleich *geübt* werden, daß Menschen sich ans Triebe-Ausleben *gewöhnen* können, daß sie letzten Endes gar keine inneren Triebe mehr aufgestaut haben, welche irgendwie abfließen müssen, und trotzdem noch das während der Abreaktion gelernte Verhalten beibehalten, weil es eben *gelernt* wurde – es gab ein bitteres Erwachen in der Psychologie. Man ist heute noch dabei, in den Erziehungsberatungsstellen still und leise die Matschräume oder die Schaumgummihämmer zu entfernen, weil man gesehen hat, daß Kinder, die sich in den Matschräumen austoben konnten, dieses eingeübte Verhalten auch im elterlichen Wohnzimmer fortzusetzen pflegten, oder daß Kinder, die ihre Aggressionen mit Schaumgummihämmern ausagieren gelernt hatten, im Schulhof zu Steinen griffen, um vorhandene oder auch nicht vorhandene Aggressionen an den Köpfen der Mitschüler auszuagieren, so wie sie es in der Therapiestunde gelernt hatten.

Das „Aggressive-Spannungen-reduzieren-Wollen" war zum schönsten *Triebtrainingsprogramm* für aggressives Verhalten geworden, und nicht anders ging es mit dem Sexualverständnis: das ursprüngliche „Sexuelle-Spannungen-reduzieren-Wollen" wurde zum Trainingsprogramm für undifferenziertes, depersonales Sexualverhalten.

Nicht umsonst hat die Psychoanalyse *zwei* vorherrschende Triebkategorien im menschlichen Leben definiert, den Sexualtrieb und den Aggressionstrieb (später „Todestrieb"), und nicht umsonst rollt heute nach dem so ganz ungewollten Trieb-Trainingsprogramm dieser Epoche die Sexwelle und die Welle der Gewalt über unsere Generationen hinweg – wie könnte man den Zusammenhang übersehen?

Nun, und nachdem eine Generation bereits das Prinzip des möglichst freien Triebauslebens gelernt hatte, so wurde diese Generation – nach den Erkenntnissen der Lerntheorie – zum Vorbild für die nächste Generation, der Lernprozeß begann sich zu potenzieren. Heute sind an jedem Zeitungsstand frei zugängliche Pornohefte verkäuflich, die Reklamebilder für entsprechende Filme sind eindeutig, selbst so sinnlose Assoziationen wie zwischen neuen Luxusautos und nackten Mädchen werden offiziell über Reklame und Medien hergestellt, niemand findet etwas dabei, die sexuelle Inflation greift um sich, das Vorbild wird zunehmend wirksam. Unsere Jugendlichen sprechen über sexuelle Dinge in einer Sprache, die die Entwertung und Abwertung deutlich widerspiegelt, und es ist nicht anzunehmen, daß sie anders sprechen werden, wenn sie selbst Mütter und Väter sein werden. Der Ausspruch „Unreife Menschen möchten reife Kinder haben!" läßt sich auch auf diese Situation übertragen.

Übung und Vorbild haben das Ihre getan, käme nun auch noch die echte Befriedigung und ein wahrer Lustgewinn zur befreiten, enthemmten und wahllosen Sexualität dazu, dann könnte nach lerntheoretischen Erkenntnissen nichts und niemand den Durchbruch dieser emanzipatorischen Bewegung aufhalten, dann würde in Zukunft der Sexualakt mehr und mehr den Stellenwert eines Händedrucks einnehmen, den man leicht mit jemandem tauscht, der jedoch nicht viel zu sagen hat. Dann wären aber auch keine psychischen Probleme und Störungen damit verbunden.

Jedoch, nach motivationstheoretischen Erkenntnissen ist der Lustgewinn bei der entwerteten, depersonalen Sexualität gering, die Befriedigung minimal, die kognitive Steuerung des Menschen frustriert. Diese Frustration kann zur Quelle psychischer und sexueller Störungen werden, zugleich aber bedeutet sie eine Chance, und zwar die *einzige Chance,* die heutige sexuelle Inflation zu überwinden, indem aus der Kognitiven Frustration eine neue, sinn- und

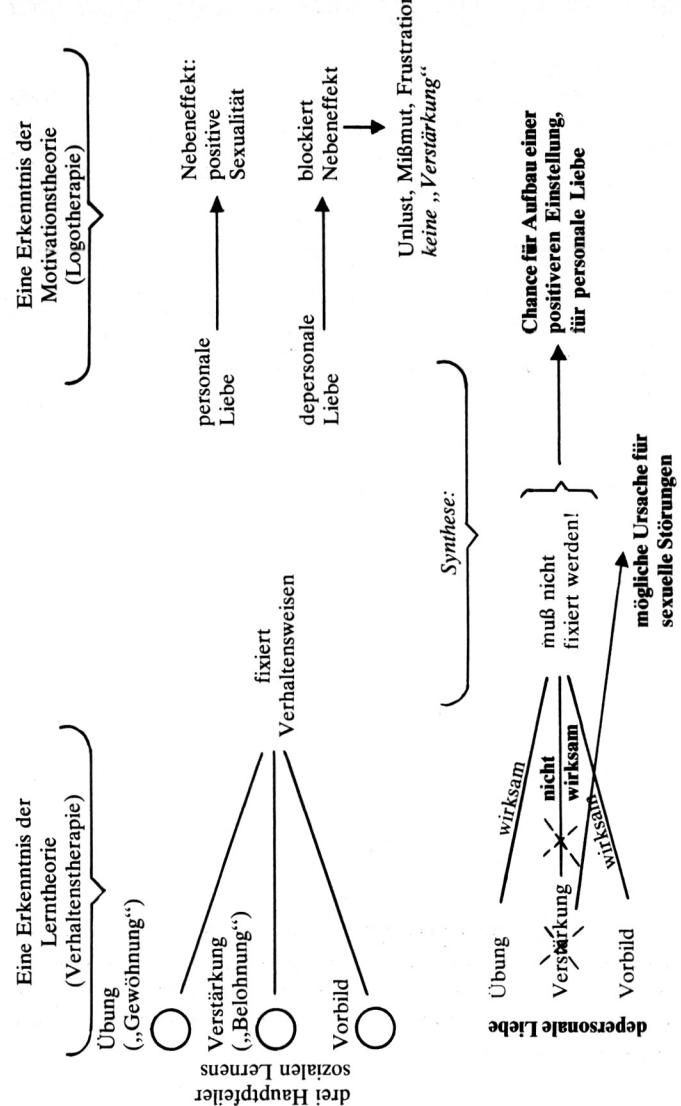

Eine Erkenntnis der Motivationstheorie (Logotherapie)

Nebeneffekt: positive Sexualität

personale Liebe →

depersonale Liebe → blockiert Nebeneffekt

Unlust, Mißmut, Frustration = keine „Verstärkung"

Synthese:

Chance für Aufbau einer positiveren Einstellung, für personale Liebe

muß nicht fixiert werden!

mögliche Ursache für sexuelle Störungen

Eine Erkenntnis der Lerntheorie (Verhaltenstherapie)

Übung („Gewöhnung")

Verstärkung („Belohnung")

Vorbild

fixiert Verhaltensweisen

drei Hauptpfeiler sozialen Lernens

wirksam

nicht wirksam

wirksam

Übung

Verstärkung

Vorbild

depersonale Liebe

zielgerichtete Sexualität, ein Hinwenden zur personalen Liebesbeziehung erwächst.

Noch vor nicht allzu langer Zeit hat der Psychologe Wilhelm Reich wortwörtlich gesagt: „In der Psychologie geht es darum, die die Lustbefriedigung hemmenden Zwänge zu beseitigen."

Man hat inzwischen viele „hemmende Zwänge" beseitigt, aber heute weiß man, daß man mit den Zwängen auch die Lustbefriedigung mitbeseitigt hat. Ich zitiere Paul Coradi aus der „Zeitschrift für Sozialberatung" Juni 77:

„Die Erfahrungen, die man in den nordischen Ländern mit der sexuellen Freizügigkeit gemacht hat, sind anders. Dem Buch der schwedischen Journalistin Maria Scherer: ‚Das Fiasko' oder ‚Die herrenlose Frau' und dem Aufsatz der deutschen Psychagogin Christa Meves ‚Leiden an der Emanzipation' kann entnommen werden, daß die Befreiung im sexuellen Bereich bald zu neuen Formen der Unterdrückung und zu großen psychischen Schäden führt. Die durch unzählige Reize wachgehaltene Phantasie und ein triebhaft gesteuerter Wille potenzieren die Triebe. Die innigste Vereinigung zweier Liebender wurde zur technisch perfekten Lustbefriedigung – im Endeffekt unter Mißbrauch des Partners – degradiert. Die sexbesessene Frau konsumiert aktiv wahllos Männer, der sexgesteuerte Mann übt auf seine Partnerin eine schließlich unerträgliche Diktatur aus. Die Folgen sind: Innere Leere, Ekel, Haß, Impotenz, Flucht in den Drogen- oder Alkoholrausch, dann massive psychische Erkrankungen und schließlich Lebensuntüchtigkeit oder Kriminalität."

Das also ist der letzte Stand, an dem wir heute angelangt sind. Man beginnt langsam zu ahnen, warum sich Freuds Hypothesen nicht bewahrheitet haben, man beginnt zu verstehen, daß tierische und menschliche Sexualität nicht mit demselben Konzept analysiert werden kann, die Wissenschaft nähert sich einer Phase der Besinnung. Es gibt auch schon Anfänge einer „Rehumanisierung der Psychotherapie" (wie sie von Frankl schon seit Jahrzehnten gefordert wird), die Eheberater richten ihr Augenmerk mehr auf die positive Partnerschaft als auf Sexualerfolge um jeden Preis, und die logotherapeutische Dereflexionsmethode zeigt Heilungserfolge von Sexualneurosen über die Wiederfindung einer personalen Beziehung auf. Aus der Lerntheorie wissen wir, daß Verhaltensweisen, die wenig Gewinn, Erfolg oder „Genuß" bringen, allmählich zurückgehen, gelöscht werden, wie man sagt, und es bleibt uns die Hoffnung, daß sich die sexuelle Inflation auf Grund ihrer eigenen Entwertung totläuft. Jede Krise hat ihre Chance, und das ist die Chance der sexuellen Krise von heute. Ob allerdings die „Familie" diese Krise überstehen wird?

Fall Nr. 12:
Ein Ehepaar meldete sich zur Beratung an, Mann und Frau wollten gemeinsam kommen. Ich lud sie ein zum Gespräch.
Gesprächsfragmente (gekürzt):

Er: Wir – wir wollten uns gerne einmal beraten lassen. Meine Frau und ich führen eine gute Ehe.

Sie: Wir sind 15 Jahre verheiratet, und es hat nie einen schweren Krach gegeben, oder Streitigkeiten oder so was, wir haben uns immer verstanden.

Er: Ja, ja, wir verstehen uns auch jetzt, so ist das nicht, wir wären auch gar nicht gekommen, wenn uns nicht Frau X. empfohlen hätte, zu Ihnen zu gehen.

Pause

Ich: Haben Sie Probleme in der Intimsphäre?

Er: Ja, ja, so ist es. Meine Frau, wie soll ich sagen, der Arzt meint sie sei ganz gesund, wenn sie nämlich nicht gesund wäre ...

Sie: Das ist es nicht, ich bin schon gesund. Ich meine bloß, ist es denn wirklich so unbedingt nötig? Es fällt mir schwer, mich dazu zu zwingen, mein Mann findet das abnormal.

Er: Was heißt abnormal, wir sind schließlich Mann und Frau, oder nicht? Aber einmal liest du, einmal nähst du, einmal hast du Kopfschmerzen, jeden Abend eine andere Ausrede –

Sie: Das stimmt, ich (beschämt) schiebe den Abend immer hinaus, habe direkt Angst vor dem Schlafengehen, manchmal denke ich schon den ganzen Tag daran, an den Abend, was ich wohl tun soll, den ganzen Tag (schluchzt)!

Ich: Sie haben Angst vor dem Begehren Ihres Mannes, weil Sie glauben, es nicht beantworten zu können?

Sie: Ja, Frau Doktor.

Ich: (zum Mann gewandt) Sie haben die Worte erwähnt: „Wenn Sie nicht gesund wäre ...", haben Sie damit gemeint, daß Sie verzichten würden, wenn Ihre Frau ein körperliches Gebrechen hätte, das dem im Wege stünde?

Er: Selbstverständlich, ich bin doch kein Wüstling!

Ich: Angenommen, Ihre Frau wäre nun krank und Sie würden verzichten, hätten Sie dann Ihre Frau weniger lieb?

Er: Das hat damit nichts zu tun, ich liebe sie ja nicht nur deshalb. Das finde ich überall, wenn es sein muß. Ich liebe sie –

Ich: Ja?

Er: Na, wie sie ist, als die Frau, die mich durchs Leben begleitet!

Sie: (Gerührt) Ich wußte gar nicht, daß du es so siehst!

Er: Aber ich bitte dich, wenn du krank wärest, würde ich kein Wort sagen, aber da du nicht krank bist, muß ich annehmen, du willst mich nicht –

Ich: Sie irren sich, Ihre Frau ist zwar nicht körperlich krank, aber sie hat eine kleine psychische Störung, die erst behoben werden muß, ehe sie sich Ihnen wieder voll hingeben kann. Ihre Ablehnung ist Ausdruck dieser Störung und nicht Ausdruck fehlender Liebe!

Sie: Das stimmt, genauso ist es! Meine Liebe hat damit nichts zu tun, absolut nichts! (Zum Mann gewandt) Ich liebe dich wie am ersten Tag.

Er: (Gerührt) Das wußte ich nicht.

Ich: (Zu beiden) Sehen Sie, es gibt etwas, das wußten Sie beide nicht voneinander. Sie lieben einander ganz unabhängig von der Güte des sexuellen Zusammenspiels, jeder liebt die Person des anderen um seiner selbst willen. Das ist mehr als viele andere Ehepaare besitzen, auch wenn sie noch so gut im Bett verkehren. Vergessen Sie vorläufig die kleine Störung, lassen Sie vorläufig den Intimkontakt zur Seite, versuchen Sie sich auf den Abend zu freuen, denn der Abend ist die Zeit, die Ihnen gemeinsam gehört! Machen Sie auch etwas Gemeinsames aus dem Abend, einen Spaziergang, ein Spiel, ein gemeinsames Pläneschmieden – haben Sie schon Urlaubspläne?

Er: Eigentlich noch nicht, aber Sie haben recht, wir sollten beginnen daran zu denken.

Sie: Ja, das finde ich eine schöne Anregung. Ich werde Kataloge aus Reisebüros besorgen, dann können wir abends von schönen Reisezielen träumen.

Ich: Geben Sie jedem Abend ein kleines Glanzlicht, ein hübsch angerichtetes Abendbrot, ein kleines Mitbringsel vom Dienst, eine Idee, ein Vorschlag, nichts darf zur Routine werden. Ihre Liebe ist so kostbar, daß Sie sie gegenseitig spüren müssen, dann verblassen alle kleinen Störungen, die es gibt oder geben könnte.

Er: Wir werden es versuchen, Frau Doktor. Und was soll meine Frau nun speziell tun, um…

Ich: Vorläufig nichts, außer sich auf den Abend freuen, Tag für Tag –

Sie: Oh Frau Doktor, ich danke Ihnen!

Anruf des Mannes nach 14 Tagen:

Er: *Frau Doktor, ich möchte nur sagen, wir wollen eigentlich
         gar nichts mehr unternehmen. Wir sind jetzt so glücklich mit-
         einander, meine Frau hat sich ganz gewandelt, seit wir bei Ih-
         nen waren. Und deshalb bin ich bereit, auf das andere zu ver-
         zichten, wenn sie doch jetzt glücklich ist, was soll's. Ich
         möchte sie nicht mehr bedrängen.*

Ich: *Das brauchen Sie auch nicht, geben Sie ihr noch ein bißchen
         Zeit, sie wird wieder gesund werden, vollkommen gesund.
         Aber ich fände es gut, wenn Sie ihr den Entschluß, den Sie
         mir mitgeteilt haben, auch sagen würden. An ihrem Verzicht
         wird sie Ihre Liebe ermessen können, und an dieser Liebe
         wird sie gesunden. Und noch etwas, suchen Sie sich einen
         recht schönen Urlaub aus, ein Landschaftswechsel erleichtert
         oft einen Wechsel in den Gewohnheiten, reißt aus dem Alltag
         heraus und gibt neue Impulse!*

Er: *Ja, das werden wir machen. Herzlichen Dank!*

Besuch der Frau nach dem Urlaub:

Sie: *Frau Doktor, ich mußte doch vorbeikommen und es Ihnen
         sagen, bei uns ist jetzt alles in Ordnung, wie in früheren Zei-
         ten. Wissen Sie, mein Mann wollte sogar verzichten, was sa-
         gen Sie? Ein Mann in seinem Alter, das geht doch nicht! Nein,
         nein, jetzt, da ich weiß, wie sehr wir verbunden sind miteinan-
         der, da kann mich das nicht mehr erschrecken. Sein Erstau-
         nen hätten Sie sehen sollen, als ich zu ihm kam, mich anbot,
         es hat mich einfach glücklich gemacht, ihm meine Liebe zu
         beweisen ...*

Noch gibt es sie, Ehepaare wie diese, aber werden auch unsere
heutigen Jugendlichen, die oft und oft im emanzipatorischen Strudel der sexuellen Inflation mitgerissen werden, diesen Weg der
gegenseitigen Liebe finden? Wissen sie denn überhaupt noch,
was es bedeutet, *jemandem zuliebe* etwas zu tun, auch: zu verzichten?

   Es herrscht wirklich eine merkwürdige Atmosphäre in unserem
sozialen Lebensstil, alles ist ausschließlich auf das Selbst und auf
Unverbindlichkeit programmiert. Das ist ein großer Sicherheits-
faktor und zugleich eine desolate Feigheit, ein wirtschaftliches
Plus, aber ein emotionales Minus. Die jungen Menschen leben
miteinander und führen „Ehen auf Probe", sehr vernünftig bei den
hohen Scheidungsziffern, vernünftig, risikoarm und ohne einen
Funken Herzenswärme. Der Partner kann jederzeit vor die Tür

gesetzt werden, wenn er nicht mehr gefällt, wenn er krank oder untauglich wird oder ein besserer Ersatzmann, bzw. eine hübschere Ersatzfrau auftaucht. Es ist so wahrhaftig vernünftig, daß einem die Gegenargumente fehlen, auch wenn einen das Grauen beschleicht, die Wegwerfgesellschaft streckt die Hand nach ihren eigenen Mitgliedern aus!

Der Gedanke, daß man *jemandem zuliebe* auch dessen Schwächen und Fehler in Kauf nehmen könnte, auch sein Krank-und-alt-Werden hinnehmen und dem jüngeren und attraktiveren Ersatzmann einen Korb geben könnte, daß man *jemandem zuliebe* sich einmal überwinden und irgendein kleines Opfer bringen könnte, auch wenn es weniger Spaß macht, ja dieser Gedanke fällt kaum mehr ein, er wird als direkt abwegig betrachtet. Kein Therapeut kann in der Eheberatung damit argumentieren, daß doch beide Eheleute *einander zuliebe* den Verzicht leisten mögen, der als trennendes Hindernis zwischen ihnen steht, er würde nur ausgelacht werden.

Und doch ist diese Unfähigkeit, etwas einem Partner zuliebe zu tun, diese Unverbindlichkeit der modernen Liebesbeziehung der äußere und passende Rahmen für das Bild der inneren Leere, Lieblosigkeit, Einsamkeit und sexuellen Leerlaufhandlung.

Wie kommt es, daß junge Menschen, gerade junge Menschen mit ihrem Elan, ihrer Phantasie und Begeisterungsfähigkeit und mit ihrer überschäumenden Emotionalität eine so düstere und unnatürliche Einstellung zur Partnerschaft gewinnen? Sind es Erziehungsfehler, daß sie zu lieben verlernt haben? Gewiß nicht allein, und doch ...

Eltern kommen in die psychologische Beratungsstelle und fragen: „Wie kann ich helfen, schützen, bewahren, erklären, wie kann ich bei meinem Sohn oder meiner Tochter das Ärgste vermeiden, wie kann ich das Beste verständlich machen, und letztlich: was ist das Ärgste und was ist das Beste?" Fragen, die gewiß nicht leicht und nicht pauschal zu beantworten sind, ja die nicht einmal von der Wissenschaft allein beantwortbar sind, sondern in letzter Entscheidung auch immer Gewissensfragen bleiben.

Was hat denn nun die Psychologie zur *gesunden Sexualpädagogik* anzubieten?

Allzu viel, allzu Widersprechendes, fürchte ich, dennoch möchte ich versuchen, eine kurze Zusammenfassung der Determinanten gesunder Liebesfähigkeit dem gegenüberzustellen, das über jeder Determination steht, das „Gewordene" gegenüber dem Willen.

B) Erziehung zur Liebe

Sexualerziehung beginnt, wie jeder Erziehungsprozeß, nicht erst in der Pubertät, sondern genauso mit dem ersten Atemzug eines Kindes, wie das Lernen von sozialen Verhaltensweisen überhaupt. Und gerade das, was wir „die Fähigkeit zu einer glücklichen Liebesbeziehung" nennen könnten, muß im Keim ganz früh schon in der Mutter-Kind-Beziehung angelegt werden. Im Trinken an der Mutterbrust, im Wiegen in den Armen der Mutter, in den vielen Zärtlichkeiten des Baby- und Kleinkindalters liegt die Vorprogrammierung für spätere harmonische Emotionalität und Partnerschaft. Man hat lange Zeit nicht gewußt, wie bedeutungsvoll die ersten Tage, Wochen und Monate im Leben eines Kindes sind, man hat geglaubt, es ließe sich vieles später noch nachholen, und ist dabei sehr bald an die Grenzen des Durchführbaren gestoßen. Heute weiß man, daß es frühkindliche Prägungszeiten gibt, in denen gewisse Verhaltensweisen gelernt werden müssen, oder sie werden *nie mehr* gelernt, in denen intellektuelle und soziale Reifungsprozesse erfolgen müssen, oder sie werden *nie mehr* erfolgen; eine sehr ernste Sache, über die man nicht einfach hinwegsehen kann. Hierbei handelt es sich keineswegs um „verdrängte" frühkindliche Frustrationen, sondern um echte Lerndefizite, die kaum aufholbar sind.

Die Mutter, und zwar die fröhliche, ausgeglichene, liebevolle Mutter, ist für die Baby- und Kleinkindzeit unentbehrlich, wenn sich das Kind psychisch gesund entwickeln soll. Es gibt zahlreiche Detailerkenntnisse, die allesamt für entscheidende Prägungsphasen in den ersten zwei bis drei Lebensjahren sprechen. So tragen zum Beispiel 98% aller Mütter instinktmäßig ihre neugeborenen Kinder mit dem Kopf nach links gerichtet im Arm, und man hat festgestellt, daß die Babys auf diese Weise den mütterlichen Herzschlag noch etwas hören können, was sie beruhigt und ihnen das Gefühl der Geborgenheit vermittelt. Wenn das Herzschlaggeräusch fehlt, weil die Babys etwa in ihren Bettchen in der Kinderkrippe liegen, wo sie selten aufgenommen und getragen werden, dann fehlt auch diese Beruhigung für das Gemüt, und spätere Stimmungslabilität ist nicht selten die Folge. Oder es wurde festgestellt, daß Negerbabys und -kleinkinder kaum jemals schreien im Unterschied zu Kindern unseres Kulturkreises. Die Negermütter tragen bekanntlich ihre Babys in Tüchern um den Körper gebunden mit sich herum, und man nimmt an, daß dieser beständige Hautkontakt mit der Mutter entscheidend dafür ist, daß schon die Babys in ihrer

Emotionalität soviel ausgeglichener und stabiler sind, als wir es von den unsrigen kennen*.

Die Erforschung der ersten Lernprozesse des Kindes erbrachte weitere massive Abhängigkeiten des Kindes von der Mutter; das Erkennen und Beantworten des ersten Lächelns, der Lautbedeutungen, die Interpretation einfachster sozialer Interaktionen, alles hängt an der frühen Mutter-Kind-Beziehung, die ausschlaggebend ist für die spätere Gemütsverfassung und Bindungs- und Liebesfähigkeit eines Kindes oder Jugendlichen. Je mehr Isolation, je mehr Distanz zwischen Baby oder Kleinkind und seiner Mutter, desto schwerer die Folgen für das spätere Leben, auch für das spätere Sexual- und Partnerschaftsverhalten; eine Aussage, der in unserer hochindustrialisierten Zeit mit ihrer Emanzipationsbewegung der Frauen und Mütter ein schweres Gewicht zukommt.

Nach Ablauf der frühkindlichen Prägungszeit wird eine andere Komponente in der Erziehung und speziell in der Sexualerziehung wesentlich: die intakte Familie. Jetzt werden sozusagen auch die Väter wichtig, ungeheuer wichtig sogar, weil das Kind ab dem zweiten und dritten Lebensjahr beginnt, auch die Beziehung zwischen Vater und Mutter wahrzunehmen und damit auch – was wiederum von entscheidender Bedeutung ist – als *Vorbild* anzunehmen. Wie Vater und Mutter miteinander sprechen („kommunizieren"), lachen oder streiten, zärtlich sind oder aufeinander losgehen, das alles wird vom Kinde praktisch eingeatmet, in sich aufgesogen, es wird als Modell wirksam, weil es die selbstverständliche und fraglos akzeptierte Wirklichkeit des Kindes darstellt, es ist „so und nicht anders".

Zur gesunden Sexualerziehung des Kindes gehört eben auch unabdingbar die elterliche Beziehung zueinander dazu, die vor dem Kinde niemals verborgen bleibt. Es gehören die freundlichen Worte, die liebevollen Gesten, die kleinen Zärtlichkeiten zwischen den Eltern, die gegenseitige Rücksichtnahme, die Toleranz und das gegenseitige Verständnis genauso wie der gegenseitig getauschte Kuß und Blick, ein sich gegenseitig die Hand-Drücken oder über die Wange streicheln dazu. Sexualerziehung beschränkt sich nicht auf die Aufklärung des heranwachsenden Kindes, eine echte Liebesbeziehung kann nicht in Worten erklärt werden, sie muß *vorgelebt* werden, von den Eltern vorgelebt, das ist der wichtigste Faktor im ganzen Fragenkomplex rund um die Sexualpädagogik.

---

* Auf Grund dieser Erkenntnis sind mittlerweile auch bei uns Babytragetücher modern geworden, was sehr zu begrüßen ist.

Das Vorbild ist ja einer der drei Hauptpfeiler der Lerntheorie zur Fixierung von sozialgelernten Verhaltensweisen, und man könnte tatsächlich das Vorbild der Eltern und späterhin auch anderer Bezugspersonen als neuerliche Prägung des Kindes oder Jugendlichen in bezug auf sein eigenes zukünftiges Verhalten deuten.

Zu diesen Prägungsphänomenen kommt der *Erziehungsstil* der Eltern hinzu, der auch für die spätere „Sexualethik" des Kindes von ausschlaggebender Bedeutung ist. Die Frage nach dem optimalen Erziehungsstil ist aus der Erziehungsberatung nicht wegzudenken, deswegen möchte ich einige Gedanken dazu formulieren.

Ich bin grundsätzlich, was Kindererziehung betrifft, eine große Freundin dessen, was ich mit „Vorbereitung aufs Leben" bezeichnen möchte. Wenn wir nämlich ehrlich sind, müssen wir zugeben, daß Eltern für ihre Kinder im Grunde nicht viel mehr tun können, als ihnen einen möglichst guten Start ins Leben zu schenken, alles andere entzieht sich ihrer Einflußnahme. Alles andere ist Schicksal, Zufall, Fügung, Eigeninitiative des Kindes, liegt jedenfalls nicht in den Händen der Eltern. Ob später eine Krankheit auf das Kind zukommt, eine Zeit der Arbeitslosigkeit, eine Wirtschaftskrise, ein Krieg, ob es einen unpassenden Partner heiratet oder sonst ein Unglück hat – Eltern können es kaum verhindern, oftmals müssen sie ohnmächtig zusehen. Es gibt so viele unvermeidliche Schicksalsschläge, daß nicht einzusehen ist, warum man nicht wenigstens *vermeidbares* Unglück zu verhindern trachten sollte. Und vieles, das Eltern in der Erziehung ihren Kindern mitgeben können, würde mithelfen, spätere Dramen zu vermeiden.

Da man jedoch nicht weiß, welche Anforderungen im späteren Leben auf die jungen Menschen zukommen werden und welchen Krisen sie vielleicht ausgesetzt sein mögen, so können Eltern nur eines machen: ihre Kinder vorbereiten, so gut es geht. Die Kinder sollen nicht nur einen guten Start im Leben haben, sie sollen gewappnet sein für alles Schwierige, das auf sie zukommt, und gerüstet sein für jedmögliche Situation, der sie gegenüberstehen werden. Wir vermögen nicht die Probleme von unseren Kindern fernzuhalten, die kommen ganz gewiß auf sie zu, was wir aber tun können, ist, den Kindern die Kraft mitzugeben, mit den Problemen fertig zu werden.

Die Probleme der Sexualität sind nur ein kleiner Teil der Probleme, mit denen ein junger Mensch später fertig werden muß, und die gesunde Sexualerziehung ist auch nur ein kleiner Teil der Vorbereitung aufs Leben, die Eltern ihren Kindern schuldig sind, doch hat sie einen engen Konnex mit der Grundhaltung des Erziehungsstils, die wiederum die Weichen stellt für die spätere emotionale Bewältigung des Lebens.

Oft sehe ich in der Praxis Kinder, die aufgezogen werden, als würden sie nie erwachsen. Jede Arbeit, jede Verantwortung wird ihnen möglichst abgenommen, sie dürfen den ganzen Tag tun was ihnen beliebt, auf der Straße herumlungern, stundenlang fernsehen, sie bekommen viel zuviel Taschengeld und Süßigkeiten in jeder Menge geschenkt. Dies alles gehört zu ein und demselben Erziehungsstil, dazu gehört auch, daß die Eltern sich kaum je die Mühe machen, ein ernsthaftes Gespräch mit dem Kinde zu führen, auf dessen Interessen einzugehen oder sich aktiv mit dem Kinde zu beschäftigen: mit ihm zu spielen, zu arbeiten, zu wandern oder zu musizieren.

Eltern denken wohl oft, die Kinder werden schon alles in der Schule lernen, oder, die Kinder werden sich schon betätigen, wenn ihnen langweilig ist, solche Eltern überlassen ihre Kinder *zuviel sich selbst,* sie halten sie künstlich in einem Art Spiel-Dämmerzustand und beziehen sie zuwenig ins wirkliche Leben mit ein. Die Kinder werden größer und stehen eines Tages in einer Welt, in der sie sich nicht zurechtfinden. Die Schulzeit ist aus und sie müssen den ganzen Tag im Büro mitarbeiten, im Verkaufsladen stehen, in der Lehre mitanpacken – ,,geschenkt" wird ihnen nichts mehr. Im Gegenteil, sie bekommen ein geringes Gehalt und haben nie gelernt, Geld einzuteilen, statt Spielen gibt es Konkurrenzkampf, Überstunden, Prüfungen und ungeduldige Worte der Vorgesetzten, und da sie es nie erlebt haben, sich mit den Eltern richtig auszusprechen, so suchen sie nicht deren Rat und stehen plötzlich allein in einer Welt, der sie nicht gewachsen sind, auf die sie niemals wirklich vorbereitet worden sind.

Analoges gilt für die gesunde Sexualerziehung, auch auf diesem Gebiet geht es um eine sinnvolle Vorbereitung aufs Leben. Zu einer solchen gehört jedoch nicht nur das ausreichende Wissen um die sexuellen Funktionen (,,Aufklärung"), sondern vor allem eine *gesunde Sexualethik,* eine Vorstellung von der Verantwortlichkeit Liebender füreinander und der Verantwortlichkeit eigenem und kommendem Leben gegenüber.

Während die Aufklärung in unserer Zeit ausreichend hochgespielt worden ist, sieht es um die gesunde Sexualethik triste aus. Glaubt man denn wirklich, daß die Kinder als Vorbereitung auf ihr späteres Leben nur die entsprechenden medizinischen Informationen benötigen, und daß dies ausreicht für die Fähigkeit zu lieben?

Ich glaube vielmehr, daß von all den Jugendlichen (und auch Erwachsenen), die in ihrer Sexualität oder in einer Liebesbeziehung Schiffbruch erleiden, nur ein ganz geringer Prozentsatz daran scheitert, daß sein Wissen um die sexuellen Vorgänge nicht ausgereicht hat. Wenn die Informationen der Eltern zu dürftig gewesen sind, haben sich die Kinder ihr Wissen woanders geholt, aber informiert sind heute nahezu alle jungen Menschen unserer Gesellschaft. Wodurch jedoch die vielen sexuellen Probleme entstehen, das ist die falsche *Einstellung* zur Sexualität und zum Partner als „Sexualobjekt", das ist einfach ein ungesundes Weltbild, ein tragisches Weltbild, das Bild von Eigen-Vorteil und Konsumation.

Dieses Weltbild aber ist das Produkt des gleichen Erziehungsstiles wie das Weltbild von der Arbeit unter dem geringstmöglichen Aufwand oder den dahingelebten Freizeitstunden, die mit nichts Sinnvollem gefüllt werden.

Werden Kinder in dem Spiel-Dämmerzustand belassen, dann darf es uns nicht wundern, wenn sie als Erwachsene produktive Arbeit scheuen, abends im Wirtshaus oder im Spielsalon herumsitzen oder gleichgültig vor dem Fernseher dösen und grundsätzlich ihr Leben als sinnlos betrachten. Und werden die Kinder in Hinblick auf die Sexualerziehung höchstens mit ausreichenden Informationen über Bau und Funktion der Sexualorgane großgezogen, so dürfen wir uns auch nicht wundern, wenn sie als Jugendliche diese Informationen anwenden, wahllos und verantwortungslos, weil sie nichts anderes darin sehen können, als kurze Augenblicke des Lustgewinns.

Sie haben versäumt zu lernen, daß Sexualität nur eine von vielen Ausdrucksformen der Liebe ist, und daß zu einer echten und innigen Bindung noch viele andere Ausdrucksformen dazugehören, wobei diese eine nicht einmal die bedeutendste ist. Sie haben nie an den Partner, sondern immer nur an sich selbst zu denken gelernt! Und die Folgen sind nach wie vor unerwünschte Kinder, vorschnelle Ehen, Abtreibungen, Partnerkonflikte und eine Scheidungsziffer, die deprimierend ist*.

---

* Hier rächt sich die Vernachlässigung der „Selbst-Transzendenz" im Menschenbild der Psychologie, aber auch der Pädagogik, von heute. Denn wie Frankl immer wieder eindringlich aufzeigt, sieht man heute im Menschen ein in erster Linie Bedürfnisse und Triebe befriedigendes Wesen – anstatt eines Wesens, das kraft seiner Selbst-Transzendenz über sich selbst hinauslangt, und zwar nach Aufgaben, die es draußen in der Welt zu erfüllen hat, oder nach anderen Menschen, unter denen es seinen Liebespartner wählt. Das, meint Frankl, sei das Inhumane an diesem Menschenbild: daß ja für ein bloß Bedürfnisse befriedigendes Wesen die ganze Welt einschließlich der Mitmenschen nur noch ein bloßes Mittel zum Zweck darstellt – sei es zum Zweck der Triebbe-

Was also im Erziehungsgeschehen dringend not tut, das ist eine Schulung der Liebesfähigkeit des Kindes und seines Verantwortungsbewußtseins.

Wenn ich Eltern diese Zusammenhänge aufzeige, dann fragen sie, was sie dazu beitragen könnten. Die Antwort ist: viel, unendlich viel! So viel Liebe das Kind in der Familie, in der es heranwächst, erlebt, so viel Liebe trägt es später in seine eigene Familie hinein.

Wichtigste Grundlage dabei ist die Art und Weise des elterlichen Gesprächs. Zu einer guten und stabilen Bindung zweier Menschen gehört – mehr noch als ein gutes sexuelles Zusammenspiel – eines, und das ist die *Achtung vor dem Partner*. In den vielen alltäglichen Kleinigkeiten, die zwischen Vater und Mutter zur Sprache kommen, ist es ein erheblicher Unterschied, ob in diesem Gedankenaustausch immer noch – auch wenn beide schon viele Jahre verheiratet sind – eine Spur von gegenseitiger Achtung vorhanden ist oder nicht. Abwertende Aussprüche zwischen Eltern wie „Sei ruhig, das verstehst du nicht!" oder „Das geht dich nichts an!" oder „Hör auf mit deinem blöden Gerede!" und ähnliche sind Aussprüche, die die Person des anderen herabsetzen, sind das schlimmste Gift für jede Partnerschaft, und dieses Gift überträgt sich auch noch auf die Kinder.

Man täusche sich nicht, Kinder sind sehr hellhörig für zwischenmenschliche Differenzen und Abwertungen und ergreifen sofort Partei. Wenn Ehestreitigkeiten wiederholt vor Kindern ausgetragen werden, lernen diese Kinder sukzessiv, daß man einem Liebespartner alles bedenkenlos ins Gesicht sagen kann, daß man sich vor einem solchen Partner nicht zu beherrschen braucht. Sie lernen also, daß man zur Frau Nachbarin höflicher und rücksichtsvoller sein müsse, als zur Ehefrau, oder daß man den Herrn Nachbar nicht so beschimpfen dürfe, wie den Ehemann. Haben sie das einmal gelernt, ist ihre Liebesfähigkeit weitgehend geschwächt, denn sie werden zwar vielleicht in ihrer späteren Ehe die abendlichen Bettszenen bestehen, aber es ist fraglich, ob sie auch den häusli-

---

friedigung, sei es zur Abstillung eigener Bedürfnisse; jedenfalls wird der Mensch nicht mehr gesehen als jemand, der darauf aus ist, einer Sache zu dienen, weil sie sinnvoll ist, oder seinen Partner zu lieben, weil er eben liebenswert ist, nein, den Sachen wird nicht mehr um ihrer selbst willen gedient, und die Partner werden nicht mehr um ihrer selbst willen geliebt, sondern alles wird degradiert zu einem bloßen Mittel zur Befriedigung eigener Bedürfnisse. Gewiß ist auch eine solche Einstellung immer wieder zu beobachten; aber dann ist sie jeweils der Ausdruck einer tiefsitzenden Neurose, und diese Neurose die Folge des Verlustes von Selbst-Transzendenz.

chen Alltag bestehen werden. Liebe muß vorgelebt werden, wir
kehren zurück zur Bedeutung des elterlichen Vorbildes, Liebe
kann nicht in Worten vermittelt werden.

Lieben heißt deswegen nicht, in allem und jedem nachgeben,
aber wenn verschiedene Ansichten zwischen den Eltern auftreten,
dann muß auch die Suche nach einem Kompromiß mit ein wenig
Achtung vor dem Partner erfolgen und darf die Würde des anderen
nicht antasten – und schon gar nicht vor den Augen und Ohren der
Kinder!

Fall Nr. 13:
Ein Junge besuchte unsere Legasthenie-Gruppe in der psychologi-
schen Beratungsstelle. Eines Tages holten ihn seine Eltern ab, muß-
ten jedoch noch ein wenig im Vorraum warten, und während dieser
Zeit kam es zwischen ihnen zu einem Streit. Als der Junge dies hörte,
lief er aus dem Therapieraum zu seinen Eltern und begann ebenfalls
auf sie einzuschreien. Ich beendete die Szene, indem ich alle drei zu
mir ins Zimmer bat. „Ich weiß nicht, worum der Streit geht", sagte
ich, „aber ich mache Ihnen einen Vorschlag. Führen Sie Ihr
Gespräch hier herinnen bei mir weiter, aber unter gewissen Spiel-
regeln. Wir setzen uns rund um den Tisch, ich spreche nicht mit, ich
bin nur ein Kontroll-Automat. Ich halte eine Taschenlampe in der
Hand, die dann aufleuchtet, wenn einer von Ihnen etwas sagt, das
die Würde eines anderen verletzt. In dem Fall, wenn die Taschen-
lampe aufleuchtet, muß derjenige, der gerade spricht, das Letzt-
Gesagte sinngemäß wiederholen, jedoch diesmal ohne Herabset-
zung des anderen. Dann geht das Gespräch normal weiter. Zur
gleichen Zeit spricht immer nur einer, und die Regel mit der
Taschenlampe gilt für alle gleich. Wollen Sie es versuchen?"

Die Familie sah zwar den Zweck dieser Übung nicht ganz ein, war
aber einverstanden. Anfangs leuchtete die Taschenlampe sehr oft,
denn keiner von ihnen war es gewohnt, eine angemessene Form beim
Gespräch einzuhalten. Und gerade die Form *sollte in diesem*
Gespräch gewahrt bleiben, der Gesprächsinhalt stand jedem frei.
Das sah zum Beispiel so aus: Frau: „Ich find's unverschämt, was du
von mir verlangst, was glaubst denn du, wer du schon bist...!" –
Taschenlampe leuchtet auf, sie muß wiederholen – „Ja, also, also...
ich finde es nicht ganz richtig, so viel von mir zu verlangen, nie-
mand kann hundertprozentig sein...".

Es erfordert sehr viel Konzentration vom Therapeuten, stets ab-
zuwägen, wann das Signal richtig ist, und schnell zu reagieren, aber
es hilft den Leuten ungemein zur Selbstkontrolle und Kompromiß-

findung. Nach einer halben Stunde konnte diese Familie miteinander sprechen, ohne sich gegenseitig zu kränken. Jetzt erst erfuhr ich langsam, worum der Streit gegangen war, aber plötzlich schien auch das für alle Beteiligten nicht mehr so wichtig. Sie einigten sich schnell auf eine Lösung. Als ich sie fragte, ob ich sie jetzt beruhigt nach Hause gehen lassen könne, lachte die Frau sogar und meinte verlegen, so eine Taschenlampe, die im richtigen Moment aufleuchtet, könnten sie auch zu Hause öfters brauchen ...

Zur Schulung der Liebesfähigkeit des Kindes gehört außer der Achtung vor dem Partner auch die Aufgeschlossenheit gegenüber der *Natur und allem Lebendigen.*

Kinder sollen nicht mit geschlossenen Augen umherlaufen, sondern von Anfang an die Schönheit rings um uns in der Natur erleben und erahnen dürfen. Es ist keine Schande, mit einem Kinde bei einer kleinen Blüte im Wald niederzuknien und gemeinsam die harmonischen Farben zu bestaunen, oder dem Blätterrauschen im Winde, dem Summen der Bienen, dem Atem des Sommers zu lauschen. Kinder, die von Anfang an zuviel auf das bloße Konsumieren eingestellt wurden, verlieren die Fähigkeit zu einem echten Erlebnis. Sie müssen immer etwas begehren, sie können an keinem Spielwarengeschäft vorübergehen, ohne dies und das aus der Auslage zu wünschen, sie können nicht einmal auf einer Weise Rast machen ohne sich nach dem Kofferradio oder dem tragbaren Fernsehgerät zu sehnen – nichts macht ihnen wirklich Freude. Wie arm sie doch sind! Oftmals ist die einzige Beachtung, die sie der Natur zu schenken je gelernt haben, eine destruktive gewesen: sie haben vielleicht als Kleinkinder Käfer gefangen oder zum Spaß zertreten, sie haben Fliegen mit Genuß die Flügel ausgerissen und Blumen abgepflückt, wo immer sie sie fanden.

Ein 9jähriger verwahrloster kleiner Bub (Fall Nr. 14) erzählte mir einmal, daß er, wenn tagsüber die Eltern in der Arbeit sind, herumstreune. „Was machst du denn so, ist dir nicht langweilig?" fragte ich ihn. „Wenn mir langweilig ist, nehme ich einen Stock und schlage Bienen tot", war seine Antwort.

Kinder, die zerstören gelernt haben ohne die Schönheit der Natur jemals kennenzulernen. Auch diese Kinder werden größer, reifen heran, finden Kontakt zum anderen Geschlecht, und wie begegnen sie nun diesen Geschöpfen der Natur, ihrem Sexualpartner? Ich fürchte, sie begegnen ihnen in ähnlicher Weise, sie wollen sie gebrauchen, besitzen, genießen – aber sie sind unfähig, sie zu lieben. Das destruktive Element ihrer Erziehung bewirkt, daß sie Bindungen leichtfertig zerstören und Menschen wegwerfen, als wären sie Spielsachen, die man austauscht, wenn sie nicht mehr ganz neu sind.

Die Schulung der Liebesfähigkeit gehört zur gesunden Sexualerziehung unabdingbar dazu wie auch die Erziehung zur Verantwortlichkeit. Mädchen werden vielfach von Eltern vor den Gefahren ungeschützten Verkehrs gewarnt, wird aber auch mit den heranwachsenden Söhnen darüber gesprochen, welche Verantwortung sie einer Partnerin gegenüber tragen? Wäre es nicht eine Paradoxie, gerade dem Menschen, den man liebt, Schwierigkeiten und Leid zuzufügen?

Gegenseitiges Verständnis, verbunden mit hohem Verantwortungsbewußtsein und einem echten Gefühl der Zuneigung wiegen unvergleichlich mehr als die schönste Sexualtechnik und kurze Augenblicke des Rausches in einem im Grunde unbefriedigten Dasein – *dieses* Weltbild sollten die Eltern vermitteln, denn ihr Erziehungsstil formt das Weltbild ihres Kindes zu einem an inneren Werten reichen oder zu einem trostlos leeren.

Eltern glauben meist, sie haben noch viel Zeit, aber sie haben in Wirklichkeit nicht so viel Zeit, die gesunden Einstellungen ihres Kindes vorzuprägen. Sie haben praktisch nur die Zeit zwischen Kleinkindalter und Pubertät, das ist die Prägungszeit des Erziehungsstiles, die Zeit, in der das Kind die Impulse, die von seinen Eltern kommen, in sich aufnimmt, verinnerlicht und zu seiner eigenen Persönlichkeit verarbeitet. Bereits in der Pubertät, in der Zeit der großen Loslösung vom Elternhaus und der Verselbständigung der Jugendlichen wird alles kritisiert und bezweifelt, was von den Eltern kommt. Dann ist es zu spät, eine Grundlage für ein gesundes Weltbild zu legen. Diese Grundlage muß bereits vorhanden sein, und die Werte wie „Liebe zur Natur", die Fähigkeit zu lieben, das Bewußtsein der Verantwortung usw. müssen bereits vom Kinde aufgenommen worden sein, als hätte es sie in seiner Kindheit mit der Luft eingeatmet, dann scheinen sie dem Kinde so selbstverständlich, daß sie auch in der Pubertät nicht so leicht niedergerissen werden.

Die Haltungen des Kindes zur Arbeit, zur Freizeit, zur Sexualität, zum künftigen Partner, zum Leben an sich, all diese Haltungen muß der Erzieher bereits gefestigt haben, wenn das Kind in die Pubertät eintritt, oder er wird sie niemals beeinflussen, und das ist nun die Verantwortung von uns allen, nämlich die jungen Menschen nach besten Kräften aufs Leben vorzubereiten, solange es Zeit ist, und ihnen ein Wert- und Sinnverständnis mitzugeben, welches tragfähig genug ist, die Stürme des Reifens zu überdauern und dem Gereiften ein zufriedenes und sinnerfülltes Leben zu ermöglichen.

Somit lassen sich *drei grundlegende Vorprägungen* für das spätere Liebes- und Sexualverständnis junger Menschen erkennen:

a) Die frühkindliche Prägungszeit, in welcher die Mutter-Kind-Beziehung ausschlaggebend ist,

b) die spätere, man könnte sagen sekundäre Prägungszeit, in welcher das Vorbild der Eltern-Beziehung zueinander wirksam wird, und

c) die Gesamtprägung des kindlichen Weltbildes durch den elterlichen Erziehungsstil.

Ja was folgt denn daraus?

Wenn junge Menschen nun ungesund vorgeprägt sind, wenn die frühe Mutter-Kind-Beziehung bereits gestört war, oder wenn das elterliche Vorbild unglücklich verlaufen ist oder ganz gefehlt hat, wenn der Erziehungsstil beschränkt oder falsch akzentuiert war – was dann?

Ringen wir uns durch, versuchen wir, den Determinismus zu überwinden, geben wir ihnen um Himmels willen eine Chance, diesen wohlstandsverwahrlosten Kindern einer Wegwerfgesellschaft, die Ideale wie Tüten und Menschen wie Gebrauchsartikel ablegt, wenn sie nicht gewinnbringend sind!

Bleibt nicht trotz aller Vorprogrammierung noch ein Stückchen Freiraum für die Entwicklung und Entfaltung der eigenen Persönlichkeit nach eigenem Willen? Die Logotherapie sagt „ja", aber die meisten naturwissenschaftlichen Forschungsergebnisse klingen diesbezüglich wenig ermutigend.

So ist zum Beispiel das *Erbgut* von ausschlaggebender Bedeutung, aber nicht nur das Erbe von den Eltern oder Großeltern, sondern auch das gesamte Erbe an Verhaltensweisen von einer ganzen Lebewesenart. Wenn wir heute durch einen finstern Wald allein spazieren, so kommt uns deswegen jedes leise Ästerauschen und jedes Knistern im Unterholz verdächtig vor, weil es für unsere Ur-Urahnen in der Steinzeit das Nahen wilder Tiere bedeuten konnte, und wir zögern heute noch wie jene mit dem Schritt, selbst wenn weit und breit keine Gefahr gegeben ist. Auch das sind gelernte Verhaltensweisen, nur daß nicht das Individuum, sondern die ganze Art sie gelernt hat, und zwar in einem jahrtausendealten Lernprozeß.

Eine andere unzweifelhafte Einengung unserer Illusion von der

Freiheit stellt der Aufbau und die Funktionsfähigkeit unseres *Gehirns* dar. Die geringste Beeinträchtigung oder Veränderung in diesem hochkomplizierten Organ zieht unabänderliche Verhaltenskonsequenzen nach sich; ein Kind mit einer cerebralen Dysfunktion zum Beispiel kann einfach nicht kontrollierter handeln oder besser lernen, genauso wie ein stark Angetrunkener eben nicht sicher aufrecht gehen kann, wenn er es noch so will. Und auch das *Erziehungsmilieu* ist eine enorme Einengung unserer Freiheitsillusion, wie ich dargestellt habe.

Erbgut, Gehirn, Erziehungsmilieu, alles unzweifelbare, determinierende Faktoren – bleibt überhaupt noch ein Freiraum übrig? Jugendliche mit erblicher Belastung (Mutter Prostituierte, Vater notorischer Trinker zum Beispiel), Jugendliche mit Hospitalisierungsschäden, denen Mutter-Kind-Beziehung, Elternvorbild und alle Vorbedingungen für gesundes Sozialverhalten gefehlt haben, Jugendliche mit organischen Schäden, auf Sonderschulniveau, in der Reifeentwicklung zurückgeblieben, körperlich aber vorentwickelt, unruhig und enthemmt, oder Jugendliche aus katastrophalen Familienmilieus, in denen Streit, Brutalität, auch nächtliche Vergewaltigung und kriminelle Delikte an der Tagesordnung sind, all diese Jugendlichen, fehlentwickelt, fehlgesteuert, fehlgeprägt – bleibt noch ein Freiraum für Gesundung und Renormalisierung übrig? Haben sie überhaupt noch die Möglichkeit, mit oder ohne fremde Hilfe aus eigener Kraft und festem Willen ihr Leben neu und besser zu gestalten, ihrem Leben einen Sinn zu geben? Oder sind sie unweigerliche Opfer ihrer Umstände?

Paul Weiss von der Rockefeller University in New York versuchte vor einigen Jahren auf einem Symposion zum Thema „Willensfreiheit" anhand von Parallelen zwischen Physik und Biologie einen sogenannten *Schichten-Determinismus* zu entwerfen. Dabei zeigte er auf, daß naturwissenschaftlich gesehen ein *Makrodeterminismus* nicht abgeleugnet werden kann, denn die großen Zusammenhänge im Naturgeschehen laufen ohne Zweifel kausal gesteuert ab in einer endlosen Kette zwischen Ursachen und Wirkungen, in der belebten Welt wie in der unbelebten, beim Menschen nicht anders als in der übrigen belebten Welt. Dennoch, sagte Weiss, gilt dieser Determinismus im Mikrobereich des Lebens offensichtlich nicht, es bleibt in kleinsten Bereichen stets ein Variationsspielraum übrig, welcher scheinbar dem Zufall ohne jegliche Vorprogrammierung offensteht. Er formulierte es wortwörtlich so: „Ich könnte ohne weiteres die Gültigkeit dieses Prinzips der Determiniertheit im Großen trotz *erwiesener Unbestimmt-*

heit im Kleinen auf praktisch jeder Ebene und jedem Gebiet der Biowissenschaften beweisen." Und er führte auch anschließend eine Reihe von solchen Beweisen aus. Für uns Psychologen interessant ist jedenfalls die Erkenntnis, daß selbst in primitivsten biologischen Systemen, bei einfachsten Pflanzen und Tieren schon, ein Mikrospielraum an freier, undeterminierter Entfaltung verbleibt. Wieviel mehr muß dann erst recht dem Menschen auf seiner heutigen hochkomplizierten Entwicklungsstufe ein Mikrofreiraum gegeben sein bei all seiner Makrobestimmtheit?!

Wir können uns nicht plötzlich in die Lüfte erheben und davonfliegen, auch wenn wir es wollen: Makrobestimmtheit durch unseren Körperbau; wir können nicht immer ruhig und gelassen aussehen, wenn wir ein hochgradig nervöses und heftiges Temperament haben: Makrobestimmtheit durch unsere Erbanlagen; wir können nicht ohne Schuldgefühle brutal und grausam handeln, wenn wir zum sozialen Denken und zur Nächstenliebe erzogen worden sind: Makrobestimmtheit durch unsere Erziehung. Aber es finden sich im Mikrobereich zahllose Situationen, in denen wir trotz allem frei entscheiden können, und das sind die *wichtigsten* Entscheidungen in unserem Leben, auch wenn sie sich „nur" auf Kleinigkeiten beziehen.

Wir können mit finsterem Gesicht an jemandem vorübergehen oder ihm aufmunternd zulächeln, wir können uns um mehr oder weniger Verständnis bemühen, uns die Beurteilung anderer Menschen leicht oder weniger leicht machen, den eigenen Schwächen stark oder weniger stark nachgeben, Sie können dieses Buch zu Ende lesen oder ungelesen zur Seite legen.

Auch die Wissenschaft, deren eigentliches Anliegen ja stets der Nachweis einer Determiniertheit im Aufdecken von kausalen Zusammenhängen gewesen ist, zeigt sich heute geneigt, vom absoluten Determinismus, der sich auch auf den Mikrobereich erstrecken sollte, abzusehen, und dem Menschen einen, wenn auch beschränkten, so doch *frei zur Verfügung stehenden* Entscheidungs- und Willensbereich zuzugestehen. Eine Willensfreiheit im Kleinen.

Haben wir Psychologen es also in unserer Arbeit mit Jugendlichen zu tun, die durch irgendwelche Faktoren geschädigt und eher negativ vorgeprägt sind, dann können auch wir daran nichts ändern, das sind Makrodeterminanten. Der Psychotherapeut muß bei seinen Patienten die negativen Faktoren aus deren Vergangenheit hinnehmen, er kann sie nicht ungeschehen machen, ob er sie im Gespräch „ausgräbt" oder schweigend übergeht, er muß sie immer in therapeutisches Kalkül miteinbeziehen. Wir wissen, daß _ _ re Patienten und Klienten im Makrobereich determiniert sind wie wir selber auch, und wir dürfen vor diesen determinierenden Faktoren die Augen nicht verschließen.

Wenn wir Fälle haben, in denen erbliche Belastungen, Organminderwertigkeiten, Milieuschäden, zerrüttetes Elternhaus, Drogeneinflüsse, Hirnverletzungen oder frühkindliche Verwahrlosung und Hospitalisierung eine Rolle spielen, so glauben wir alle nicht, mit ein paar Gesprächen, mit viel gutem Willen und ein bißchen Psychotherapie dies auslöschen zu können und eine Renormalisierung des Klienten zu erreichen. Unsere Chancen und Möglichkeiten liegen *nur im Mikrobereich,* in dem kleinen freien Spielraum, in welchem Menschen ihre eigenen Entscheidungen treffen können, unabhängig von allem, was gewesen ist, aufgrund ihrer eigenen individuellen Persönlichkeit.

Aber ich möchte dieses „nur" keinesfalls abwertend oder geringschätzig sagen, denn es läßt sich auch innerhalb dieses kleinen Spielraumes unglaublich vieles noch zum Guten wenden; mit vielen kleinen Schritten kann mitunter auch ein relativ großer Weg bewältigt werden! Manchmal gelingt es sogar durch eine geringfügige Hilfestellung im Kleinen eine Wandlung im Großen zu erzielen, das sind dann die Sternstunden im psychotherapeutischen Alltag.

Auch die jungen Menschen, die mit ihren sexuellen Problemen, Wünschen, Absichten und unreifen Vorstellungen zu uns kommen, auch diese haben immer noch eine gewisse Entscheidungsfreiheit, eine gewisse Variabilität in ihrem Denken und Handeln, auch dann, wenn alles dagegen spricht, wenn die so wichtige Mutter-Kind-Beziehung gefehlt hat, wenn das so entscheidende Eltern-Vorbild in der Kindheit versagt hat, auch dann, wenn sie sich nun wahllos einem Partner an den Hals werfen müssen, um die Wärme und Zuneigung, die sie versäumt haben, nachzuholen, auch dann, wenn sie gar keiner echten zwischenmenschlichen Bindung mehr fähig sind, weil ihr Emotional- und Sozialverhalten rückhaltlos gestört und fehlentwickelt ist, auch dann, wenn die soziogenen Umweltbedingungen sie in den Strudel der sexuellen Inflation mithineingezogen haben. Immer noch bleibt in der geistigen Dimension eines Menschen, solange sie überhaupt aktionsfähig ist, ein Stückchen Offenheit, Einsichtsfähigkeit, Selbstkontrolle, eine Chance, an sich selbst zu arbeiten und trotz aller negativen Einflüsse sein Selbst zu verändern und sein Leben zu verbessern. Wir müssen daran festhalten, diese Chance jedem Patienten und Ratsuchenden gedanklich zusprechen – wir dürfen *niemanden* hoffnungslos aufgeben!

Dieses „therapeutische Credo" der Logotherapie ist in Wirklichkeit wesentlicher als die kunstvollste psychologische Gesprächstechnik. Wenn der Ratsuchende fühlt, daß wir nicht nur bemüht sind, ihn zu verstehen und ihm zu helfen, sondern daß wir auch daran *glauben,* daß er dazu fähig ist, sich selbst zu verändern, aus eigener Kraft aus dem Dilemma, in dem er steckt, herauszufinden, dann ist das eine ganz andere Gesprächsbasis, als wenn wir von vornherein resignieren, ihm auf Grund der Vorgeschichte nur fehlerhaftes Verhalten zutrauen und uns auf übliche Ratschläge beschränken.

Es ist vielleicht eine der schwierigsten Anforderungen an den Psychotherapeuten überhaupt, daß er zugleich *wissen und glauben* muß, nämlich einerseits wissen, unter welchen Bedingungen und Einflüssen ein Mensch sich verändert, sich gestört verhält, sich selbst oder der Umwelt gefährlich wird, ja nahezu unrettbar für das soziale Leben verloren ist, und andererseits muß er an eben diesen selben Menschen bis zuletzt glauben, an seine Menschenwürde, an seine wenn auch begrenzte Entscheidungsfreiheit, an seine Fähigkeit, sich kraft eines Willensaktes selbst umzuerziehen und seinen Determinanten entgegenzustellen. Denken wir an das Goethewort: „Wenn man den Menschen sieht, wie er ist, macht man ihn schlechter, wenn man ihn aber sieht, wie er sein soll, so macht man ihn zu dem, der er sein kann." Denken wir an die Erkenntnisse über geistige Feedbackprozesse, die wir der Logotherapie verdanken! Was nützt die ganze *aufdeckende Psychotherapie,* wenn sie Determinanten feststellt und den Patienten in seiner Determination festhält? Nur über eine *Einstellungsänderung* kann der Patient von seinen Determinanten ein klein wenig freigespielt werden, gerade soviel, daß er ihnen nicht ganz verfällt.

Jugendliche lieben die Opposition, sollen sie doch ihrem ungünstigen Schicksal, ihren negativen Umweltfaktoren opponieren! Die Eltern eines Jugendlichen haben diesen vielleicht selbst zu früh, in unreifen Jahren bekommen, haben ihn unerwünscht und ungewollt in die Welt gesetzt, wußten dann nicht wohin mit ihm, und er wurde bei Verwandten und Bekannten herumgestoßen. Welch ein Grund für den jungen Menschen, es genauso wieder zu tun? Hier sollen die Jugendlichen ihren Trotz einsetzen, dem negativen Vorbild sollen sie trotzen, wenn es wirksam zu werden beginnt, und den festen Willen etablieren, es selbst anders und besser zu machen. Und die Gewißheit sollen sie haben, daß es ihnen auch gelingen kann, es selbst besser zu machen und das Unglück nicht fortzusetzen, diese Gewißheit zumindest müssen sie vom Psychotherapeuten erfahren.

Manche Jugendliche haben im eigenen Elternhaus nicht genug Wärme, Liebe und Verständnis gefunden, und nun wollen sie ausbrechen und das Versäumte beim Freund oder bei der Freundin im Bette nachholen. Was für ein Unsinn, aus lieblosen Verhältnissen auszubrechen und in unbekannte, vielleicht noch lieblosere Verhältnisse hineinzutaumeln! Auch hier muß in den Jugendlichen der Wille geweckt werden, erst festzustellen, ob wirklich die stabile Liebe und Zuneigung bei ihnen selbst und beim auserwählten Partner zu finden ist, die sie so sehr suchen, ehe sie sich an neue und unbekannte Verhältnisse binden.

Man kann frühes Zusammenleben von jungen Menschen nicht generell ablehnen, es kommt immer darauf an, wie intensiv die personale Beziehung zwischen beiden entwickelt ist und wie weit die jungen Menschen dazu überhaupt reif sind. Deswegen halte ich es für sehr wichtig, auch den Partner in die therapeutischen Gespräche miteinzubeziehen. Aus dessen Antworten kann nicht nur der Therapeut Schlußfolgerungen ziehen, auch der Ratsuchende selbst lernt den Freund oder die Freundin in solchen Gesprächen mit Dritten besser kennen. Die Gruppenrepressionen sind heute gewaltig, Jugendliche mit Erfahrung sind gefragt, es wird fast zu einer Zwangsvorstellung, die eigene Potenz demonstrieren zu müssen. All diese Zusammenhänge können im therapeutischen Gespräch aufgezeigt und erläutert werden, wobei man wieder mit der „Trotzmacht des Geistes" operiert. Wollen die jungen Menschen denn Herdentiere sein, müssen sie mit der Masse laufen, haben sie keinen eigenen Willen mehr, kein bißchen eigene Entscheidungsfreiheit, keine Spur von Individualität?

In solchen Gesprächen zu dritt kann manches, was von den Eltern versäumt worden ist, an den Jugendlichen nachgeholt werden, ein Reifungsprozeß kann in Gang gesetzt werden, der vielleicht sogar über den kleinen Mikrobereich hinausgeht, in welchem wir normalerweise agieren. Oft ist es auch möglich, die Eltern zuzuziehen und selbst ihnen Hilfestellung zu geben. Manche Eltern lassen die Kinder in allem und jedem einfach gewähren und versäumen es, ihnen eine gesunde Wert-Orientierung mit auf den Weg zu geben. Es ist auch nutzlos für Eltern, wenn sie sich in einer strikten Oppositionshaltung ihren heranwachsenden Kindern gegenüber festlegen, damit treiben sie die Kinder nur früh hinaus ins eigene Leben.

Solange noch ein halbwegs guter Kontakt der Eltern zu den Kindern vorhanden ist, können sie mit ihnen über Partnerschaft und Sexualität, über Schutz und Vorbeugung, über sinnvolle Lebens- und Familienplanung sprechen.

Schwieriger ist es bei Heimkindern, ihnen fehlt das Vorbild der Liebesbeziehung zwischen Vater und Mutter gänzlich. Aus der inneren Armut heraus sind sie umweltbezogener, orientieren sich stark an der Gruppe, an den Gleichaltrigen, die selbst noch unreif und unwissend sind. Sie werden mitunter typische Opfer der sexuellen Inflation, aber auch bei ihnen, selbst unter diesen unglücklichen Bedingungen, steht immer noch der kleine Spielraum freier Persönlichkeitsentfaltung offen, der bewirken kann, daß zumindest später einmal ein Nachreifungsprozeß einsetzt, und deswegen sind auch bei Heimkindern – und gerade mit ihnen – therapeutische Gespräche über und zum Thema Sexualität sehr, sehr wichtig.

Fall Nr. 15:
Eltern riefen verzweifelt in der Beratungsstelle an, ihre Tochter, 17 Jahre alt, habe sich mit einem Jugoslawen eingelassen und wolle mit ihm zusammenziehen. Sie würde ihre Lehre vernachlässigen, Berufsschule schwänzen, und habe auch ihren gesamten Ersparnisse abgehoben und anscheinend dem Freund gegeben. Was sollten sie tun? Ich bat sie, das Mädchen zum Gespräch mitzubringen.

Als sie kamen, holte ich mir zuerst das Mädchen allein ins Zimmer. Sie kam mit finsterem, trotzigem Gesicht, auf welchem zu lesen stand, daß ihre Angelegenheiten mich nichts angingen. Ich bat sie zunächst, davon auszugehen, daß ich keine ,,Anwältin`` ihrer Eltern sei, sondern die Aufgabe habe, jeden nach bestem Wissen und Gewissen zu beraten, ob Eltern oder Jugendliche spiele keine Rolle. Hierauf deutete ich an, daß die Kommunikation zwischen ihr und ihren Eltern offensichtlich etwas gestört sei, sonst wäre es ja nicht notwendig gewesen, eine fremde Person einzuschalten, um die bestehenden Konflikte zu lösen.

Gesprächsfragmente (gekürzt):
Mäd.: Ja, bei denen ist etwas gestört, nicht bei mir! Jetzt wollen sie
auf einmal mitreden!
Ich: ,,Auf einmal mitreden``, wie soll ich das verstehen?
Haben die Eltern früher weniger ,,mitgeredet``?
Mäd.: Ins Internat haben's mich gesteckt, ob's mir gepaßt hat oder
nicht, da haben sie sich nicht gekümmert, was mit mir pas-

117

	siert, und jetzt auf einmal, nur weil er schwarze Haar hat – das geht sie einen Dreck an!
Ich:	*Waren Sie lange im Internat?*
Mäd.:	*Na so lang, wie sie zerstritten waren, dann ist der Vater wieder zurückgekommen, und ich hab' wieder heim dürfn, in die „schöne" Familie.*
Ich:	*Die Eltern haben also eine Zeitlang getrennt gelebt, da ist die Mutter wahrscheinlich arbeiten gegangen und konnte Sie nicht versorgen, nicht wahr?*
Mäd.:	*Ja.*
Ich:	*Das ist schlimm für Kinder, wenn sich die Eltern nicht gut vertragen –*
Mäd.:	*Ach, die haben ja alle Augenblick Streit, nur jetzt sind sie sich einig, weil's gegen mich sind. Und ich bleib' nicht daheim, das sag' ich Ihnen!*
Ich:	*Sie möchten diesem vielen Streit entkommen und zum Freund ziehen?*
Mäd.:	*Genau!*
Ich:	*Sagen Sie, möchten Sie eigentlich Ihr Leben genauso einrichten wie die Mutter: früh heiraten, gleich die Kinder, Streit mit dem Mann, Trennung, arbeiten gehen müssen und die Kinder im Internat unterbringen, dann vielleicht wieder Versöhnung – soll es bei Ihnen ähnlich laufen?*
Mäd.:	*Gott bewahre, ich mach' alles anders, ich bin ja nicht bekloppt!*
Ich:	*Bitte erzählen Sie mir genau, wie Sie es sich vorstellen, wie könnte Ihr Leben verlaufen?*
Mäd.:	*Nun ja, … also ich tu' meine Kinder nicht ins Internat!*
Ich:	*Sie werden einen Mann haben, der für Sie sorgt, wenn die Kinder klein sind?*
Mäd.:	*Ja.*
Ich:	*Dachte das nicht Ihre Mutter auch? Sie konnte ja die Streitigkeiten nicht vorhersehen!*
Mäd.:	*Na ja, so früh heirate ich nicht. Ich will mir einen richtigen Mann aussuchen, nicht so einen doofen …*
Ich:	*Vielleicht hat das Ihre Mutter auch gedacht. Doch dann war Ihr Bruder unterwegs, da schien es ihr doch besser zu heiraten.*
Mäd.:	*Ich hätt' deswegen nicht geheiratet!*
Ich:	*Dann wären Sie aber gezwungen gewesen, Ihr Kind gleich von Anfang an in fremde Hände zu geben, und das ist ja genau das, was Sie nicht wollen. Sehen Sie, nur wenn man lange*

unabhängig ist und auf eigenen Beinen steht, hat man genug Zeit, sein Leben so schön wie möglich zu planen. Ihre Mutter ist schnell in eine Abhängigkeit von Ihrem Vater hineingerutscht, dadurch konnte sie manches nicht mehr so steuern, wie sie es vielleicht gerne gewollt hat.

Mäd.: Genau, ich möchte nicht abhängig sein. Ich werde mein Leben selbst planen.

Ich: Sie stehen jetzt an einer Wegkreuzung; vor sich haben Sie drei Wege, aber die Ziele, zu denen diese Wege führen, sind Ihnen unbekannt. Dennoch wissen Sie eines: auf zwei dieser Wege werden Sie begleitet, Sie sind abhängig von Ihren Begleitpersonen. Der gerade Weg vor Ihnen ist der, auf dem Ihre Eltern Sie noch eine Zeitlang begleiten. Es ist der bequemste Weg, er hat wenig Steigung und erfordert wenig Kraft von Ihnen, aber er hat viele Wurzeln, über die Sie mit Ihren Eltern stolpern können, was jedesmal einen Familienstreit gibt.

Mäd.: Den Weg geh' ich nicht!

Ich: Noch ein anderer Weg ist relativ bequem, zumindest am Anfang, obwohl er in scharfem Winkel von Ihrem bisherigen Lebensweg abbiegt; es ist der gemeinsame Weg mit dem Freund. Aber wieder sind Sie abhängig von Ihrem Begleiter, so gut seine Kräfte sind, so gut werden Sie weiterkommen. Kann sein, daß dieser Weg zum selben Zielpunkt führt, wie der Lebensweg Ihrer Mutter, kann sein, daß Sie einmal keine andere Wahl haben, als genauso zu handeln wie Ihre Mutter, denn es ist der gleiche Ausgangspunkt.

Mäd.: Was ist denn der dritte Weg?

Ich: Das ist der schwerste, der steilste, der Weg, den Sie allein gehen. Niemand kann Ihnen diesen Weg vorschreiben, er führt nur zu den Zielen, die Sie sich stecken, und Sie kommen so gut voran, wie Ihre eigenen Kräfte sind. Aber Sie sind unabhängig, Sie können sich den Weg einteilen, Sie wählen die jeweiligen Etappen selbst. Dieser Weg unterscheidet sich von dem Ihrer Mutter –

Mäd.: Ja aber, wie soll ich das machen? Der Weg würde mir schon gefallen.

Ich: Diesen Weg würden Sie zum Beispiel wählen, wenn Sie in ein Lehrlingsheim gingen, um dort zu wohnen. Tagsüber haben Sie Ihre Arbeit, abends sorgen Sie für sich selbst. Sie können sich mit Ihrem Freund treffen, aber Sie müssen sich nicht mit ihm treffen, Sie haben Zeit, ihn zu prüfen, ob er wirklich Ihren Vorstellungen entspricht. Sie können die Eltern besuchen,

wenn Sie wollen, aber Sie müssen nicht *bei jedem Familien-*
krach dabeisein, Sie sind selbständig.

Mäd.: *An das habe ich noch gar nicht gedacht!*

Ich: *Voraussetzung für diesen Weg ist, daß Sie regelmäßig arbei-*
ten, die Lehre und die Berufsschule gut machen, denn nur
dann können Sie unabhängig sein, wenn Sie sich Ihr Geld
selbst verdienen. Außerdem brauchen Sie auf diesem Weg
immer ein Ziel vor Augen, auf das Sie zumarschieren, weil
Ihnen ja niemand vorschreibt, wohin Sie gehen müssen.
Ihre eigenen Ziele sind Ihre Wegweiser, und was Sie erreicht
haben, haben Sie aus eigener Kraft erreicht...

Mäd.: *Oh ja, das möchte ich, da werden die Eltern Augen machen,*
wenn ich alles allein schaffe!

Ich: *Holen wir die Eltern herein zum Gespräch, und unterbreiten*
wir Ihnen unseren Vorschlag!

Nach 4 Monaten rief ich die Eltern an, um zu fragen, wie es dem
Mädchen ginge. Die Mutter erklärte mir, daß es der Tochter sehr gut
ginge, sie auch wieder regelmäßig arbeite, und sich sogar von dem
Freund getrennt habe. „Sie ist doch draufgekommen, daß er sie nur
ausnützt", sagte die Mutter. „Und seit sie in dem Lehrlingsheim ist,
verstehen wir uns zu Hause viel besser, wenn sie auf Besuch kommt.
Ich koch' dann was Gutes, da freut sie sich, und sie bringt mir auch
manchmal etwas Wäsche für die Waschmaschine, dann ist sie ganz
froh, daß sie noch Eltern hat. Ja, Gott sei Dank haben wir diese Krise
überwunden, unsere Tochter wird jetzt zunehmender selbständiger."
So hat das Mädchen doch den richtigen Weg gefunden.

Ich leugne nicht, daß unserer therapeutischen Arbeit Grenzen gesetzt sind. Wir können nicht verhindern, daß Jugendliche sich
unter „negativem Vorzeichen" sexuell betätigen, unerwünschte
Schwangerschaften produzieren und dadurch neue Unglücksket-
ten initiieren, wie wir auch nicht verhindern können, daß grundsätzlich Ehe- und Partnerkonflikte (mit oder ohne sexuelle Problematik) zunehmen in unserer Zeit. Wissenschaft, Forschung und
Wirklichkeit haben uns eine Reihe von Verunsicherungen hinzu-
geliefert, das Homöostaseprinzip hat sich nicht bewährt, die Sexwelle ist über uns hinweggerollt, das negative Vorbild der Eltern
hat sich auf die jeweils nächste Generation tragisch ausgewirkt,
Übung und Gewöhnung an depersonale Sexualität hat die entsprechenden Verhaltensmuster fixiert, und das verzweifelte Haschen
nach dem Nebeneffekt „Lust" hat eine ungeheure existentielle

Frustration nach sich gezogen. Die Jugend von heute ist emotional verunsichert, verarmt, zu kurz gekommen, die Mütter sind berufstätig und haben keine Zeit mehr für sie, ihre Väter stehen unter dem enormen Streß, einen völlig unnötigen aber gesellschaftlich hochsanktionierten Lebensstandard mit allen Mitteln aufrechtzuerhalten, materielle Güter dominieren über immaterielle Werte, die aufreibende Jagd nach Besitz, Prestige und Genuß soll oft und oft ein inhaltloses und erfülltes Leben überdecken———die Liste der negativen Aspekte unserer Zeit kann beliebig fortgesetzt werden, die sexuelle Inflation ist nur ein winziger Mosaikstein im supermodernen Getriebe. Die heute gebräuchlichen Verhütungsmittel sind noch keinesfalls ideal, aber sie sind gewiß besser als die Abtreibung, diese wird allerdings auch schon legalisiert; zur sexuellen Entwertung kommt die Entwertung menschlichen Lebens, es geht in atemberaubendem Tempo weiter, immer weiter – wohin?

Hier bleibt uns die Wissenschaft die Antwort schuldig, erst rückblickend werden zukünftige Generationen die Folgen der heutigen Entwicklung abzuschätzen vermögen.

Ich glaube daher nicht, daß ich die oft gestellte Frage zur gesunden Sexualerziehung ausreichend zu beantworten vermag – kann man in einer ungesunden Zeit überhaupt gesund erziehen? Eine provozierende Frage, gewiß, vielleicht noch provozierender die Antwort, denn ich möchte die Frage trotz allem bejahen. Ich glaube, man kann.

Man kann auch heute, in einer Zeit, in der die althergebrachten Richtlinien mehr und mehr ihre Gültigkeit verlieren, und Normen, Regeln und Dogmen zusammenbrechen, noch immer gesund erziehen, wenn man zur *Verantwortlichkeit* erzieht. Der kleine Freiraum eigener Entscheidungsfreiheit, eigener Kraft und Initiative, der immer und unter allen Umständen dem Menschen gegeben ist, solange er überhaupt menschlich denken kann, diese Willensfreiheit im Mikrobereich ist unsere einzige Berechtigung, auch vom psychologischen Standpunkt aus von Verantwortung und Verantwortungsbewußtsein zu sprechen. Denn hätte der absolute Determinismus recht, wäre der Mensch vollkommen abhängig von seinen Bedingungen und Umständen, das Produkt aus Erbe und Umwelt, dann hätte er niemals die Wahl, sich richtig oder falsch zu verhalten, denn jedes Verhalten wäre die zwangsweise logische Folge der vorangegangenen Ursachen, es gäbe keine Schuld im menschlichen Bereich, aber auch keine Verantwortlichkeit. Da wir jedoch heute dabei sind, den absoluten Determinismus im wissenschaftlichen Raum zu überwinden, so müssen wir uns wieder zur Verantwortlichkeit bekennen. Und eine gesunde Einstellung zur Sexualität ist nichts anderes, als eine Variante gesunden Verantwortungsbewußtseins.

Verantwortung jedoch ist die einzige wahre Freiheit, die es gibt. Deswegen möchte ich dieses Thema zum Problemkreis Sexualität ausklingen lassen mit einem Wort von Franz-Rudolf Faber, einem Chefarzt einer der größten Nervenkliniken der Bundesrepublik:

„Der Arzt aber ist aufgerufen,
sich mit der Freiheit seiner Patienten zu verbünden –
gegen die Determinanten des Schicksals."

Motivation –
ein neuer Maßstab in der Pädagogik

Es gab Zeiten, da kreisten die Probleme der Menschen um die Not des Hungers, um die Sklavenfrage oder um die Religionskriege. Heute zentrieren sich bei uns die Probleme hauptsächlich um den jungen Menschen. Zwar versuchen einige Kollegen in letzter Zeit mit ihrer „midlife crisis" auch das Durchschnittsalter psychologisch attraktiver zu machen, und zwar scheint es ganz normal zu sein, daß die „Alten" gerne vergessen werden, dennoch dürfte nicht abzuleugnen sein, daß die Probleme der jungen Menschen – sei es, daß sie sie betreffen, sei es, daß sie durch sie entstehen – Vorrang genießen vor allen Nöten unserer Zeit.

Mit Besorgnis blicken Eltern, Pädagogen, Ärzte, Therapeuten, Ideologen und Politiker auf die Entwicklung unserer jungen Generation, auf die halb kindlichen, halb erwachsenen Wirrköpfe, die man nicht so ganz ernst nehmen kann und doch bitter ernst nehmen muß. Was ist los mit unseren jungen Menschen?

Sie haben Freud und Adler ad absurdum geführt, indem sie sich alle Rechte der Sexualität und der Macht angeeignet haben, ohne dadurch glücklicher zu werden. Die verklemmten, gehemmten, unterdrückten und verschüchterten jungen Leute mit ihren Errötungsängsten und Minderwertigkeitskomplexen, wie sie vor den Weltkriegen beschrieben worden sind (und entsprechend interpretiert worden sind), gibt es kaum mehr, der Nachkriegsnachwuchs ist vielfach enthemmt, selbstbewußt, brutal, gewissenlos, selbstmordgefährdet, fernseh- und drogensüchtig – zumindest werden die jungen Menschen heute sehr oft in diesen Kategorien abgestempelt und ihre Symptome als die einer Verfallsgesellschaft generalisiert. Die Generationskonflikte wachsen ins Gigantische, Weltanschauungen prallen aufeinander und die gegenseitige Kritik manifestiert sich in Zwietracht und Gewalt. All das ist ja genügend beschrieben worden, vom Anarchismus bis zum Terrorismus, von der Hippi-Szene bis zur steigenden Jugendkriminalität, vom wutentbrannten, hilflosen Drohen der Väter bis zum beschämt-resignierten Achselzucken der Mütter.

Junge Menschen außer Rand und Band, mit sich selbst und der Welt unzufrieden, mit dem dringenden Wunsch, die Welt zu verändern und dabei unfähig, sich selbst zu ändern – wie kam es dazu? Wir Psychologen machen am liebsten äußere Umstände dafür verantwortlich, die Kriegs- und Nachkriegszeiten, den mit dem Fortschritt der menschlichen Entwicklung verbundenen Instinktverlust oder das Niederbrechen der Traditionen, aber weniger gern gestehen wir ein, daß wir *selbst* einen guten Teil dazu beigetragen haben.

Haben wir nicht ein halbes Jahrhundert lang an den Grundfesten der Erziehung gerüttelt? Haben wir nicht Tausende von Eltern und Erziehern „belehrt" und verunsichert, indem wir alle Jahrzehnte einen neuen pädagogischen Stil proklamierten, ohne zu wissen, was bei diesen Experimenten herauskommen würde, haben wir nicht, auch das muß einmal gesagt werden, ein verrücktes Menschenbild geliefert, das Modell eines Untieres, welches entweder blindlings von seinen Trieben gesteuert wird, oder von der Gesellschaft hoffnungslos unterdrückt und überfordert wird, jedenfalls vollkommen unmündig ist und bloß geschont werden muß?

Haben wir zudem nicht die Emanzipation unserer Mütter psychologisch untermauert und damit Millionen Kindern zu glänzendem Lebensstandard bei innerer Vereinsamung und Verwahrlosung verholfen, haben wir nicht dieses heranwachsende Heer von kleinen Psychopathen mit einer besonderen Art von Medienerziehung füttern lassen, nämlich mit brutalen Leinwandvorbildern aus der Flimmerkiste, bis sie das, was normal ist und was nicht mehr normal ist, und das, was wertvoll ist und was nicht mehr wertvoll ist, für sich verdrehen wie die Legastheniker ihre Buchstaben verdrehen, weil die Wahrnehmung der Gestalt von Grund auf gestört ist?

Wer hat denn Freiheit mit Antiautorität verwechselt, wenn nicht die Psychologen, wer hat denn Faulheit mit Überforderung vermischt, wenn nicht die Psychologen, und wer hat schließlich eine klassische Ausrede zur Hand bei jedem noch so abwegigen Tun und Handeln, wenn nicht ebenfalls die Psychologen? Die Kindheit muß herhalten, die Eltern sind ideale Sündenböcke, und der modernste Sündenbock ist heutzutage die gesamte Gesellschaft, deren „Struktur" (was ist das?) für alle psychischen Leiden der Gegenwart verantwortlich zeichnet – der einzige, dessen Verantwortung im psychologischen Sinne anscheinend keiner Diskussion wert ist, ist der Mensch selbst.

Hunderte und Hunderte von verzweifelten Eltern habe ich im

Lauf meiner Praxis gesehen und gesprochen, und fast allen war eines gemeinsam: jeder, den sie um Rat fragten, hatte ihnen bisher etwas anderes gesagt. Sogar innerhalb der psychologischen Beratungsstellen sind die Beratungskonzepte unterschiedlich; psychoanalytisch orientierte Erziehungsberatungsstellen arbeiten anders als verhaltenstherapeutische Institutionen, die Schule ist oft anderer Meinung als die Erziehungsberater, die Ärzte haben andere Standpunkte als die Psychotherapeuten, die Kinderheime schließlich machen es anders, als man sich's in der freien Praxis vorstellt, und dazwischen stehen die Eltern, mitten im Brennpunkt der verschiedenen Aussagen verschiedener Fachleute, allein gelassen in ihrer Not, mit Kindern fertig zu werden, die ihnen über den Kopf wachsen und über ihre verunglückten pädagogischen Anstrengungen nur lachen. „Die sind ja von gestern!" sagen unsere jungen Leute oft zum Berater und meinen damit ihre Eltern, und sehr oft nickt der Berater dann zustimmend und voller Verständnis, um seine Vertrauensbasis zu den jungen Menschen nicht zu verlieren, weil sie sonst weggehen und auch über ihn lachen würden wie über die Eltern.

Was da nottut, das ist keine Neurosenlehre im Sinne der klassischen Interpretationen von ins Unbewußte verdrängten Traumen, unterdrückten Sexualsymbolen und Minderwertigkeitskomplexen, sondern eine Ausrichtung nach Sinn und Werten beim jungen Menschen und eine „Erziehung zur Erziehung zum Verantwortungsbewußtsein" bei den Eltern. Wir können ohne große Übertreibung die bitteren Nöte unserer Zeit auch als ein vorwiegend pädagogisches Problem formulieren, nämlich als eine Störung in der uns alle betreffenden *Erziehung zum Menschen.*

Unsere Elterngeneration hier in Deutschland hat zum größten Teil Unglaubliches geleistet, sie hat aus einem kriegszerstörten Land ein blühendes Wirtschaftsparadies aufgebaut. Selbst die Schatten von Arbeitslosigkeit und Inflation in den letzten Jahren haben am Gesamtgebäude noch wenig abzubröckeln vermocht.

Aber *Aufbauen ist schöner als Erben,* (wie Richard Kühn, der ehemalige Leiter von Jugendamt und Erziehungsberatungsstelle in Wiesbaden, es formuliert hat) denn ein Aufbau ist zielgerichtet und umgibt die eigene Arbeit mit Sinn, erben dagegen beinhaltet zunächst weder Ziel noch Sinn, im Gegenteil, dem in den Schoß gefallenen Erbe wird wenig Wert beigemessen.

Unsere jungen Leute konnten das neugebaute und schwer abgezahlte Eigenheim oder den großen Wagen der Eltern nicht als ensinhalt akzeptieren und ihre jugendlichen Ideale nicht an die DM hängen! Ich bin die letzte, die wieder einmal Anklage gegen die Eltern erheben will – Eltern sind auch keine Supermenschen, und in den allermeisten Fällen tun sie, was sie können, für ihre Kinder; wenn überhaupt Anklage erhoben werden sollte, dann müßte sie sich gegen meine eigenen Reihen richten. Warum haben die Kollegen und Kolleginnen jahrzehntelang den Eltern verschwiegen, daß nichts so wichtig ist für ihre Kinder, als ihnen eine Wert-Orientierung mit auf den Weg ins Leben zu geben? Alle Stadien der Kleinkindzeit und alle erdenklichen Krisen der Pubertät sind ausreichend populär abgehandelt worden, und der wichtigste Schritt des Reifens, der Moment, da der junge Mensch bereit sein muß, seine eigene und höchstpersönliche Aufgabe im Leben zu finden und zu erfüllen, dieser kritische Moment der Sinnsuche im Übertritt zum Erwachsenwerden ist den Eltern vorenthalten worden! Richard Kühn faßt die Symptomatik der „heutigen Jugend" in dem bemerkenswerten Satz zusammen: „Sie sehen im Leben eine Gabe statt eine Aufgabe."

Ich schäme mich, denn unsere Wissenschaft hat diesem Symptom Vorschub geleistet.

Während jede psychologische Schule der Reihe nach eine Abhandlung über „Theorie und Therapie der Neurosen" entwickelte, hat sich die Zeit-Symptomatik geändert. Was wir heute brauchen (und nicht haben), ist eine „Theorie und Therapie der Psychopathie" und nicht der Neurose, denn die Sinnleere unserer Zeit hat die psychischen Krankheitsmuster schwerpunktmäßig in diese Richtung verschoben.

Der Neurotiker, der sich über die von ihm zu bewältigenden „Aufgaben" den Kopf zerbricht und daran verzweifelt, ist in den Hintergrund getreten, der Psychopath, der die – wie er glaubt – ihm zustehenden „Gaben" herrisch fordert, hat seinen Platz eingenommen. Wie sehr haben die Anschauungen mancher zeitgenössischer Fachleute die gesunde Entwicklung einer Sinn- und Wertorientierung beim jungen Menschen geradezu unterbunden und die Psychopathie indirekt gefördert! Ich will nur drei pädagogische Bereiche aufzählen, für welche dies zutrifft:

Der erste ist der Bereich der *Leistung.* Dieses Wort heute als Psychologin auch nur auszusprechen ist schon ein Wagnis, so negativ haben es die Fachleute in den letzten Jahrzehnten gewichtet. Die Schlagworte vom Leistungsdruck und von der Überforderung der armen Kinder haben solche Mode gemacht, daß sich heute eher die Lehrer vor den Schülern und die Eltern vor den Kindern fürchten. Bloß keine Leistungen fordern und bloß keine Leistungen erbringen, wurde Erziehern und Kindern gleichermaßen eingehämmert, wer lernt, ist ein lächerlicher Streber, wer arbeitet, fügt sich dem Establishment, wer spart, ist ein bedauernswerter Spießer – wie soll eine Generation mit diesem philosophischen Background das Aufbauwerk ihrer Eltern verstehen? Wie sollen diese jungen Menschen jemals Freude an ihrer eigenen Arbeit empfinden, wie sollen sie jemals stolz sein auf das, was sie zu schaffen im Begriff sind, wie sollen sie überhaupt die Motivation finden, Erfüllung in ihrer Arbeit, im Berufsleben, selbst in einer hobbymäßigen Betätigung zu suchen, wenn all dies, was eventuell mit einer menschlichen Leistung verknüpft sein könnte, bis zur Lächerlichkeit abgewertet worden ist? Der zweite Bereich, in dem die Fachleute mit ihren Thesen kräftig mitgemischt haben, ist der Begriff der *Gruppe*. Eine Zeitlang gab es nur mehr soziologische Gruppen, das Individuum schien gestorben zu sein. Die Gruppe diktiert dem einzelnen, sie setzt ihn Repressionen aus, sie absorbiert ihn, wehe dem, der auszubrechen versucht! Wehe dem Jugendlichen, der nicht mit Bluejeans und ungekämmten Haaren durch die Gegend stapft, er ist nicht „in“. Zigaretten, Alkohol, seit neuestem sogar die Teilnahme an Sekten, alles wird der Gruppe zuliebe akzeptiert; wer nicht schon „mit jemandem geht“, verliert die Anerkennung in der Gruppe, wer sich nicht abfällig gegen Autoritäten äußert, wird in der Gruppe verspottet. Das geht so weit, daß Eltern in die Beratungsstelle kommen und um Rat fragen, weil ihr Sohn *(vergl. Fall Nr. 16!)* oder ihre Tochter abnormalerweise klassische Musik liebt und deshalb Kontaktschwierigkeiten mit den Gleichaltrigen hat. Wer die modernsten Beatgruppen und Pop-Sänger nicht kennt, kann nicht mitreden – was für ein Wahnsinn, alle individuellen Regungen und Interessen, persönlichen Anlagen, Begabungen, Ansichten und Sinnerfüllungen einer imaginären Gruppe unterzuordnen, die nur aus konformen Geistern besteht und nur kollektive Reaktionsmuster potenziert!

Wie sehr haben die Pädagogen und Psychologen den Eltern zugeredet, sich kritiklos der Gruppe zu beugen: wenn alle Kinder Mickey-Mouse-Hefte lesen, dürfen *Sie* diese Literatur *Ihrer* Tochter nicht vorenthalten, wenn alle in der Klasse den Krimi bis Mitternacht sehen, muß es *Ihr* Sohn natürlich auch dürfen. Wie sollen diese jungen Menschen später als Herangewachsene ihren persönlichen Lebensweg finden, ihre spezielle Aufgabe, ihren eigenen Stil, die vielgenannte Selbstverwirklichung, wie sollen sie innerlich zu der einzigartigen und unaustauschbaren Person reifen, die jeder nsch darstellen soll und muß, wenn sie nichts anderes haben, um sich zu orientieren, als „die anderen"?

Und schließlich noch der dritte Bereich, in dem unsere Humanwissenschaften gefährliche Mißverständnisse ins Volk gestreut haben: der Begriff der *Freiheit*.

Die Revolte gegen Autorität und der Schrei der heutigen jungen Menschen nach Freiheit ist ebenso laut, wie ihr Begriff von der Freiheit falsch ist. Bedeutet doch Freiheit in Wahrheit das höchste Maß an Eigenverantwortung und nicht das Chaos gewissenloser Handlungen ohne Rücksicht auf ihre Folgen. Freiheit ist nicht *tun, was man will,* sondern *wollen, was zu tun ist.* Frei ist, wer sich einbezieht in eine Ordnung, die er anerkennt, unfrei aber ist, wer jede Ordnung ablehnt.

In dem Irrtum, daß sie Freiheit gewinnen können, wenn sie Autoritätspersonen schwächen, Regeln über Bord werfen, Gesetze mißachten und Grenzen überschreiten, haben sich junge Menschen vielfach in neue Abhängigkeiten gebracht, die sie nicht einmal immer als solche erkennen. Das Kaputtgehen des Fernsehers kann eine Katastrophe für ein Wochenende bedeuten, weil sie so abhängig davon geworden sind, daß sie absolut nicht mehr wissen, was sie mit ihrer Freizeit anfangen können; sie wissen vielfach nur, was sie *nicht* anfangen wollen, wovon sie frei sein wollen, nämlich von Arbeiten, Aufgaben und Verpflichtungen.

Aber wirkliche Freiheit bedeutet eben das Bejahen eines produktiven Wirkens, die freie Entscheidung zu oder für etwas oder jemanden, das Ausführen eines selbstgestellten Auftrages. Davon ist ein Großteil unserer Jugend weit entfernt, sie akzeptiert jede Abhängigkeit, die sie nicht merkt, selbst von neuen Sektenführern, Showstars oder lächerlichen Modeströmungen, und ihr Freiheitswille erschöpft sich in Dokumentationen von Revolte und Protest. Auch hier müßten erzieherische Hilfen von Anfang an geboten werden, um die Fähigkeit zur freien Entscheidung mit Zielgerichtetheit und Verantwortungsbewußtsein zu verbinden und dem heranwachsenden Menschen die Möglichkeit für einen sinnvollen Einsatz seiner Kräfte und Ambitionen zu entfalten.

Das also sind Blitzlichter auf drei wichtige Bereiche, in denen Mißverständnisse und Irrtümer eine folgenschwere Bilanz nach sich gezogen haben. In diesen selben Bereichen häufen sich auch die Störungen, die verzweifelt an Erziehungsberater und Pädagogen herangetragen werden.

Aus einer internen Statistik über vier Jahre und verschiedene Bundesgebiete geht eindeutig hervor, daß an erster Stelle in der

Kinder- und Jugendlichenproblematik Kontaktschwi
ten/Aggressivität steht, an zweiter Stelle Schulschw
ten/Konzentrationsstörungen und an dritter Stelle Störu.....
Antrieb und Selbstwertgefühl.

Ist es wirklich gewagt, die folgenden Zuordnungen zu vermuten?

Irrtümer im Bereich der Leistung ----------→	Schulschwierigkeiten/ Konzentrationsstörungen
Irrtümer zum Begriff der Gruppe ----------→	Kontaktschwierigkeiten/ Aggressivität
Irrtümer im Bereich der Freiheit ----------→	Störungen im Antrieb und Selbstwertgefühl

Die Zeiten sind vorbei, da sich die Psychologie auf ein bißchen
Testen, ein bißchen Hellsehen und ein bißchen Wahrsagen beschränken konnte. Der Boom des Traumdeutens, der graphologi-
schen Charakteranalysen und der Versprecher-Hintergedanken ist
vorüber, aber die Stellung und Aufgabe des Psychologen ist immer
noch umstritten. Er weiß nicht, wo er hingehört, weder in der
Medizin noch in der Psychiatrie noch in der Pädagogik ist er ganz
zu Hause. Und doch könnte er das so notwendige Verbindungs-
glied vieler Disziplinen sein, indem er von überall gerade das Maß
an Wissen hat, das er benötigt, um den Ratsuchenden als ganzen
Menschen zu verstehen und adäquat zu beraten.

Pädagogische Probleme werden an ihn genauso herangetragen
wie medizinische Fragen, psychotherapeutische Hilfe wird bei ihm
genauso gesucht wie weltanschauliche Stützung. Wenn es den
Begriff der „ärztlichen Seelsorge" gibt, den Frankl geprägt hat,
dann gibt es auch eine „psychologische Seelsorge", ein Grenzgebiet zwischen mehreren Disziplinen, worin alles zu einer Einheit
verschmolzen wird: Untersuchung, Beratung, Schulung, Seelsorge,
Erziehung, Nächstenliebe und Psychotherapie. Am deutlichsten
wird die Notwendigkeit dieser Verschmelzung im Grenzgebiet der
Erziehungsberatung. Denn Eltern in der komplizierten Welt von
heute, in einer Zeit, in der die heile Welt der Märchen, Sagen und
oft auch Schulbücher nicht mehr existiert, in einer Welt der Rastlo-
sigkeit und des Geldverdienens, der Unmenschlichkeit und Sinnlosigkeit, solche Eltern brauchen mehr als nur „Ratschläge", sie

brauchen wahre psychologische Seelsorge, um mit sich selbst und mit ihren Kindern zurechtzukommen.

Die Logotherapie versteht sich als Psychotherapie, Philosophie und Anthropologie zugleich, aber meines Erachtens enthält sie zusätzlich ungemein wertvolle *pädagogische* Aspekte. Es ist gewiß nicht damit getan, die akute Sinnproblematik unserer Zeit im ganzen Spektrum aufzuzeigen, worum es in erster Linie gehen muß, ist, Eltern und Kindern echte Hilfen zu bieten und dadurch das weltweite Umsichgreifen des existentiellen Vakuums zu stoppen, zu reduzieren, vielleicht sogar – zu verhindern.

Dringender als alle Heilmethoden brauchen wir eine *prophylaktische Psychologie,* die nicht einmal noch begonnen hat, zu existieren, die jedoch nur aus einer sinnvollen Zielgerichtetheit, wie sie die Logotherapie explizit formuliert, geboren werden kann. Noch konzentriert sich die Logotherapie auf den neurosentherapeutischen und ärztlich-seelsorgerischen Bereich, aber eines Tages werden die Psychologen und Pädagogen bei der Suche nach Präventivmethoden entdecken, welche Schätze im logotherapeutischen Gedankengut verborgen sind, und daran gehen, diese für ihre Wissenschaft zu verwerten. Mögen sie doch noch rechtzeitig damit beginnen*!

In diesem Sinne möchte ich auf die drei genannten Hauptproblemkreise der Erziehungsberatung näher eingehen, nämlich um aus Sicht der Logotherapie einen neuen Maßstab in der Pädagogik zu setzen, der zum Anstoß für prophylaktische Erziehungskonzepte werden könnte.

A) Schulschwierigkeiten/Konzentrationsstörungen

Das Wort „Konzentrationsstörung" ist in den letzten Jahrzehnten sehr populär geworden, und wenn früher Eltern gerne sagten: „Mein Kind ist nicht dumm, es ist nur faul", so neigen Eltern heute dazu, anzugeben: „Mein Kind ist nicht dumm, es kann sich nur nicht konzentrieren".

Trotzdem sind *echte* Konzentrationsstörungen selten. Und auch in der Erziehungsberatung stellen sich häufig andere Ursachen für die verminderte Aufmerksamkeitsleistung von Kindern heraus.

---

* Einen ersten Schritt in diese Richtung hat bereits Karl Dienelt getan, und zwar in seinen Büchern: „Erziehung zur Verantwortlichkeit", „Von Freud zu Frankl" und „Von der Psychoanalyse zur Logotherapie".

Echte Konzentrationsstörungen sind zerebral bedingt und können mit pädagogischen Mitteln nur geringfügig beeinflußt werden, sie stehen in Zusammenhang mit Geburtsschäden, Unfällen, Kopferkrankungen, aber auch frühkindlichen Förderungsdefiziten und Reifeverzögerungen.

Für die Konzentrationsfähigkeit des Menschen interessant ist die Interaktion zwischen dem Cortex und dem Zwischenhirn, vor allem dessen Hauptgebiet, dem Thalamus. Der Thalamus ist ein wichtiges Sammel- und Koordinationszentrum aller einlaufenden (afferenten) Bahnen, die von Sinnesorganen oder aus dem Körperinnern kommen und im Zwischenhirn „umgeschaltet" werden. An diesen Umschaltstellen, den Synapsen, können Signale aus Umwelt oder Körperinnerem nun weitergeleitet oder abgefangen werden, je nachdem, welche Bedeutung sie haben, und welche Impulse für den Cortex wichtig sind.

Der Thalamus fungiert wie ein Filter, der wichtige Informationen zum Cortex durchgehen läßt, weil sie gerade für ein bestimmtes Denkmuster gebraucht werden, der aber alles andere abfängt, unterdrückt und sehr oft in sogenannter Entlastungsmotorik über andere Kerne abfließen läßt. Das ist eine sehr bedeutsame Funktion des Zwischenhirns, denn würde der Cortex jederzeit mit allen Umweltreizen, denen wir ausgesetzt sind, überflutet werden, so wäre kein einziger zusammenhängender Denkakt möglich.

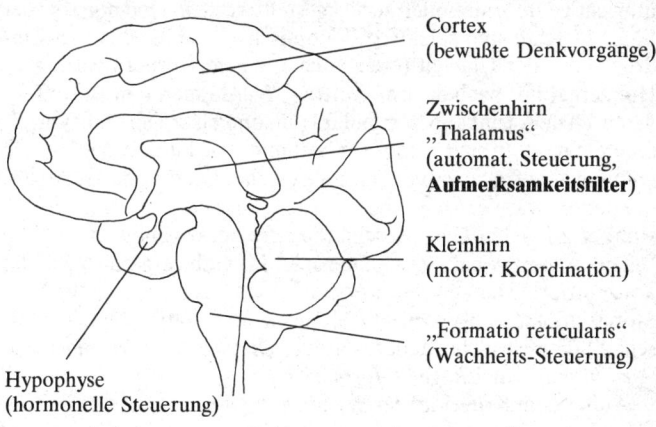

Cortex
(bewußte Denkvorgänge)

Zwischenhirn
„Thalamus"
(automat. Steuerung,
Aufmerksamkeitsfilter)

Kleinhirn
(motor. Koordination)

„Formatio reticularis"
(Wachheits-Steuerung)

Hypophyse
(hormonelle Steuerung)

Aus: Biologie des Menschen von Mörike-Mergenthaler, Verlag Quelle & Meyer, Heidelberg.

131

Es ist bekannt, daß bei einem spannenden Film oder einem schönen Konzert kaum jemand hustet. In dem Moment, da der Film oder die Musik zu Ende sind, husten, räuspern und schneuzen sich die Leute wieder. Neurologisch bedeutet dies, daß der Thalamus, solange der Cortex mit dem Film oder der Musik beschäftigt (darauf „konzentriert") war, nebensächliche Störungen wie Hustenreiz und ähnliches unterdrückt hat. Erst wenn die angespannte Konzentration des Cortex beendet ist, werden wieder die untergeordneten Reize weitergeleitet und damit bewußt.

All dies mag sehr vereinfacht dargestellt sein, in der Erziehungsberatung ist es aber mitunter sinnvoll, solche Zusammenhänge auch Eltern verständlich aufzuzeigen, damit sie sich keinen zu falschen Vorstellungen hingeben. Beispiele wie das folgende können zusätzlich zur Verdeutlichung beitragen. Angenommen, jemand möchte einen hübschen Wintermantel kaufen. Er wandert durch eine Geschäftsstraße, wobei jede Auslage, die Kleidungsstücke und insbesondere Mäntel enthält, seine Aufmerksamkeit auf sich ziehen wird. Es kann jedoch sein, daß er an Uhrengeschäften oder am Zeitungskiosk völlig achtlos vorübergeht, ja, es kann sogar passieren, daß er an einer Nachbarin vorüberläuft, ohne sie zu erkennen und zu grüßen, weil er so in die Mantelsuche vertieft ist.

Das heißt, das Zwischenhirn hat vom Cortex den „Auftrag" erhalten, alle Informationen, die zum Thema Bekleidung und speziell Wintermantel passen, sofort weiterzuleiten, während andere, unwichtige Informationen zurückgestellt werden. Und nun tritt der Filter in Kraft und selektiert die optischen und akustischen Eindrücke aus der Umwelt (oder auch aus dem Körperinnern, z.B. Hungergefühl) nach diesem Auftrag. Würde man den Betreffenden nach dem Einkaufsbummel fragen, ob Pelzkragen auf Wintermänteln modern sind, könnte er bestimmt Auskunft geben, würde man ihn aber fragen, ob Uhren zur Zeit eher Leder- oder Stahlbänder haben, wäre er wahrscheinlich außerstande zu antworten, obwohl er an vielen Uhrengeschäften vorbeigekommen ist.

Dieses funktionale Zusammenspiel im Gehirn ist also für das konzentrierte Denken verantwortlich, indem cortikale Zentren vor Stör-Einflüssen abgeschirmt werden; Konzentration im medizinischen Sinne ist nichts anderes als *gezielte Selektion wichtiger* und *Ausfilterung unwichtiger Information.*

Außer dem Kriterium der Wichtigkeit gibt es noch zwei weitere Gründe für die unverzügliche Weiterleitung von Signalen:

a) wenn sie von starker Intensität sind, und
b) wenn sie Not- oder Warnsignale sind.

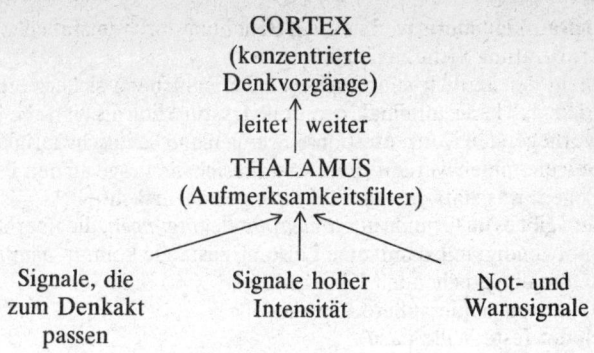

CORTEX
(konzentrierte
Denkvorgänge)

leitet ↑ weiter

THALAMUS
(Aufmerksamkeitsfilter)

| Signale, die zum Denkakt passen | Signale hoher Intensität | Not- und Warnsignale |

Mit zunehmender Reizstärke nimmt die Möglichkeit der Reizabschirmung ab; wer durch eine Geschäftsstraße geht, in welcher aus einem Lautsprecherwagen laute Werbesprüche dröhnen, kann nicht umhin, diese mit anzuhören, auch wenn er auf Mantelsuche ist. Außerdem besteht eine existentiell notwendige Programmierung für die Weiterleitung aller Reize, die Gefahr in irgendeiner Form bedeuten können; wenn hinter dem Mantelsuchenden plötzlich Autoreifen quietschen, dann wird er dessen gewahr werden, auch wenn er in andere Gedanken vertieft ist. Ein schönes Beispiel ist auch die junge Mutter, die im Schlaf das leiseste Wimmern ihres Babys hört, aber ruhig weiterschläft, wenn ein Lastwagen an ihrem Haus vorüberdonnert. Der winzige Notruf wird bis in den Cortex geleitet, obwohl im Schlaf das gesamte Aktivationsniveau des Cortex bis unter die Bewußtseinsgrenze herabgesetzt ist.

Die Konzentrationsfähigkeit eines Menschen ist also abhängig vom intakten Informationsfiltersystem im Zwischenhirn, wenn dies auch nicht den alleinigen Voraussetzungsfaktor beinhaltet. Die hormonelle Funktionalität, kontrolliert durch die Hypophyse, spielt zusätzlich eine wichtige Rolle, indem sie die Geschwindigkeit der Energieverarbeitung im Cortex beeinflußt. Auch die formatio reticularis, das Zentrum, welches den Wachheitsgrad des Cortex reguliert, nimmt Einfluß auf die Konzentrationsfähigkeit, welche sich, wie jeder weiß, mit zunehmender „Müdigkeit" (ist Herabsetzung des Aktivationsniveaus) verschlechtert.

Störungen in all diesen Zentren oder deren Koordination können bewirken, daß zur gleichen Zeit zu viele Störimpulse vom Cortex verarbeitet werden müssen, was zu den *echten* Konzentrationsstörungen im klinischen Sinne führt. Für unsere pädagogischen Überlegungen wollen wir diese echten Konzentrationsstörungen jedoch ausklammern, weil sie einer Behebung durch entsprechende Elternberatung nicht zugänglich sind.

Ist in der ärztlich-neurologischen Untersuchung sichergestellt worden, daß keine minimale cerebrale Dysfunktion als Ursache für die vorliegenden Konzentrationsstörungen und Schulschwierigkeiten angenommen werden kann, so stellt sich die Frage an den Psychologen, was statt dessen die Störungen verursacht.

Nun gibt es im Grunde nur *drei große Bedingungen,* die unerläßlich notwendig sind, damit eine Leistung zustande kommt, nämlich

a) die entsprechenden Fähigkeiten,

b) ausreichende äußere Umstände,

c) der feste Wille dazu.

Lassen Sie mich dies an einem einfachen Beispiel veranschaulichen:

Die gewünschte Leistung sei, daß jemand einen Berg besteigt und den Gipfel erreicht. Zunächst braucht er gewisse Fähigkeiten, vor allem physischer und speziell muskulärer Art: er muß kräftige Beine haben, er muß einen gesunden Kreislauf besitzen, und insgesamt muß der Körper sportlich durchtrainiert sein, damit er nicht auf halber Strecke schon erschöpft ist. Würde man von einer großen Anzahl Menschen Muskeln und Kreislauf prüfen, bekäme man einen gewissen Prozentsatz, welcher geeignet und tauglich wäre, einen Berg zu besteigen. Zusätzlich könnte man auch noch psychische Fähigkeiten wie Ausdauer und Durchhaltevermögen oder Liebe zur Natur in die Eignungsprüfung miteinzubeziehen. Aber die Wahrscheinlichkeit, daß alle diese für geeignet befundenen Leute demnächst einen Gipfel stürmen werden, ist nicht sehr groß, denn wer sagt uns, ob sie überhaupt – wollen?

Wer nicht auf den Berg gehen *will,* wird dies nicht tun, auch wenn er es von seinen Fähigkeiten her *könnte.* Es wird also weder der auf den Berg gelangen, der gerne möchte, dessen Beine aber zu schwach sind, noch wird der auf den Berg gelangen, der kräftige Beine hat, aber nicht den geringsten Wunsch nach Bergsteigen verspürt.

Ganz ähnlich ist es auch mit dem Lernverhalten, und das ist der Grund, warum die Testergebnisse, die wir Psychologen über ein Kind erstellen, selten zu den tatsächlichen Schulleistungen passen. Denn wir können nur feststellen, ob ein Kind *fähig* ist, ein bestimmtes Lernpensum zu bewältigen, aber ob das Kind auch *den Willen dazu hat,* das ist eine andere Sache.

Man soll den Willen des Menschen nicht unterschätzen, er ist eine unglaublich starke Kraft, wie wir aus der Logotherapie wissen, ja er ist im Zweifel die stärkere Kraft. Es gibt zahllose Beispiele dazu, daß der Wille allein Menschen zu Leistungen befähigt hat, denen sie von ihren Kräften her kaum gewachsen waren. Im Zweifel wird also der Schwächere, der den Berg um jeden Preis erklimmen möchte, eher den Gipfel unter höchster Anstrengung erreichen, als der Stärkere, der ohne Lust und großes Interesse am Berg dahinspaziert!

Fähigkeiten und Motivation liegen im Menschen selbst, es kommt aber zu jeder Leistung noch eine äußere Variable hinzu: und zwar muß ein Mindestmaß an *äußeren Durchführungsmöglichkeiten* gegeben sein. In unserem Beispiel wird keiner den Gipfel erreichen, wenn er nicht wenigstens Bergschuhe hat, er wird ihn auch nicht erreichen, wenn ein Schneesturm über den Gipfel rast, oder wenn er keine Wanderkarten und Weginformationen besitzt.

Das bedeutet, sowohl Kraft als auch Wille reichen nicht aus, wenn die äußeren Umstände „einen Riegel vorschieben". Und genauso kann ein Kind trotz Fähigkeiten und bester Absichten keinen hinreichenden schulischen Erfolg haben, wenn es keine Bücher und Unterlagen hat, wenn es keine Ruhe bei der Arbeit und keine Zeit zum Lernen hat, oder wenn ihm bereits am Vormittag die Augen vor Müdigkeit zufallen. Oder wenn zu Hause ununterbrochen Zank und Streit ist, und das Kind in die emotionalen Auseinandersetzungen der Erwachsenen brutal hineingezogen wird.

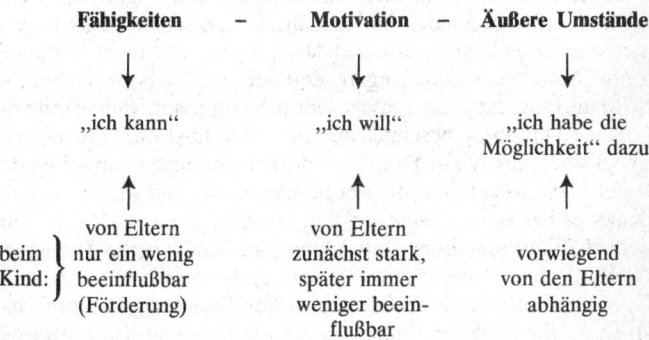

Voraussetzungen für das Zustandekommen
menschlicher Leistungen:

Fähigkeiten	–	Motivation	–	Äußere Umstände
↓		↓		↓
„ich kann"		„ich will"		„ich habe die Möglichkeit" dazu
↑		↑		↑

	Fähigkeiten	Motivation	Äußere Umstände
beim Kind:	von Eltern nur ein wenig beeinflußbar (Förderung)	von Eltern zunächst stark, später immer weniger beeinflußbar	vorwiegend von den Eltern abhängig

Wenn Leistungsstörungen beim Kinde vorliegen, müssen die Eltern nicht immer gleichermaßen beteiligt sein: Am meisten Verantwortung tragen sie für die äußeren Umstände der Lernsituation des Kindes, welche sie weitgehend bestimmen, am wenigsten Verantwortung tragen sie für die (angeborenen) Fähigkeiten des Kindes, die sie akzeptieren müssen. Wenn wir aber genauer nachschauen, welche Störungen den drei Bereichen zutiefst zugrunde liegen, dann geht uns eine Erkenntnis auf, die sich mit den grundlegenden Erkenntnissen der Logotherapie deckt, nämlich daß in letzter Instanz die *Motivation von Eltern und Kind* selbst Träger des gesamten Leistungsprozesses und eine *gestörte Motivation von Eltern oder Kind* somit Ursache der Leistungsstörungen ist.

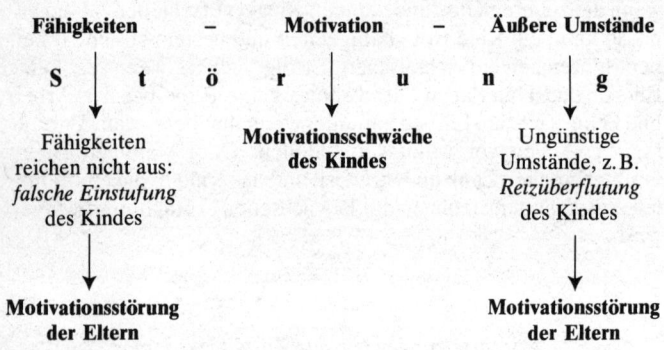

Störungsschema im Leistungsbereich

Fähigkeiten – **Motivation** – **Äußere Umstände**

S   t   ö   r   u   n   g

Fähigkeiten reichen nicht aus: *falsche Einstufung* des Kindes	**Motivationsschwäche des Kindes**	Ungünstige Umstände, z. B. *Reizüberflutung* des Kindes

Motivationsstörung der Eltern   **Motivationsstörung der Eltern**

Falsche Einstufung, Motivationsschwäche und ungünstige Reizüberflutung des Kindes führen nahezu zum selben Ergebnis wie echte Konzentrationsstörungen. Das Kind ist nicht mehr imstande, seine Aufmerksamkeit längere Zeit auf eine Sache zu lenken, es wird unruhig, zappelig, nervös, läßt sich von jeder Kleinigkeit stören, wird mutlos, gibt schnell auf, hat keine Lust weiterzumachen, reagiert aggressiv auf Drängen und Ermahnungen von seiten der Eltern und drückt sich vor dem Lernen, so oft und so gut es kann. Kurz: es hat *keine Freude mehr* an seiner eigenen Arbeit. Es gibt jedoch für die schulische Entwicklung des Kindes nichts Hemmenderes als dies, daß das Kind keine Freude mehr hat.

Meine umfassende Erfahrung in der Erziehungsberatung hat mich gelehrt, daß fast immer, wenn die fehlende Konzentration von Kindern im Elterngespräch auftaucht, wenigstens eine der drei Störungsursachen nachweisbar vorhanden ist: falsche Einstufung, Motivationsschwäche oder Reizüberflutung des Kindes. Sucht man nach den Ursachen falscher Einstufung oder Reizüberflutung, dann gelangt man wieder zu einer Motivationsschwäche, diesmal allerdings bei den Eltern. Somit ist in jedem Falle eine Motivationsstörung die zutiefst liegende Ursache, und forscht man wiederum nach deren Begründung, so kommt man nicht mehr weiter, weil es bei der menschlichen Motivation kein auflösbares „Dahinter" mehr gibt. Eine Störung in der Motivation, ob beim Kind oder bei den Eltern, ist eine *Basisstörung,* wie wir sie erst dank der Logotherapie richtig verstehen können, nämlich eine Störung im Bereich jener essentiellen menschlichen Fähigkeit, die Frankl mit „der Wille zum Sinn" bezeichnet. Wer die Motivation als Grundsubstanz des geistigen Lebens anzweifelt und Ursachen für Motivation und Motivationsstörungen sucht, der sucht zugleich Determinanten unseres Seins, er baut die Theorie des Determinismus auf, die wir eigentlich überwinden wollen. Denn *hat der Mensch eine abhängige Motivation, dann hat er keine,* ist er nicht „Herr seines Willens", ist er „Untertan seiner Bedingungen".

Sehen wir uns nun die drei Störungskategorien im einzelnen näher an:

1. Ungünstige Umstände, Reizüberflutung

Es ist wohl einsichtig, daß am Arbeitsplatz Ruhe herrschen muß, wenn ein Kind sich auf seinen Lernstoff konzentrieren soll. Fast scheue ich mich, solche Selbstverständlichkeiten niederzuschreiben, doch habe ich vor kurzem erst von einer Untersuchung gelesen, nach welcher 2/3 aller Kinder ihre Aufgaben bei Schlagermusik machen sollen, und es bleibt nur zu hoffen, daß diese Angaben etwas übertrieben sind. Gerade aus dem Wissen um das Zusammenspiel der verschiedenen Zentren des menschlichen Gehirns ist leicht ableitbar, daß Denkprozesse durch den ständigen Einfluß von Störreizen empfindlich gestört werden müssen. Es ist ganz und gar unmöglich, daß einströmende Signale von lauter Musik, Straßenlärm, Gekreisch und Gekicher von Geschwistern oder lautstarkem Geschimpfe der Eltern im Zwischenhirn ausgefiltert werden könnten, damit der Cortex für die Konzentration auf die Schularbeiten freigehalten wird. Eine starke, permanente Reizanflutung bedeutet praktisch eine Überbeanspruchung des Aufmerksamkeitsfilters im Zwischenhirn, sie dringt ein zum Cortex, stört dort die bewußten Denkprozesse und vor allem die Einprägung von

Lernmaterial, und fließt schließlich meist über zusätzliche Motorik ab. Das ergibt dann die Nervosität, das Zappeln und die Unruhe solcher Kinder, wobei diese Unruhebewegungen neuerliche Störreize zum Gehirn signalisieren. Hierher gehört auch die altbekannte Tatsache, daß mit zunehmender Schülerzahl in einer Schulklasse die allgemeine Aufmerksamkeit der Schüler während des Unterrichts absinkt, weil eben 40 Schüler mehr Störreize produzieren als 20 Schüler.

Im Grunde geht es jedoch nicht nur um die kurze Spanne Zeit, in welcher gelernt wird oder Aufgaben gemacht werden. Die Reizüberflutung ist viel mehr als nur eine Störung am Arbeitsplatz, sie ist schon fast eine *Krankheit unserer Zeit!*

Beobachten Sie einmal Kinder bei einer Tätigkeit, beobachten Sie auch sich selbst! Mir fällt immer wieder auf (z.B. wenn ich eingeladen bin), daß eine Familie abends beim Essen sitzt, der Fernseher läuft, und man spricht auch noch miteinander. Das sind drei verschiedene Funktionen, die vom Gehirn aus gesteuert werden müssen, und das geht nur, indem alles etwas oberflächlich geschieht, auf Kosten der Hingabe, oder auch der – Konzentration. Man wird weder das Essen besonders genießen können, noch wird man vom Fernsehfilm allzuviel mitbekommen, noch wird man imstande sein, ein besonders nettes Gespräch zu führen; im Grunde findet dieses Abendessen bereits unter dem Aspekt einer Reizüberflutung statt.

Natürlich könnte man einwenden, daß es nicht so wichtig ist, daß Kinder das Essen bewußt genießen, ein sehr geistreiches Gespräch führen oder den Film in allen Details mitbekommen, aber das Gefährliche ist, daß sie sich an diese oberflächliche und wenig intensive Lebensart *gewöhnen.* Sind Kinder heute noch imstande, nur zuzuhören, etwa einem Musikstück zu lauschen, den Klang zu genießen, der Aussage der Musik nachzusinnen, ohne gleichzeitig etwas anderes zu tun? Sind Kinder noch imstande, durch den Wald zu spazieren und einfach nur diese Wanderung zu genießen, zu schweigen, auf die Stimme des Waldes zu hören, auf die Blumen am Wegrand zu achten, nichts sonst –? Können sie wenigstens noch richtig spielen, ein Spiel von Anfang an bis zum Ende durchführen, ganz darin versunken, so daß sie kaum etwas ringsum wahrnehmen?

Wenn Eltern wollen, daß sich ein Kind bei der Arbeit, beim Lernen konzentrieren kann, dann müssen sie auch dafür sorgen, daß sich das Kind in der Freizeit, also auch beim Spiel, voll konzentrieren kann.

Es sollte dem Kinde zur Gewohnheit werden, sich einer Sa
ganz zu widmen, und nicht sich drei oder vier Dingen zur gleichen
Zeit oberflächlich zu widmen. Wenn ferngesehen wird, dann soll
nur ferngesehen werden, und zwar vom Anfang an bis zum Schluß
einer Sendung und nicht mittendrin, und nicht ein wahlloses Pro-
gramm, sondern ausgesuchte Sendungen. Wenn gespielt wird,
dann soll das Kind ungestört spielen und das Spiel auch zu einem
Ende bringen, nicht eines nach dem anderen beginnen und zur
Seite legen. Wenn Eltern dies beobachten, ist es wichtig, daß sie
sich die Zeit nehmen und mitspielen, wobei sie Hilfen geben können, um das angefangene Spiel zu einem befriedigenden Ende zu
führen. Was das Kind den Eltern abschauen muß, das ist die *Hingabe an eine Sache,* was immer es ist, die Fähigkeit, sich zu engagieren, sich zu vertiefen, sich zu konzentrieren. Hier stoßen wir auf
eine entscheidende logotherapeutische Erkenntnis: Die Selbst-
Transzendenz muß bereits im Kindesalter geweckt und gefördert
werden!

Aber nun kommen die großen Einwände in der Erziehungsberatung: Eltern sind heute vielfach in ihrer Erziehungsaufgabe
überlastet und dadurch gezwungen, mehrere Dinge gleichzeitig zu
tun. Mütter, die spät abends nach Hause kommen, müssen zugleich
Abendessen kochen, Schularbeiten nachsehen und mit den Kindern sprechen, sie sind müde und können alles nur schnell
und unter Hast und Druck machen. Damit kommt große Unruhe
und gefährlicher Unfriede in die Familie, und die Kinder verlieren
das wichtigste Vorbild, nach dem sie sich richten sollten, um ruhig
und konzentriert ihre Arbeit zu erledigen. Je mehr Überlastung der
Eltern, desto mehr Unruhe in der Familie, und je mehr Unruhe in
der Familie, desto weniger können die Kinder konzentriertes Verhalten annehmen.

Die Überlastung unserer Eltern ist sehr oft eine einseitige; es
wird ihnen ein sinnloser Streß abgefordert, während ihnen andererseits sinnvolle Aufgaben und Ziele fehlen. Solche Überlastung
ist nicht durch ein Mehr an Freizeit, sondern nur durch ein Mehr
an Sinnerfüllung zu kompensieren. Die Frustrationen durch Überlastung und durch Unterforderung liegen sehr eng nebeneinander
und zeigen vielfach ähnliche Störungsbilder: erschöpfte Eltern
lassen sich am Wochenende gehen, völlig entlastete Personen wissen mit ihrer Freizeit nichts anzufangen. Nahezu jede Mutter und
auch sehr viele Väter, die eine Erziehungsberatungsstelle aufsu-
chen, klagen darüber, selbst erholungsbedürftig, unglücklich,
übernervös und am Ende ihrer Kräfte zu sein. Wenn den Erwach-

senen die innere Ruhe fehlt, dann können sie von ihren Kindern kein ruhiges und konzentriertes Verhalten verlangen.

Ich bin nicht überzeugt davon, daß man sich vom Trend der Zeit immer und überall mitreißen lassen muß. Man sollte sich ein Stück innere Ruhe bewahren, und wenn es sein muß, über einen Verzicht auf etwas anderes. Denn wenn hoher Verdienst, hoher Lebensstandard und Zweitwagen auf Kosten von Gesundheit und Kindern gehen, dann ist der Preis zu hoch gewesen. Der menschliche Organismus, speziell das vegetative Nervensystem und der Kreislauf, sind nicht bestimmt für ein Übermaß an Hektik und Simultanbelastung, deswegen kann man den Eltern guten Gewissens sagen: Wenn es ihnen gelingt, die enorme Reizüberflutung der heutigen Zeit wenigstens aus dem Familienleben zu verbannen und statt dessen eine Insel der Ruhe und Zusammengehörigkeit aus ihrem Zuhause zu machen, dann haben sie schon den wichtigsten Schritt zur Behebung der Konzentrationsstörungen ihrer Kinder getan.

Außer der Reizüberflutung gibt es auch noch andere ungünstige äußere Umstände, die die Leistungsfähigkeit der Kinder hemmen, wie kaputte Ehen, Desinteresse der Eltern, schlechter Arbeitsplatz, falsche Ernährung usw. Es ist jedoch typisch für unsere Wohlstandsgesellschaft, daß nicht Mangelerscheinungen (fehlende Schulsachen, fehlende Zeit zum Lernen) das Bild der negativen äußeren Faktoren bestimmen, sondern ein *Zuviel* (Reizüberflutung) zum zentralen Störfaktor wird. Ist dieses Zuviel nicht auch eine der stärksten Wurzeln der „existentiellen Frustration", nämlich das Zuviel an Freizeit, Arbeitsentlastung und materiellen Gütern?

2. Fähigkeiten reichen nicht aus: falsche Einstufung des Kindes

Ich habe absichtlich „falsche Einstufung" und nicht „Überforderung" gesagt, um die Mißverständnisse, die auf diesem Gebiet der Pädagogik herrschen, nicht noch zu vergrößern. Denn auf keinem Gebiet der Pädagogik gibt es so unterschiedliche Meinungen wie auf diesem.

Es ist oft darauf hingewiesen worden, aber vielleicht soll es noch einmal geschehen: der Intelligenzquotient ist *kein* wesentliches Kennzeichen des Menschen, er ist nichts als ein Durchschnittsmaß einiger Fähigkeiten, und seine Aussage beschränkt sich auf eine geschätzte Obergrenze der intellektuellen Kapazität.

Hat zum Beispiel ein Kind einen Intelligenzquotienten von 70, dann bedeutet dies, daß es den normalen Schulweg aller Voraussicht nach nicht durchlaufen können wird, hat es aber einen Intelligenzquotienten von 130, dann steht nirgends geschrieben, daß es nicht in der Schule versagen wird. Erinnern Sie sich an unser Beispiel vom Bergsteiger: Wenn er nicht will, werden ihn die kräftigsten Beine nicht auf den Gipfel tragen.

Was also für den Schulerfolg eines Kindes maßgeblich ist, das ist seine *Motivation* und nicht sein Intelligenzquotient, dieser setzt nur eine gewisse Höhe als Mindestvoraussetzung fest.

Noch weniger Zusammenhang bezüglich des Intelligenzquotienten gibt es bei speziellen Arbeitsgebieten, denn es kann jemand mit einer sehr durchschnittlichen Intelligenz auf einem Fachgebiet eine hohe Begabung haben und auf diesem Gebiet daher überaus leistungsfähig und erfolgreich sein, und genausogut kann jemand trotz hoher Allgemeinintelligenz in einem bestimmten Fachgebiet versagen, weil ihm dieses eben nicht liegt oder ihn nicht freut.

Was den Menschen kennzeichnet, ist nicht sein Intelligenzquotient, sondern allenfalls sein *Begabungsprofil*.

Nun, wir leben in einer Zeit des Kollektivismus: was alle haben, muß man selber auch haben, was alle tun, möchte man selber auch tun, die Gruppe dominiert und der Individualist ist Außenseiter. In Wirklichkeit ist der Mensch aber kein Kollektivwesen, und das drückt sich aus in seinem individuellen Begabungsprofil.

Für ein solches Begabungsprofil gilt der Satz:

$$\text{Eignung oder Fähigkeit} = \text{Begabung (angeboren)} + \text{Trainingsmenge (erlernt)}$$

Da es unmöglich ist, Begabung und Trainingsmenge gesondert zu messen, bezieht sich das Begabungsprofil immer auf beides und müßte daher eigentlich „Eignungsprofil" heißen, doch der Ausdruck „Begabungsprofil" hat sich mittlerweile so eingeschliffen. Wird also zum Beispiel ein junger Mensch von 16 Jahren auf seine sprachlichen Fähigkeiten untersucht, so wird seine anlagenmäßige Sprachbegabung und zugleich die gesamte sprachliche Förderung oder Nichtförderung, die er in seinem 16jährigen Leben erfahren hat, gemessen, beides mischt sich zum gegenwärtigen Sprachstand und Sprachschatz.

Werfen wir einen Blick auf ein durchschnittliches Begabungsprofil:

Die Anzahl der Faktoren, welche man für ein Begabungsprofil wählt, kann unterschiedlich sein, da jeder Begabungsbereich wie-

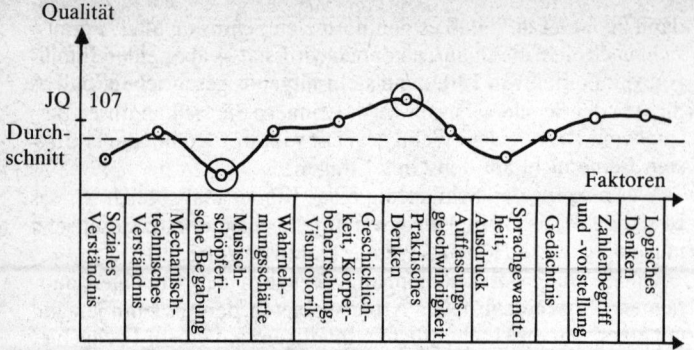

der neu unterteilbar ist. So läßt sich der sprachliche Bereich wie in obiger Zeichnung zu einem Faktor zusammenfassen oder auch in „verbales Gedächtnis", „Wortflüssigkeit" und „Ausdrucksfähigkeit" untergliedern.

In der psychologischen Fachliteratur gibt es Begabungsmodelle mit 10 Faktoren bis hin zum Guilfordschen Modell mit 120 Faktoren, aber das ist nur ein Einteilungsproblem. Grundsätzlich ist eines wichtig: Nicht alle Begabungsbereiche bilden sich gleichermaßen in den Schulleistungen ab. Zum Beispiel „Praktisches Denken", „Musische Begabung" oder „Soziales Verständnis" kommen gewöhnlich in der Schule nur am Rande zum Tragen, wohingegen der numerische und verbale Bereich sowie Gedächtnisleistungen für Noten und Schulaufstieg sehr viel wichtiger sind.

Ein Kind mit dem abgebildeten Begabungsprofil wird vermutlich im Zeichnen, Malen oder Musizieren nicht gerade hervorragend sein, dafür könnte es in Mathematik und vielleicht auch in Physik (praktisches Denken!) gute Leistungen erbringen. Auch im Turnen wird es ganz gut sein, wohingegen es in Deutsch oder Englisch etwas kämpfen dürfte. Das alles sind sinnvolle Überlegungen, rechnet man jedoch das Gesamtprofil in den Intelligenzquotienten um, welcher im obigen Beispiel bei IQ = 107 liegen mag, so erhält man einen wenig aussagekräftigen Durchschnittswert.

Wie jeder Mensch sein individuelles Gesicht und seinen individuellen Körperbau hat, so hat auch jeder sein individuelles Begabungsprofil, welches genauso Wachstum und Veränderungen offensteht, wie eben Körper, Psyche und Geist überhaupt. Es ist anzunehmen, daß die Rindenfelder des Cortex von Mensch zu Mensch unterschiedliche Entwicklungen aufweisen und daß sich darin organische Substrate der unterschiedlichen Begabungspro-

142

file erkennen lassen. Wie so mancher längere Zeit tauchen kann, weil er einen starken Brustkorb besitzt und ein anderer dafür auf weite Entfernung gut lesen kann, weil er scharfe Augen besitzt, und wie Brustdehnung und Augenschärfe bis zu einem gewissen Grad trainierbar sind, so mag es sich auch mit den Zentren und Rindenfeldern des Cortex verhalten, von deren unterschiedlicher Struktur und Zuständigkeit man heute schon etwas mehr weiß als bis vor kurzem.

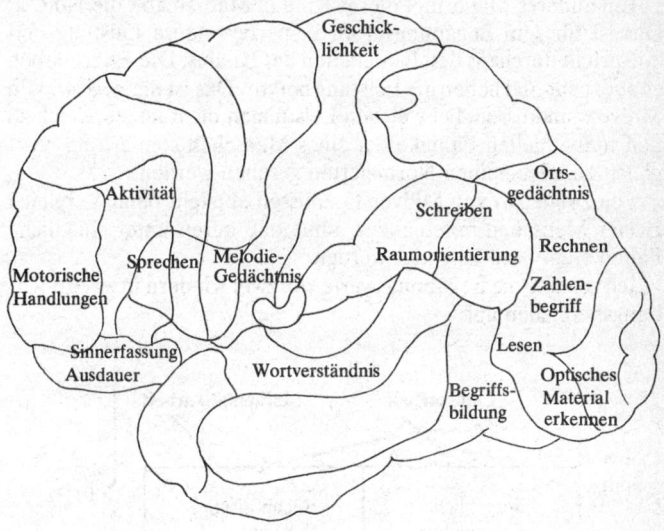

Aus: Biologie des Menschen von Mörike-Mergenthaler, Verlag Quelle & Meyer, Heidelberg.

Bei einem durchschnittlichen, normalen Begabungsprofil findet sich fast immer irgendwo eine größere Begabungsschwäche und irgendwo auch mindestens ein Begabungsschwerpunkt. Es gibt keinen Menschen, der nicht auf *einem* Gebiet befähigt wäre, es sei denn, das ganze Gehirn ist in Mitleidenschaft gezogen, aber selbst bei Sonderschülern und Lernbehinderten habe ich immer auch Bereiche gefunden, in denen schöne Leistungen erbracht werden konnten, wenn sie nur erkannt und gefördert wurden.

Aber leider gibt es große Mißverständnisse bei der Beurteilung von kindlichen Leistungen, insbesondere Schulleistungen. Blicken wir noch einmal auf das aufgezeichnete Begabungsprofil zurück: angenommen, dieses Kind bringt in Englisch die Note 3, also eine Durchschnittsnote. Das ist für dieses Kind eine hervorragende Leistung, denn das bedeutet, daß es so viel geübt und gelernt hat, daß ihm sogar eine bessere Leistung gelungen ist, als sie eigentlich seinen Fähigkeiten entspricht. Die Eltern aber rümpfen vielleicht die Nase und fragen, warum es nichts Besseres zuwege brachte.

Ein anderes Mal bringt dieses Kind in Mathematik die Note 2. Das ist für sein Begabungsprofil keine besondere Leistung und entspricht durchaus den Fähigkeiten des Kindes. Die Eltern loben es aber sehr und heben die Leistung hervor. Das ist die *eine Art* von Mißverständnissen, bei welchen Leistungen nicht im Vergleich zu den individuellen Fähigkeiten eines Menschen sondern im Vergleich zu allgemeinen Normwerten gesehen werden.

Die *zweite Art* von Mißverständnissen entsteht beim Vergleich zweier Menschen miteinander, ohne daß deren unterschiedliche Fähigkeiten berücksichtigt werden.

Ich zeichne die Begabungswerte von zwei Kindern in zwei Begabungsbereichen auf:

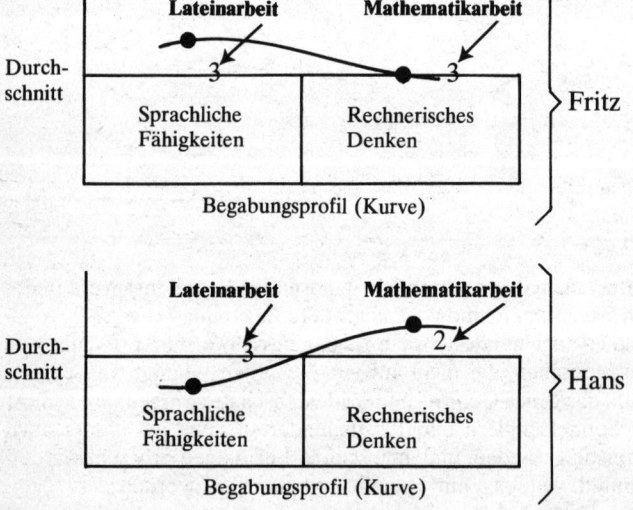

144

Fritz bekommt in der Mathematik-Klassenarbeit die Note 3, Hans die Note 2. Fritz hat eine seinen Fähigkeiten entsprechende Leistung erzielt, Hans hingegen ist etwas oberflächlich gewesen, denn bei seinen Fähigkeiten hätte er leicht die Note 1 bekommen können. Die Mutter von Fritz sagt: „Schau dir doch deinen Freund, den Hans, an, der hat eine bessere Note als du bekommen!"

Dann bringen beide Kinder ihre Lateinarbeit mit der Note 3. Für Fritz ist das sehr schade, es wäre nicht nötig gewesen. Für Hans ist das eine extrem gute Leistung. Die Mutter von Fritz sagt: „Naja, dein Freund hat auch die Note 3, mehr kann man nicht verlangen, Latein ist schließlich ein schweres Fach!"

Wir müssen also stets bedenken: Die *echte Leistung* eines Kindes in der Schule kann nur in bezug zu seinem Begabungsprofil gemessen und gewertet werden! Ebensowenig kann man gleiche Ergebnisse zweier Kinder mit unterschiedlichen Begabungsprofilen ohne weiteres vergleichen (Mißverständnis zweiter Art!), noch kann man die unterschiedlichen Leistungen ein und derselben Person in verschiedenen Fächern miteinander vergleichen (Mißverständnis erster Art!).

Eine echte menschliche Leistung wird dort erbracht, wo sie etwas *höher* liegt, als sie den eigentlichen Fähigkeiten entspricht – dort, wo die „Trotzmacht des Geistes" mobilisiert wird, wie der Logotherapeut es formulieren würde, wo Wille und Motivationskraft triumphieren über Schwäche und Behinderungen. Wenn jemand ein gelähmtes Bein hat und eine Strecke von 2000 m durchschwimmt, so ist das zweifelsohne die höhere Leistung, als wenn ein Spitzensportler eine Strecke von 8000 m durchschwimmt. Im körperlichen Bereich erscheint es uns selbstverständlich, aber im psychischen und geistigen Bereich ist dieses Denken vielfach ungewohnt. *Leistung ist immer Leistung in Relation zu den gegebenen Fähigkeiten!*

Und jede Leistung, die nur ein wenig über dem durch Umstände und Anlagen Bedingten liegt, muß als solche anerkannt werden, in der Psychotherapie wie in der Pädagogik, denn sie ist Zeugnis dafür, daß der Mensch über seine eigenen Bedingungen hinauswachsen kann.

Selbstverständlich kann sich die Schule nicht nach dieser individuellen Bewertung richten, der Lehrer ist gezwungen, das gleiche Maß an alle Schüler anzulegen. Gleiche Fehler ergeben gleiche Noten, ob der Schüler auf diesem Gebiet begabt ist oder nicht. Die Note 1 im Zeugnis bedeutet auch nur, daß das Stoffgebiet beherrscht wird, ob dem Kind diese Note auf Grund einer außerordentlichen Begabung „zugeflogen" ist, oder ob es die Note bei mittlerer Begabung durch besonderen Fleiß und Ausdauer erworben hat – was ja die größere menschliche Leistung bedeutet –, spielt keine Rolle dabei.

Noch eines kann die Schule nicht: Sie kann den Kindern hinsichtlich ihrer extremen Begabungen nicht helfen. Weder ist sie in der Lage, auf besondere Schwächen Rücksicht zu nehmen (der Lehrer kann nicht wegen einzelner Schüler den Lernstoff dreifach wiederholen), noch kann in der Schule auf besondere Begabungsschwerpunkte eingegangen werden (was soll der einfache Musiklehrer mit einem kleinen Mozart in der Klasse anfangen?). Die Schule kann demgemäß einen Lehrplan bieten, der den annähernd *durchschnittlichen Fähigkeiten* der Schüler gerecht wird und entspricht.

Die *Extreme* im Begabungsprofil des Kindes sind dagegen der Verantwortung der Eltern überlassen. Ich halte es für eine *schwerwiegende Verpflichtung* der Eltern, sich um diese Extrembegabung der Kinder zu kümmern, es wird auch in der Erziehungsberatung immer wieder davon gesprochen, nur leider meist einseitig.

Wenden wir uns zunächst dem unteren Extrem, der *Begabungsschwäche* zu: Irgendwo hat jeder von uns seine Begabungsschwäche. Es gibt zwar sogenannte Allround-Künstler, die nahezu alles fertigbringen, aber im großen und ganzen könnte man fast jeden auf einen Platz im Leben stellen, auf dem er versagt. Nur, der Erwachsene meidet tunlichst die Gelegenheiten, die ihm solche Versagenserlebnisse vermitteln könnten. Eine junge Hausfrau, die sich beim Kochen nicht ganz sicher fühlt, wird nicht gerade häufig Parties mit vielen zu bewirtenden Gästen veranstalten, oder ein Mann, der technisch unbegabt ist, wird nicht gerade versuchen, seine Autoreparaturen selbst zu machen und seine Wohnungseinrichtung selbst zu bauen. Das Schulkind hingegen kann dem Fach, für welches seine Eignung schwach ist, nicht entkommen, es muß sich sogar der Konkurrenz der durchschnittlich und überdurchschnittlich begabten anderen Kinder stellen.

Davon abgesehen ist es auch möglich, daß ein Kind in *mehreren* Bereichen leistungsschwach ist, dann sieht sein Begabungsprofil im Vergleich zum Klassendurchschnitt folgendermaßen aus:

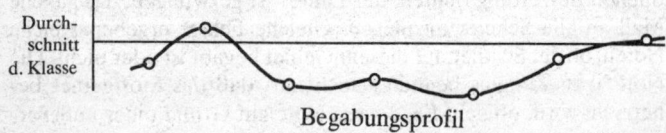

Durch-
schnitt
d. Klasse

Begabungsprofil

Bei einem solchen Begabungsprofil hat es keinen Sinn, die Schwächen durch Nachhilfen ausgleichen zu wollen, das Kind ist falsch eingestuft, es ist in der falschen Schule. Der in dieser Schule von ihm erwartete und genormte Durchschnitt liegt für dieses Kind zu hoch, es muß versagen, und zwar auf der ganzen Linie. Wird es umgeschult in einen Schultyp, der geringere Anforderungen an seine Leistungskapazität stellt, so sinkt der genormte Klassendurchschnitt, und das Begabungsprofil des Kindes schwankt wieder gleichmäßig um die Durchschnittslinie.

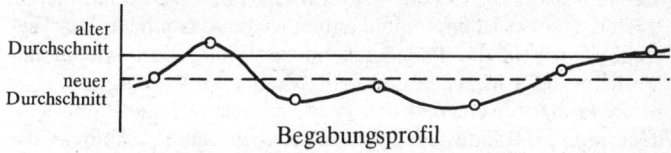

Begabungsprofil

Anders ist es, wenn es sich – wie oft beim normalen Durchschnitts-Begabungsprofil – um eine *einzige* Begabungsschwäche handelt. Es wäre schade, wenn deswegen der weitere Lebensweg des Kindes gefährdet wäre, daher ist in diesem Falle gezielte Nachhilfe und Förderung durchaus sinnvoll. Da man in der Gleichung:

Eignung = Begabung + Trainingsmenge

nicht die angeborene Begabung, sehr wohl aber die Trainingsmenge erhöhen kann, läßt sich die Eignung auf einem speziellen Gebiet so weit anheben, daß aus der Begabungsschwäche keine schwerwiegenden Folgen erwachsen müssen, wie zum Beispiel die Legasthenie-Therapie immer wieder zeigt. Voraussetzung dafür ist allerdings eine positive Motivation bei Kind und Eltern, und ein Beschränken der jeweiligen Trainingsmenge auf kleine und sinnvolle Einheiten, die das Kind nicht überlasten.

Die vielzitierte Überforderung findet meist hinsichtlich Begabungsschwächen statt, die entweder nicht richtig erkannt oder nicht richtig interpretiert worden sind.

Weniger oft zitiert wird die Möglichkeit einer Unterforderung von Kindern hinsichtlich ihrer *Begabungsschwerpunkte*. Denn genauso, wie jeder gewisse Schwächen hat, hat auch jeder Mensch seine besonderen Fähigkeiten, aus denen bei entsprechender Förderung hochwertige Leistungen entspringen können, welche letztlich Selbstbewußtsein, Lebensmut, Erfolgserleben und persönliche Erfüllung mitbestimmen. Wenn ich vergleiche, was Eltern alles unternehmen, um die Leistungsschwächen ihrer Kinder zu kompensieren, und was sie andererseits an Talenten und Befähigungen bei Kindern vernachlässigen, weil diese Begabungen nicht zum Plansoll der Schule gehören, dann muß ich eine traurige Bilanz ziehen. Hunderte von Eltern bestürmen die Erziehungsberatungsstellen mit der Frage, wie sie Leistungen ihrer Kinder anheben können, die zu wünschen übrig lassen, und kaum jemand kommt mit der Frage, wie er die Interessen und Begabungen des Kindes zu beglückenden Lebensinhalten führen könne. Und doch sind es die Begabungsschwerpunkte, die zu späteren persönlichen Lebenszielen am meisten beitragen, und nicht die Begabungsschwächen, die im späteren Leben sowieso eine untergeordnete Rolle spielen. Aber es ist immer und immer wieder dasselbe, in der Psychologie wie in der Pädagogik, in der Philosophie wie in der Medizin: die Schwächen und Fehler stehen im Vordergrund aller Betrachtungsweisen, und das Positive, Gesunde und Gute wird höchstens am Rande registriert. Wir haben eine Psychologie, die sich fast ausschließlich mit der Charakterisierung von Unzulänglichkeiten und Krankhaftem befaßt, und wir haben eine Pädagogik, die auf Anpassung und Kompensation ausgerichtet ist. Ist denn das *Positive im Menschen* keiner Beachtung wert? Erst die Logotherapie mußte entwickelt werden, um die Wissenschaftler daran zu erinnern, daß es auch gute Anlagen und gesunde Kräfte im Menschen gibt, daß menschliche Fähigkeiten und menschliche Leistungen unsere Anerkennung verdienen, und nicht zuletzt, daß die Pädagogik mit den vorhandenen Begabungen, Interessen und Motiven mehr aus unseren jungen Menschen machen könnte, als sie mit ihren genormten Lehrplänen und Kompensationsprogrammen je erreichen wird.

In der Praxis sind jene Kinder, die auf einem Fachgebiet begabt sind, keineswegs identisch mit jenen Kindern, die auf diesem Fachgebiet gefördert werden. Das läßt sich graphisch folgendermaßen veranschaulichen:

alle Kinder einer Altersgruppe

ein gewisser Prozentsatz davon ist z. B. technisch begabt

ein gewisser Prozentsatz davon wird von den Eltern auf technischem Gebiet gefördert

nur die Kinder, die beiden Prozentsätzen angehören, haben gute Chancen, sich zu hochwertigen technischen Spitzenkräften zu entwickeln

Nur bei einem geringen Prozentsatz trifft Begabung und Förderung zusammen. Die Kinder in der Zeichnung rechts vom doppelt schraffierten Mittelstreifen werden *teilweise überfordert,* weil eine höhere Leistung von ihnen verlangt wird, als sie begabungsmäßig erbringen können, und bei den Kindern links davon wird eine gute Begabung nicht ausgenützt, übersehen, „verschüttet", es findet eine *sinnlose Unterforderung* statt. Viele Menschen glauben, daß Begabung auch ohne Förderung ihren Weg findet, doch ist dies heute in unserer technisierten Welt mit ihrem Konkurrenzkampf um Superlative nicht so leicht. Auch geht es nicht um die „Ausbeutung" von Talenten, sondern um die Lebensfreude, die bei der Verschüttung von Begabungen verlorengehen könnte.

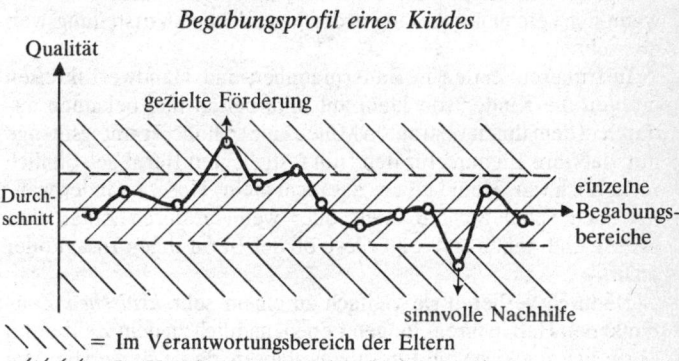

Begabungsprofil eines Kindes

\\\\\ = Im Verantwortungsbereich der Eltern
//// = Im Verantwortungsbereich der Schule

Eltern sagen oft, daß es für das Durchlaufen der Schule keinesfalls wichtig ist, besondere Begabungsschwerpunkte der Kinder speziell zu fördern, im Gegenteil, daß eine solche Förderung eine zusätzliche Belastung zum Schulbetrieb darstellt. Gewiß ist es richtig, daß es die Belastung der Familie erhöht, wenn das Kind außerhalb der Schule auch noch im Schwimmverein ist, am Bastelkurs der Volkshochschule oder beim Kirchenchor teilnimmt. Andererseits können gerade durch solche zusätzlichen begabungsadäquaten Engagements Weichen fürs ganze Leben gestellt werden, sogar fürs spätere Berufsleben.

Es ist eine Tatsache, daß heute viele Kinder lange herumsuchen und herumprobieren, ehe sie den ihnen zusagenden Beruf gefunden haben. Selbst im günstigsten Falle, daß nämlich in der Schule immer alles gut lief (was bedeutet, daß keine Begabungsschwächen in den für die Schule relevanten Gebieten vorliegen), selbst dann kann es mit Schulschluß zu erheblichen Krisen kommen, wenn die Kinder den Schulabschluß oder das Abitur gemacht haben und sich fragen müssen: „Was fange ich jetzt mit meinem Leben an?"

Ist es nicht unnatürlich, daß ein körperlich nahezu ausgereifter Mensch von 16 oder 19 Jahren keine Ahnung hat, was er eigentlich im Leben oder aus seinem Leben machen will? Es fehlt so oft jede *berufliche Identifikation,* die jungen Menschen befinden sich in ihrem Selbstbildnis mitunter in einem völligen Vakuum; zwar stehen ihnen viele Möglichkeiten offen, doch es fehlt die echte Zielvorstellung, die wichtigste Motivationskraft und Triebfeder im menschlichen Dasein überhaupt. Wie klein ist der Schritt vom Vakuum beruflicher Identifikation zum existentiellen Vakuum, wie gefährlich ist das Ende der fest-umrissenen Schulsituation, wenn sich kein neuer Anfang in der jugendlichen Vorstellungswelt abzeichnet!

In früheren Zeiten in Bauernfamilien und Handwerkskreisen mußten die Kinder von klein auf mitarbeiten und bekamen dadurch in dem ihnen vertrauten Milieu eine so hohe Trainingsmenge mit, daß ihre Eignung für den früh festgelegten Beruf gewöhnlich recht hoch war. Heute gibt es das nicht mehr. Unsere Kinder wählen nach Schulabschluß mehr oder weniger durch Zufall ihre Berufe und stellen erst später fest, ob der Beruf ihnen zusagt oder nicht.

Dadurch verlieren sie vielfach zu einem sehr *kritischen* Zeitpunkt den Halt in ihrem jungen Leben, nämlich zu dem Zeitpunkt, da sie sich zugleich vom Elternhaus ablösen, da sie zum ersten Mal ihre eigene Weltanschauung suchen, und die ersten Gehversuche „auf eigenen Beinen" (nämlich geistigen Beinen) stattfinden. Kommen noch Unsicherheit in der Berufswahl, Ziellosigkeit und allgemeine Lustlosigkeit dazu, ist die existentielle Frustration kaum mehr abzuwenden.

Die Beobachtung und Förderung von kindlichen Begabungsschwerpunkten ist somit in die Verantwortlichkeit der Eltern gelegt, weil sie eine *positive Chance* bedeuten kann für den Lebensstart des jungen Menschen. Selbst wenn eine spezielle Begabung nicht zum späteren Beruf führt, zum Beispiel ein Kind eine schöne Singstimme hat und gesanglich gefördert wird, aber deswegen nicht später Chorsänger(in) wird, sondern etwas ganz anderes macht, so bleibt ihm doch die Freude am Singen und kann ihm ein Leben lang als Hobby im Freundeskreis und in der eigenen Familie Glück und Gewinn bringen. Je mehr Fähigkeiten und Interessen jemand hat, ... sinnreicher ist sein Leben orientiert, und desto stabiler und psychisch gesünder ist er durch diese innere Sinnerfüllung, wie wir aus der Logotherapie wissen.

Selbstverständlich können äußere Umstände die Förderung von Begabungen und Interessen erschweren. Wenn ein Jugendlicher sich fürs Kochen geeignet fühlt, aber keine Lehrstelle als Koch, sondern nur als Friseurlehrling findet, so ist auch der Psychologe machtlos. Dennoch, wer will es dem jungen Menschen verwehren, seine Kochkünste im eigenen Heim mit viel Freude zu entfalten? Kann es nicht sein, daß er seinen zwangsweise gewählten Beruf ungern ausübt, und nur die Abende zu Hause, die Wochenenden und Urlaubstage ihn „über Wasser halten", aber auch nur dann, wenn er mit diesen freien Stunden etwas Schönes anzufangen weiß?

Bei der echten Förderung geht es also um eine relativ *hohe* Begabung, die zur Entfaltung gebracht werden soll, während es bei der Überforderung um eine relativ *niedrige* Begabung geht, die nicht genügend berücksichtigt wird. Man sieht, Förderung und Überforderung sind nicht identisch, auch wenn beides heute gern in einen Topf geworfen wird. Und falsche Einstufung gibt es nicht nur in Richtung Überforderung, sondern auch in Richtung Unterforderung.

Überforderung bringt im allgemeinen nur Mißerfolgserlebnisse für Eltern wie für Kinder, und überforderte Kinder zeigen eindeutig dieselben Symptome wie konzentrationsgestörte Kinder. Sie haben nicht die Fähigkeit, die Menge und Höhe des an sie herangetragenen Lernstoffes zu bewältigen, und so zeigen sie Ausweichverhalten vom Trödeln bis zum Trotzen, vom Aufgabenheft-Verstecken bis zum Schulschwänzen.

Unterforderung bringt erst späte Früchte, dennoch: gefährliche Früchte. Ihre Fortsetzung ist Sinnleere und existentielle Not.

Überforderung ist Abbild einer falschen, einer einseitigen Motivationslage bei den Eltern, Unterforderung bewirkt eine bleibende Motivationsschwäche bei den Kindern; aber damit kommen wir schon zum Fundament unseres neuen Maßstabes in der Pädagogik, zur Bedeutung der Motivation.

3. Motivationsschwäche des Kindes

Die Motivation ist unsere Willenskraft, und Wille braucht Sinn. Deswegen gibt es keine frei-fluktuierende Motivation, sondern immer nur eine zielgerichtete. Man könnte Motivation auch definieren als die Kraft, die es uns ermöglicht, ein Ziel zu erreichen. Sie ist die notwendige Ergänzung zur Wahrnehmung eines Zieles in der Einstellung. Habe ich nicht die *richtige Einstellung,* kann ich kein sinnvolles Ziel erkennen, habe ich nicht die *ausreichende Motivation,* kann ich ein erkanntes Ziel nicht erreichen. Nicht umsonst beschäftigt sich der Logotherapeut hauptsächlich mit Einstellungskorrekturen und Motivierungsimpulsen für seine Patienten ...

Auch in der Erziehungsberatung brauchen wir hinsichtlich des Schulerfolges eines Kindes beides, die gesunde Einstellung bei den Eltern und die gesunde Motivationslage bei den Kindern. Immer wieder muß darauf hingewiesen werden, daß weder die Intelligenz, noch die äußeren Umstände, noch die Güte des Lehrers oder des Schulplanes, sondern am allermeisten die Motivationsstärke des Kindes korreliert mit dessen Schulerfolg! Ehrgeizige, interessierte und begeisterte Schüler erzielen hohe Erfolge auch bei mittelmäßigem Begabungsprofil, mittelmäßigem häuslichen Klima und sogar wenig idealen Schulbedingungen, während ein Kind, dem schulische Belange völlig gleichgültig sind, absinkt in den Leistungen, wie gut oder schlecht sein Begabungsprofil auch sein mag.

Motivationsstörungen sind heute weit verbreitet bei Kindern und stecken auch oft hinter den sogenannten Konzentrationsstörungen. Das Kind, das nur mit Widerwillen bei seinen Rechnungen sitzt, bemerkt den schönen Sonnenschein vor dem Fenster, denkt vielleicht sehnsüchtig ans Fußballspielen, beginnt vor sich hinzuträumen und bringt seine Aufgabe zu keinem Ende, wodurch es um so länger dabei sitzt und um so weniger zum Fußballspielen kommt.

Man unterschätze die Kinder nicht, auch sie sind schon „auf der Suche nach Sinn", wenn auch in der ihnen entsprechenden Weise. Auch ein Kind möchte wissen und muß wissen, wozu es etwas tut, welchen Sinn dies hat, welchen Gewinn dies bringt; und die Motivation, ein Ziel zu erreichen, ist um so höher, je *bedeutsamer* und auch *erreichbarer* dieses Ziel erscheint. Deswegen ist das Ziel, das die Erwachsenen aus ihrer Perspektive sehen, oft nicht identisch mit kindlichen Zielvorstellungen: was der Mutter bedeutsam erscheint, muß nicht bedeutsam sein für den Sohn, was der Vater für erreichbar hält, muß die Tochter nicht für erreichbar halten.

Von einem 10- oder 12jährigen Kind Verständnis dafür zu verlangen, daß es im späteren Leben als Erwachsener möglicherweise einen Gewinn hat, wenn es jetzt in der Schule fleißig lernt und ein gutes Zeugnis erringt, das ist ein bißchen viel verlangt. Spätere Chancen sind kein geeignetes Ziel für die Motivationsförderung vorpubertärer Kinder, weil dieses Ziel von ihnen als solches noch gar nicht wahrgenommen werden kann.

Dazu kommt das Grundgesetz der Motivationstheorie, welches besagt, daß ein Gewinn um so weniger Wirkung auf das gegenwärtige Verhalten ausübt, je später er eintritt und je unbekannter er ist. Dieses Gesetz gilt gleichermaßen bei den Erwachsenen. Sagt man ihnen, sie mögen regelmäßig turnen, damit sie bis ins hohe Alter beweglich und gelenkig bleiben, so ist das wenig motivierend, denn bis zum Alter ist meist noch lange Zeit, und ein gesunder Mensch kann sich auch nicht so genau vorstellen, wie es ist, steife Gelenke zu haben. Der Gewinn irgendwann im Alter motiviert nur schwach, jetzt und heute etwas zu tun. Wenn jedoch jemand Kopfschmerzen hat, und man rät ihm eine Tablette einzunehmen, welche den Schmerz innerhalb von 10 Minuten zum Verschwinden bringt, so motiviert dies unvergleichlich mehr, dem Rat Folge zu leisten. Die Schmerzbefreiung in 10 Minuten ist viel begehrenswerter als die beweglichen Gelenke im Alter.

Der Gewinn oder auch das Ziel darf nicht zu weit weg liegen, um als Antriebskraft zu fungieren. Das bedeutet, daß das Kind auch schon in seiner Schulzeit kleine Ziele und Gewinne braucht, die erreichbar sind, wenn es seine Pflichten in bezug auf die Schule gut erfüllt.

Ein „Gewinn" muß durchaus nicht immer materieller Art sein, im Gegenteil, ein Lob, ein Lächeln der Mutter, eine zärtliche Geste des Vaters, ein kleiner Scherz oder ein kleines Spiel oder auch nur die Nähe eines Elternteiles, sein Interesse und seine Anteilnahme bedeuten viel größere Gewinne für Kinder, als ein Mark-Stück oder ein Eis. Nichts ist selbstverständlich, was gut gemacht wird, auch wenn manche Eltern dies glauben, zumindest einen Funken Freude bei den Eltern verdient jede gute Leistung des Kindes, denn die Freude der Eltern strahlt ins Herz der Kinder zurück. Und die *Freude an der Arbeit* ist der Schlüssel zum erfolgreichen Handeln des Menschen!

Aber Eltern kümmern sich meist nicht um das, was sowieso gut läuft, sondern schreiten dort ein, wo es Schwierigkeiten gibt – das nihilistische Menschenbild unseres Jahrhunderts hat sogar den Erziehungsprozeß in seinen Sog gezogen. Das richtige Verhalten des Kindes wird kaum bemerkt, das falsche Verhalten immer bestraft. Machen wir uns nichts vor, Strafen muß es geben, ohne Strafen kann man nicht erziehen, aber wieviel mehr noch muß es Anerkennung und Belohnung, Freude, Stolz und Interesse von seiten der Eltern geben!

Wenn eine Mutter weiß, ihr Kind tut sich schwer im Rechnen, und sie beobachtet, daß es bei der Mathematikaufgabe sitzt und schon 9 Rechnungen gemacht hat, ja was ist dann dabei, hinzugehen, dem Kind über die Haare zu streichen und zu sagen: „Prima, du hast schon fast die Hälfte aller Rechnungen bewältigt!" Die Wahrscheinlichkeit, daß das Kind sich bemühen wird, auch den Rest der Aufgabe noch zu erledigen, ist auf diese Weise höher, als wenn die Mutter wartet, bis das Kind bei der 14. Rechnung stöhnt und gähnt, und dann hingeht und darüber schimpft, daß es „ewig nicht fertig werde".

Aggression erzeugt Gegenaggression, Schimpfen erzeugt Trotz, und Strafe erzeugt Opposition. Ein kleines Lächeln, ein aufmunterndes Wort, ein Ausdruck der Anerkennung im richtigen Moment stählt und festigt den Willen des Kindes, durchzuhalten, weiterzumachen, seine Pflichten zu akzeptieren und zu erfüllen.

Auch sollen Eltern nicht hohe Belohnungen am Ende eines langwierigen Lernprozesses versprechen, das Kind könnte mutlos werden, weil es diese Belohnung als unerreichbar ansieht. Ein Fahrrad für ein Vorzugszeugnis in Aussicht zu stellen, wenn das Kind in der Versetzung gefährdet ist, hilft wenig, wie soll das Kind ein so weit entferntes Ziel erreichen? Die Strecke zu diesem Ziel muß in viele kleine Schritte zerlegt werden, die jeweils Teilziele darstellen, und auch die „Belohnung" sollte auf die Teilziele verteilt werden. Ein Kind muß *stolz sein dürfen*, auch wenn es nur ein Teilziel erreicht hat, dann wird es den Weg weiter gehen.

Das Stolz-sein-Können auf die eigene Leistung ist eines der elementarsten Glücksgefühle des Menschen überhaupt! Das Wort „Leistung" wird heute immer in Zusammenhang mit Leistungsdruck, Leistungsansprüchen und Leistungsgesellschaft verstanden, aber daß die eigene Leistung auch Freude bereiten kann, wird vergessen.

Schon ein Kleinkind, das mit seinen Bausteinen einen Turm baut und nach vielen Versuchen endlich erreicht, daß der Turm nicht zusammenfällt, betrachtet stolz sein Werk und freut sich daran, daß der Turm ganz von selbst steht. Mit derselben Freude und demselben Stolz sollte es später seine Schulangelegenheiten betrachten und noch viel später sein berufliches Tun und Wirken. Man bedenke, wie armselig doch die Existenz eines Menschen verläuft, der in seinen 9 oder 10 Schuljahren ungern und nur gezwungenermaßen lernt, und in seinen weiteren 30 oder 40 Dienstjahren nur ungern und gezwungenermaßen zur Arbeit geht! Die Einstellung des Kindes zur Schule ist die spätere Einstellung des Erwachsenen zur Arbeit. Wer als Kind nicht gelernt hat, Freude an seinem eigenen Schaffen zu gewinnen, muß als Erwachsener sehr um diese Freude ringen. Die Erziehung soll Kindern nicht Pflichten ersparen, sondern Kinder dahin führen, als *glückliche Menschen* ihre Pflichten zu erfüllen.

Ich habe den Konzentrationsstörungen und Schulschwierigkeiten viel Platz gewidmet, weil sie in der heutigen Erziehungsberatung eine große Rolle spielen und in vielen Familien zum Anlaß für Streit, tägliche Auseinandersetzungen, qualvolle Stunden und sogar für das Auseinanderbrechen der Familie werden. Man kann viele Gründe dafür suchen, aber sie münden alle bei einer zentralen Störung: entweder ist das Kind motivationsschwach, oder die Eltern haben eine einseitige oder falsche Motivationshaltung. Alles, was wir über ungünstige äußere Umstände, insbesondere über die Reizüberflutung gesagt haben, kann auf Motivationsstörungen bei den Eltern zurückgeführt werden, die das wichtige Ziel nicht erkennen wollen, eine ruhige Atmosphäre in ihr Zuhause zu bringen, ein harmonisches und ruhiges Arbeitsklima zu schaffen und Wärme und Vertrauen in die familiäre Kommunikation einfließen zu lassen. Der Fernseher ist wichtiger, das Durchsetzen eigener Wünsche und die Hektik sind wichtiger als Ruhe und Geborgenheit für die Kinder, die Erziehungsziele sind falsch oder sie fehlen. Die Motivationsarmut der Eltern setzt die Kinder einer unerträglichen Reizsituation aus, die ihre schulische (und menschliche) Entwicklung behindert.

Auch alles, was wir über die falsche Einstufung eines Kindes hinsichtlich seiner Begabungen und Anlagen gesagt haben, läßt sich auf Fehlmotivierungen der Eltern zurückführen. Bei der Überforderung ist dies einsichtig, Eltern sind einseitig leistungsorientiert und wollen mehr aus ihren Kindern herauspressen, als diese zu geben vermögen. Aber auch bei der Unterforderung ist eine elterliche Motivationsschwäche im Spiel, wie könnten sonst die positiven Seiten der Kinder so unterbewertet werden? Es fehlt das Ziel der Eltern, ihren Kindern möglichst viele Sinnmöglichkeiten ins Leben mitzugeben. Wichtig ist nur das Mitkommen in der Schule, alles andere interessiert nicht – was könnte es sonst sein als das Abbild der eigenen Motivationsstörung?

Wenn Eltern die Erziehung ihrer Kinder als eine ihrer *eigenen* Sinnerfüllungen im Leben betrachten, als Aufgabe, die sie unter Einsatz aller Kräfte zu bewältigen haben, dann finden sie die richtigen Erziehungsziele, auch ohne Lehrbuch und psychologisches Training, denn dann wissen sie in ihrem tiefsten Inneren genau, was ihre Kinder brauchen – und wir Psychologen können es noch von ihnen lernen. Dann überfordern sie ihre Kinder nicht aber fördern deren Fähigkeiten, dann verunsichern sie ihre Kinder nicht, sondern sprechen ihnen Mut zum Leben zu, dann schirmen sie ihre Kinder vor einem Zuviel an ungesunden Einflüssen ab und helfen ihnen, einen persönlichen Stil zu finden.

Der Weg durch die Schule ist der Weg ins Leben, und die Erinnerung an die Schule ist ein Begreifen des Lebens. Nicht die Noten werden das Glück des Kindes bestimmen, aber dieses „Begreifen des Lebens" wird es mitbestimmen.

B) Kontaktschwierigkeiten/Aggressivität

So wichtig der Themenkreis Konzentrationsstörungen/Schulschwierigkeiten in der Erziehungsberatung auch ist, an erster Stelle steht er nicht. An erster Stelle aller Probleme in den Familien stehen die Kontaktschwierigkeiten zwischen den Eltern, Geschwistern, zwischen Kindern und Eltern, zwischen Kindern und Gleichaltrigen oder Kindern und Lehrern, und meistens stellt sich damit verbunden die Frage nach der Bewältigung von Aggressivität.

Natürlich gibt es auch Kontaktschwierigkeiten, die auf einer Kontaktarmut oder (autistischen) Hemmung beruhen, doch liegen diese grundsätzlich nicht in einer gestörten Kommunikation mit anderen begründet, sondern in der Person selbst: in einer überhöhten Introversion, in Schüchternheit und Mangel an Selbstbewußtsein. Deswegen möchte ich Kontaktschwierigkeiten, die in Richtung „fehlende Kontakte" gehen, eher unter Punkt C) einordnen, und mich in diesem Abschnitt auf jene Kontaktprobleme beziehen, die parallel laufen mit Provokationen, Aggressionen und Negativismen.

Das Thema *Aggression* ist ein oft behandeltes und sehr umfassendes, und das Problem der Bewältigung von Aggressivität im zwischenmenschlichen Kontakt ist nicht nur ein Anliegen im Erziehungsprozeß zwischen Eltern und Kindern, sondern, wie wir sehr wohl wissen, im großen Weltgeschehen eine Frage von Leben und Tod. Aggressivität ist wie kein anderes psychisches Phänomen Auslöser enormer Kettenreaktionen, und zwar psychologischer Kettenreaktionen. Ein geringfügiger Anlaß kann massive Aggressionsbezeugungen entfesseln, die ihrerseits wieder direkt zu sinnloser Destruktion führen, aber nicht nur zur Zerstörung dessen, wogegen die Aggression ursprünglich gerichtet war, sondern auch zur Destruktion von ähnlichen oder benachbarten Inhalten, zu denen keinerlei Verbindung besteht. Die physikalische Kettenreaktion, wie sie etwa die Energieentladung einer Atombombe nach sich zieht, würde niemals ablaufen, würde ihr nicht zuvor die psychologische Kettenreaktion einer Aggressionsentladung vorausgehen, wie Frankl es formuliert. Es ist diese offenkundige Sinnlosigkeit der Aggressionsentladung, die in solchem Widerspruch zum menschlichen Verstand steht, daß sie Wissenschaftler von jeher fasziniert und zu Erklärungsversuchen stimuliert hat.

Nun ist es in der kleinsten Einheit einer Lebensgemeinschaft, in der Familie, nicht unähnlich, auch dort genügt ein geringfügiges Auslösemoment zur völligen Zerstörung des häuslichen Friedens.

In der Pädagogik sind bisher *zwei* einander entgegengesetzte *Erziehungsschemata* angewandt worden, um der Aggressivität in der Familie und vor allem von Kindern Herr zu werden, und entsprechend dazu gab es auch zwei Hypothesen im Hintergrund.

Die eine besagte, daß man Aggressionen stets sofort im Keim ersticken müsse, um gefährliche Aggressionsentladungen zu unterdrücken. Es war die autoritäre Erziehungshaltung, die allerdings nur teilweise erfolgreich war, weil stets die Gefahr plötzlicher heftiger Aggressionsexplosionen nach langen Phasen der Unterdrückung bestand, andererseits aber auch das Nicht-Aufmucken und Nicht-Rebellieren nur um den Preis einer zunehmenden Neurotisierung erreicht werden konnte.

Die zweite Art erzieherischen Vorgehens war die, zu versuchen, geweckte Aggressionen immer sofort zu entladen, insbesondere an harmlosen Objekten „ausleben" zu lassen, um eine Aggressionsaufstauung zu vermeiden. Dies war der moderne antiautoritäre Trend, der auch bald gewisse Nachteile mit sich brachte. So zeigte es sich, daß bei diesem Ausleben-Lassen von Affekten die Aggressionen anwuchsen statt sich zu verringern, ja daß aggressives Verhalten geradezu gelernt wurde. Bei diesem Erziehungsstil begannen Kinder alsbald, jede geringste Mißstimmigkeit zwischen den eigenen Wünschen und der Umwelt sofort ungehindert in Aggressionsäußerungen zu transformieren. Die dazupassende Hypothese besagte, daß die Aggression eine Kraft im Menschen sei, die in irgendeiner Form abreagiert werden müsse, und die, wenn man ihr „Ventile" dafür offen ließe, von selbst verschwinden würde.

Leider jedoch verschwand sie trotz vieler Ventile nicht! Die Aggressivität nahm sogar einen ungeheuren Aufschwung, und wenn man unsere heutigen jungen Menschen mit den Augen des Psychotherapeuten betrachtet, dann fragt man sich, ob die ganze

Neurosenlehre, die die Psychiatrie eines halben Jahrhunderts hervorgebracht hat, für die Problematik von morgen noch interessant sein wird. Wird sich der Psychotherapeut späterhin noch mit Ängsten und Minderwertigkeitsgefühlen befassen müssen, oder wird *der Haß* zum zentralen Merkmal psychisch Kranker werden?

Ohnmächtig steht unsere Psychotherapie gegenüber der Welle von Brutalität und Gewalt, und genauso ohnmächtig steht der Erziehungsberater der Menge aggressiver Kinder gegenüber, die ihre Eltern liebend gern als „Ventile" benützen, die nichts als Zerstörung im Sinn haben, das Aufgebaute verspotten, das Wertvolle verlachen, Leistungen geringschätzen und Liebe in Egoismus verwandeln, Kinder, die morgen erwachsen sein werden!

Fall Nr. 14:
Ein 9jähriger Bub wurde an einem Nachmittag beobachtet, wie er einer gefangenen Amsel genußvoll Feder für Feder ausriß, bis das Tier qualvoll verendete. Nachbarn berichteten den Eltern davon, welche verzweifelt zu mir kamen. Die Klärung der näheren Umstände ergab, daß beide Eltern ganztags berufstätig sind, und das Kind nach der Schule in den Hort gehen solle, diesen aber sehr oft schwänze. Befragt, was er dann nachmittags tue, erzählte der Knirps, daß er im Sommer auf der Wiese Bienen auflauere, um sie mit einem Stock zu erschlagen (vgl. Seite 109), oder daß er Schnecken und Würmer suche, um sie mit seinem Taschenmesser zu zerschneiden. Alles Lebendige würde ihn sehr interessieren, und er würde es gerne „untersuchen".

Ich konnte den Eltern nichts anderes sagen als dies: „Die Erziehung eines Kindes findet hauptsächlich am Nachmittag statt. Denn am Vormittag ist es in der Schule, am Abend sind alle müde, und in der Nacht schlafen Sie. Nun arbeiten Sie beide ganztägig, weil Sie auf ein neues Eigenheim sparen, und wenn Sie um 6 Uhr abends nach Hause kommen, bereiten Sie schnell das Abendessen, danach wird gegessen und ein wenig ferngesehen, dann muß das Kind ins Bett. Nun sagen Sie mir, wann Sie erziehen, dann kann ich Ihnen sagen, wie Sie erziehen sollen!"

Die Mutter antwortete sofort, daß sie doch am Wochenende zu Hause sei. Aber bei näherer Nachfrage ergab sich, daß die Eltern am Wochenende stets recht erschöpft waren und es daher als angenehm empfanden, wenn das Kind „draußen" spiele. Somit war der Junge gezwungen, sich selbst Spiele auszudenken. Daß diese in Tierquälerei ausarteten, lag an seinem Interesse für alles Lebendige, hätte er

mehr technisches Interesse gehabt, hätte er vielleicht Autospiegel ab-
montiert oder Fahrradketten aufgebrochen.

Warum aber Aggressivität? Warum verletzen, zerstören, warum
nicht ein konstruktives Spiel?

Vernachlässigung erzeugt Aggressivität, *das mußte ich diesen*
Eltern sagen. Dieses Kind ist in Gefahr zu verwahrlosen! Es entwik-
kelt sich nicht gut, und es gibt keine andere Möglichkeit, als zumin-
dest die Berufstätigkeit der Mutter etwas einzuschränken und auf das
erträumte Eigenheim ein wenig länger zu warten. Oder aber diese
Eltern werden eines Tages ein wunderschönes Haus, aber ein mißra-
tenes Kind haben, und dadurch mitsamt ihrem Besitz kein wahres
Glück finden. Nichts Schlimmeres gibt es als Verwahrlosung, und
nichts Sinnloseres als eine, die nicht sein müßte, eine ,,Wohlstands-
verwahrlosung".

Verwahrlosung ist fast nicht wiedergutzumachen, sie ist im fort-
geschrittenen Stadium nahezu unheilbar und führt direkt zu Kri-
minalität, Alkoholismus, Arbeitslosigkeit, Verlust von sozialem
Verständnis, Verlust von jeglichem Verantwortungsbewußtsein.
Sie führt letztlich zu Aggressivität, Destruktivität, und beider
Kombination, der Selbstzerstörung.

Verwahrlosung entsteht nicht, weil Eltern etwas falsch machen,
falsch handeln gegenüber dem Kinde, sondern sie entsteht, weil
Eltern etwas nicht tun, *nicht* handeln gegenüber dem Kinde, *nicht*
Vorbild sind, *nicht* Spielkamerad sind, *nicht* Erzieher sind, sie sind
nichts als – Geldverdiener. Bei der Wohlstandsverwahrlosung verdienen die Eltern das Geld für alles, fürs eigene Zimmer der Kinder, für die übertrieben vielen und technisch perfekten Spielsachen
der Kinder, manchmal sogar für teure Privatschulen und exquisiten
Unterricht, aber sie haben eines nicht für ihre Kinder, das man
nicht kaufen kann, und das ist *die Zeit.* Eltern haben heute vielfach
keine Zeit mehr für ihre Kinder! Und hier kommt die *Motivation*
ins Spiel, denn die Zeit, die uns zur Verfügung steht, wird immer
auf das Wichtigste und Wertvollste verteilt. Sind unsere Kinder
nicht mehr das Wichtigste und Wertvollste, ist es – pardon – das
Eigenheim? *Keine Zeit mehr für die Kinder.* Da ist es, das Grund-
übel unserer Zeit, die Wurzel jeder Verwahrlosung, jenes Manko
in der Erziehung, das durch nichts mehr ersetzt werden kann.
Keine Zeit mehr für die Kinder. Es gibt nichts auf der Welt, das
mehr wert wäre, als gerade diese Zeit, die Eltern ihren Kindern
schenken, wenn sie selbst sich ihnen widmen. Sprachlos stehen
Psychotherapeuten und Erziehungsberater vor den Eltern,

die keine Zeit mehr für ihre Kinder haben, und wissen nicht, was sie ihnen raten sollen. Soll das Kind in eine Ganztagsschule, in eine Kindertagesstätte, ins Heim? Es gibt keinen Ersatz für die Zeit der Eltern, für das Miteinander in der Familie, für das Einbeziehen der Kinder ins Leben der Eltern.

Zum Fall Nr. 14:
Gerade dieser 9jährige Junge mit seinem Interesse für alles Lebendige, für die Tierwelt in seiner Umgebung – wohin könnte er durch elterliche Zuwendung und Förderung gelenkt werden? Könnte er nicht vielleicht eines Tages ein großer Biologe oder ein tüchtiger Arzt werden, bei seiner Neigung und seinem Interesse? Aber der richtige Weg muß geweckt werden, die Eltern müssen das Interesse ihres Kindes wie ein Geschenk des Himmels annehmen, sie haben die Verpflichtung, dieses Interesse zu wahren und in fruchtbringende Bahnen zu lenken!

Sie selbst müßten mit dem Kind auf Entdeckungsreise gehen, hinaus in die Welt der Natur, ihm die Liebe zu Pflanzen und Tieren vorleben, mit ihm zusammen beobachten, was kriecht und fliegt in der Wiese, voller Demut vor dem Wunder des Lebens. Wie anders würde der Kleine denken, wenn die Mutter ihm einen Käfer zeigt, der auf den Rücken gefallen ist, und den sie liebevoll umwendet, damit er wieder auf seine Beinchen kommt. Oder wenn der Vater auf einer Waldwanderung vor den Augen des Kindes eine Schnecke, die mitten am Weg sitzt, behutsam aufhebt und ins Gras am Wegrand setzt, damit niemand darauf tritt. Vielleicht sollte dieses Kind zu Hause ein Tier halten dürfen, das es zu hegen und zu pflegen lernt, wobei ihm gezeigt wird, wie für ein Tier gesorgt werden muß. Vielleicht sollte es auch einen eigenen Blumentopf bekommen, in den es selbst Blumensamen legen darf, damit es Wachsen und Werden mit seinem kindlichen Gemüte erfassen und begreifen lernt und sein Herz öffnet für die Schönheit alles Lebendigen. Aber nichts davon ist möglich, wenn Eltern nicht da sind, und dann wenn sie da sind, nur müde das Nötigste verrichten, und auf diese Weise nicht einmal registrieren, welches Interesse ihr Kind eigentlich hätte! Auch diese Eltern hatten keine Ahnung, was ihr Kind macht, wenn es „draußen" ist, bis die Nachbarn von dem Vorfall berichteten, und sie hatten noch weniger Ahnung vom speziellen Interesse ihres Sohnes, bis ich es ihnen sagte.

Auch ein Kind muß wissen, „warum und wozu", auch ein Kind braucht einen Sinngehalt für seine Handlungen und Interessensobjekte! Es muß wissen, warum man Schnecken nicht zerschneidet und

Vögeln nicht die Federn ausreißt, es braucht ein sinnvolles Umwelt-
verständnis, das ihm die Eltern durch Worte und Taten einhauchen.

Niemand soll sagen, ich sei grundsätzlich gegen die Berufstätigkeit der Frau, aber alles muß in einem Rahmen bleiben, in dem es verantwortet werden kann. Oft sagen die Mütter zu mir, daß, wenn sie nicht ganztags mitverdienen würden, das Geld in ihrer Familie nicht reichen würde. Ist das wirklich wahr?

Nun, ich bin skeptisch.

Ich erfahre einfach zuviel in meinen Sprechstunden. Ich höre über die vielen Schulden, die Leute machen, weil sie ihr eigenes Haus, ihren großen Wagen, ihren Wohnwagen, ihre Urlaubsreise und allen möglichen Luxus haben möchten, ich erfahre, wie sie ihre Gesundheit ruinieren für materielle Dinge, die allenfalls als Statussymbol Wert besitzen, ansonsten aber völlig überflüssig sind. Was für ein Wirtschaftssystem, was für ein Gesellschaftssystem haben wir, das den Menschen sinnlosen Besitz aufnötigt um den Preis von körperlicher, psychischer und geistiger Gesundheit!

Eine Familie, in der beide Eltern ganztags arbeiten, und die Kinder größtenteils nachmittags sich selbst überlassen sind, so eine Familie ist kein Ganzes mehr, sie zerfällt in zwei Teile: da sind die Eltern, die nicht nur den ganzen Tag arbeiten, sondern nebenbei noch die Kinder zumindest äußerlich versorgen, den Haushalt in Ordnung halten müssen und vielleicht noch in Haus und Garten Arbeit finden, die sind stark *überfordert und überlastet*. Auf der anderen Seite stehen die Kinder, die für den ganzen Nachmittag nichts als ihre Hausaufgabe zu machen haben, keine sonstigen Verpflichtungen kennen und meist auch keinerlei Mithilfe leisten müssen, die vielfach herumlungern und herumstreunen, mit ihrer Zeit nichts anzufangen wissen und extrem *unterfordert und unterbelastet* sind.

Wir Psychologen wissen, daß sowohl starke Überforderung als auch extreme Unterbelastung zu Aggressionen führt, und zwar ersteres, weil eine starke Überforderung nervös und gereizt macht und zuwenig Erholung und Ruhepausen zwischendurch ermöglicht, und zweiteres, weil eine extreme Unterbelastung Unzufriedenheit und Langeweile heraufbeschwört und dem normalen Bedürfnis nach Aktivität und sinnvollem Engagement entgegenwirkt.

Und wieder vermögen wir hier eine Parallele zwischen Familie und Gesellschaft zu ziehen, denn auch in der Soziologie von heute haben wir es in unserer hochindustrialisierten Welt mit zwei Fronten zu tun, die einander gegenüberstehen: die Eltern in mittleren Jahren auf der einen Seite, die rastlos schaffen und arbeiten, um zu bauen, um Besitztümer anzuhäufen, und um ihr Prestige zu vergrößern, um auch das zu haben, was der Nachbar hat, und um jede Mode mitmachen zu können, die gerade von den Massenmedien proklamiert wird. Denn wenn der Markt mit einem Produkt gesättigt zu sein droht, dann setzt erst recht die Reklame ein und hilft das Produkt weiter abzusetzen, und wenn jedermann schon eine komplette Stereoanlage hat, dann müssen die Leute eben überzeugt werden, daß sie *zwei* brauchen statt einer, oder daß sie *zwei* Badezimmer brauchen statt einem, und selbstverständlich *zwei* Autos in der Familie. Und wieder sind es dann jene Eltern, die das Letzte aus sich herauspressen und noch Überstunden machen, um auch wieder dieses Gebot zu erfüllen, nämlich alles doppelt zu haben. Und wenn die vielen Arbeitsstunden mit ihrer Hektik auf Kosten der Kinder gehen, dann trösten die Eltern sich mit der seltsamen Auffassung, daß all diese sinnvollen und sinnlosen Anschaffungen irgendwann auch den Kindern zugute kämen.

Und dann haben wir die andere Seite, die Kinder und Heranwachsenden, die Jugendlichen und gerade Volljährigen selbst, die in unserer Gesellschaft lange und noch länger von jeglicher Arbeit freigestellt sind, die auch keine Anleitungen und kaum Anregungen mehr bekommen, sondern getreu dem Stile des Antiautoritären im Laissez-faire aufwachsen gelassen werden mit einem Minimum an Pflichten und Aufgaben, jedoch vollgefüttert mit dem Wissen um ihre Rechte; die dann, wenn sie endlich aus der Schule kommen, durch die sie mehr oder weniger lustlos durchgezogen wurden, nicht im mindesten wissen, was sie mit sich und ihrem Leben anfangen könnten. Junge Menschen, die nie ein anderes Vorbild gesehen haben als die Schaffenswut ihrer Eltern, und die begreiflicherweise wenig Lust verspüren, es ihnen gleichzutun, zumal sie schon in ihrer Schulzeit zu faulenzen gewöhnt waren und lieber passiv vor dem Fernsehapparat saßen, als sich aktiv mit einem Hobby zu beschäftigen.

Die groß gewordenen Kinder wollen den Stil ihrer Kindheit fortsetzen und merken doch zugleich, daß sie das nicht befriedigt und innerlich erfüllt, und spüren auch zugleich den Druck der Eltern, die nun auf einmal verlangen, daß die jungen Menschen zu arbeiten und zu schaffen beginnen wie sie selbst. Diese Dissonanz zwischen der langen Freistellung von Pflichten und Aufgaben und den plötzlichen massiven Anforderungen der Umwelt, diese Diskrepanz zwischen der Ziellosigkeit und Unterforderung ihrer

Kindheit, in der die Eltern keine Zeit für sie hatten, und den plötzlichen Erwartungen der Eltern an sie in bezug auf Arbeit und Erwerb; all dies führt zu einer starken inneren Frustration der jungen Menschen, und Frustration führt immer direkt zu Aggression, und diese wieder zur Destruktion, und die Kettenreaktion läuft.

Die Aggressionen der jungen Menschen richten sich zunächst gegen die Eltern, und wenn auch der Generationskonflikt an sich eine natürliche Sache im Dienste der Ablösung des reifen Jugendlichen vom Elternhaus ist, so hat doch dieser Generationskonflikt noch niemals solche Ausmaße angenommen wie heute, weil in den vielen Jahren des Nebeneinanderherlebens der überforderten Eltern und der unterbelasteten Kinder keine *tiefgreifende Liebe* innerhalb der Familie entwickelt werden konnte.

Aber die Aggressionen der jungen Menschen richten sich nicht nur gegen ihre Eltern, sondern auch gegen die Gesellschaft als Ganzes, und weil Aggressionen selten vor Unbeteiligtem haltmachen, sondern immer auch weiter hinausgreifen über den eigentlichen Gegenstand dieser Aggression, so machen die Jugendlichen in ihrem blinden Eifer nicht halt in ihrer Kritik und Opposition und verwerfen alles, was ihnen geordnet und geregelt erscheint, und in diesem blinden Verwerfen finden sie zum ersten Male eine gewisse *Aufgabe,* wie sie es in ihrem bisherigen unterfordernden Dasein nicht gekannt haben.

Eine zerstörende Aufgabe ist immer noch besser als gar keine Aufgabe, und da auch nur das Zerstören ihnen verspricht, vom intensiven Schaffenszwang ihrer Eltern weiterhin wie bisher freigestellt zu werden, so widmen sich diese jungen Leute mit der vollen Hingabe ihres Alters dem progressiven Destruktionsprozeß, ohne zu wissen, warum sie dies tun, und ohne zu wissen, wohin sie dies führen soll.

Gelernte Reaktionsmuster aus der Kindheit werden weiter benützt, auch wenn die Kindheit vorbei ist. Konnten die Kinder früher so manches bei ihren Eltern mit Aggressivität erreichen, so werden sie diese gut funktionierende Methode selbstverständlich weiter verwenden. Wollte ein Kind zum Beispiel früher zu einem Freund spielen gehen, oder wollte es einmal länger aufbleiben, um einen Film zu Ende zu sehen, und die Eltern hatten es abgelehnt, dann hatte das Kind eben ein Protestgeschrei erhoben. Und wenn dieses nur laut genug und lange genug erfolgt war, so wußten sich die ohnehin stark überlasteten und ruhebedürftigen Eltern nicht anders zu helfen, als nachzugeben: „Na, meinetwegen, geh zu deinem Freund, aber bleib nicht zu lange!" oder sie sagten: „Na ausnahmsweise darfst du heute noch ein bißchen aufbleiben!"

Aber Inkonsequenz rächt sich, wenn das Durchsetzen von kindlichen Wünschen und Übergehen von elterlichen Geboten mit Aggressionsäußerungen bewirkt wurde. Denn wenn diese Kinder herangewachsen sind, und schon gar nicht mehr alles nach ihrem Willen und ihren Wünschen geht, dann versuchen sie den alten Trick wieder, nämlich das Protestgeschrei gegen die Autorität. Die kindlichen Formen ändern sich zwar, die jungen Leute stampfen nicht mehr zornig mit dem Fuße auf oder brechen in Tränen aus wenn alles nichts nützt, aber die Grundhaltung ist die gleiche, nur daß sie jetzt mit Sprechchören demonstrieren, die Wände von Gebäuden beschmieren, fremdes Eigentum beschädigen und unter dem Vorwande des Protestes in zerfetzter Kleidung herumlungern, um unangenehmes Aufsehen zu erregen. Aggression ist nicht immer eine Gefühlsentladung, sie kann auch ein sehr wirksames *Mittel zur Zielerreichung* sein!

Was nun die Kontaktschwierigkeiten von Kindern mit Geschwistern und Gleichaltrigen betrifft, so erinnern Sie sich bitte daran, was wir über die Mißverständnisse zum Begriff der Gruppe gesagt haben. Selbstverständlich ist die Zugehörigkeit zu einer Gemeinschaft oder Gruppe schön, und die Anpassung an die Gruppenziele und Gruppennormen ist ein Weg dazu. Aber wenn die gesamte Lebensauffassung diesen Gruppenzielen und -normen unterworfen wird, und die Persönlichkeit und Individualität eines Menschen dadurch völlig verkümmert, dann kommt es zu nichts anderem, als zu einer Reduktion der eigentlich menschlichen Dimension, der geistigen Freiheit und Entscheidungsfähigkeit des Menschen.

Dann erst werden jene entsetzlichen Phänomene von Gruppenprozessen erklärbar, bei welchen normale und durchaus vernünftige Menschen als Elemente einer Gruppe plötzlich zu Wahnsinnstaten imstande sind, sei es in Paniksituationen, sei es in politischen Massenrevolten, in religiösen Massensuggestionen oder auch einfach in kriminellen Banden.

Die Kontakte zu einer Gemeinschaft sollen eine *Bereicherung* der persönlichen Sphäre eines Menschen sein, aber nicht soll diese persönliche Sphäre durch die Kontakte zur Gemeinschaft eliminiert werden!

Fall Nr. 16:
Eine Mutter kam allen Ernstes zur Erziehungsberatung, weil ihr Sohn klassische Musik liebe. Schlagermusik lehne er ab, was dazu

führe, daß die Mitschüler ihn verlachen und ausschließen würden.
Außerdem möge er Krimis und Wildwestfilme nicht, wodurch seine
Kommunikationsmöglichkeiten mit Gleichaltrigen eingeschränkt
seien. Er selbst spiele gerne Flöte, was bei den Mitschülern nur ein
geringschätziges Achselzucken zur Folge habe. Die Mutter machte
sich Sorgen, weil er kaum Freunde besaß.

Solche und ähnliche Fälle kommen im Beratungsgespräch immer
wieder zur Diskussion. „Soll ich nicht doch meinem Sohn hie und
da etwas Alkohol erlauben, sonst kann er bei den anderen nicht
mitreden?" – „Ich kaufe meiner Tochter dieses unsinnige Kos-
metikzeug, die anderen in ihrer Klasse haben es ja schließlich
auch!" – „Ich selbst halte es für zu früh, daß unser Sohn schon
Moped fährt, aber weil er damit vor den anderen angeben will,
kaufen wir es ihm." – „50 DM Taschengeld im Monat sind viel zuviel für dieses Alter, aber was soll man machen, die anderen bekommen zum Teil noch mehr." Das alles sind Aussprüche von
Eltern zu diesem Thema.

Wissen Sie, was hier vor sich geht? Die eigene echte Überzeugung wird den Forderungen der Gruppe geopfert, Kinder opfern
ihre eigene Meinung für die Gruppe, und Eltern opfern ihre besten
Erziehungsansichten für die Gruppe. Ja ist denn die Gruppe dies
wert? Wenn alle ihre Forderungen erfüllt werden, wird sie dann
nicht immer mächtiger, werden die Gruppenrepressalien, wie man
so schön sagt, nicht immer gewaltiger? „Ich finde, daß mein Sohn
von der Kinderparty ruhig hätte mit dem Bus nach Hause fahren
können", erzählte mir ein Vater, „aber da er sagte, alle würden ab-
geholt, so mußte ich ihn ja auch abholen, um nicht als Rabenvater
vor den anderen dazustehen." Weiß dieser Vater überhaupt, was
er damit ausspricht? Wird ihm die volle Tragweite dessen bewußt,
was hier zum Ausdruck kommt?

Nicht die eigene Kritikfähigkeit entscheidet darüber, welche
Musik mir gefällt, welche Kleidung ich bevorzuge, welche Veran-
staltung ich besuche. Nicht das eigene Verantwortungsbewußtsein
entscheidet darüber, ob ich mein Kind abhole, wieviel Taschengeld
ich ihm gebe, und ob ich es schon dem Straßenverkehr überant-
worten kann. Die *Norm der Gruppe* diktiert, notfalls gegen mein
besseres Gewissen, gegen meinen Geschmack, gegen Ansichten
und Überzeugungen, diktiert mir mein Verhalten als Vater oder
Mutter oder auch – Jugendlicher.

Wissen die Eltern, was da unserer Jugend gelehrt wird? Folge
der Masse, denn sie hat recht, orientiere dich nach der Menge, denn

sie kennt die Wahrheit, verhalte dich wie die anderen, dann verhältst du dich richtig. Nicht nur das! Unterdrücke deine speziellen Begabungen, weil die Menge sie nicht anerkennt! Wirf deine individuellen Interessen fort, weil sich die Gruppe nicht dafür interessiert! Weg mit unseren Künstlern und Erfindern, es sei denn, sie sind gerade in Mode! Weg mit lächerlichen Idealisten und verträumten Individualisten, es sei denn, Romantik ist gerade „up to date". Wehe dem Jugendlichen, der es wagt, ein weißes Hemd anzuziehen, wenn die Parole „Gammellook" ausgegeben wurde, wehe dem Jugendlichen, der es wagt, sich mit seinen Eltern zu verstehen, wenn gerade Generationskonflikte zum guten Ton gehören! Wer nicht mit dem letzten Modeschrei geht, ist verzopft, wer einem Lehrer noch gute Ferien wünscht, ist „abnormal" (die anderen tun es auch nicht), wer sich in ein Fachbuch vertieft, wenn alle das Fußballmatch im Fernsehen verfolgen, ist verhaltensgestört.

Was für eine kaputte Generation wächst heran, wie bitter schlagen diese Irrtümer eines Tages auf uns zurück! Nämlich dann, wenn die jungen Menschen herangewachsen im Leben stehen und keinen Sinn in ihrem Dasein mehr erblicken können, weil alle individuellen Regungen und Ideen, alle eigene Kritikfähigkeit und Vorstellungskraft zerbrochen ist und überhaupt keine persönliche Perspektive mehr im Leben gesehen wird.

Man kann nicht nur leben, um wie die anderen zu sein, und auf die Frage nach der eigenen Berufung und Erfüllung im Leben schweigt die Gruppe. Die Gemeinschaft vieler kann nie Antwort darauf geben, was die innere Sinnorientierung des einzelnen bedeuten könnte.

Was habe ich also der Mutter, die wegen der Vorliebe ihres Sohnes für klassische Musik zur Beratung kam, zu sagen gehabt? „Liebe Frau X., seien Sie doch stolz auf die Musikalität Ihres Sohnes! Freuen Sie sich mit ihm, wenn er auf seiner Flöte spielt, respektieren Sie die Wahl seiner bevorzugten Musikart, schenken Sie ihm die Sicherheit, daß sein Geschmack bestimmt nicht schlecht ist. Nehmen Sie ihn ruhig in Konzerte und Opern mit, zeigen Sie ihm die Welt, die ihn so fasziniert und erfüllt! Er wird lernen damit zu leben, daß sein Geschmack etwas von der Mehrzahl der anderen abweicht, aber er wird es verstehen, wenn Sie ihm klarmachen, daß nicht alle das Glück haben, in das Wesen der Musik eingeführt zu werden wie er. Wenn er älter ist, wird er auch andere treffen, die seinem Empfinden nahestehen. Vielleicht wird er am Konservatorium oder in einem kleinen Schülerorchester Freunde finden, die seine Interessen teilen.

*Nehmen Sie ihm nur nicht die Freude an dem, was er sich ausge-
sucht hat, an seinen Schallplatten, an seinem Flötenspiel, um ihm etwas abzuzwingen, woran er keine Freude hat, wie Wildwestfilme
und Krimis. Freunde, die er nur damit erkaufen kann, daß er seine
persönlichen Interessen zurückstellt, sind keine wahren Freunde. Sie
würden ihm vieles nehmen und wenig dafür geben! Bedenken Sie
auch, daß, wenn er dem Druck sogenannter Freunde widerstehen
kann, er auch dann widerstehen wird, wenn ihm eines Tages in der
Toilette des Gymnasiums Rauschgift angeboten werden sollte. Deswegen lassen Sie Ihren Sohn wie er ist und machen Sie ihm Mut, so
zu sein, wie er ist, das wird ihm am meisten helfen!"*

Der folgende Fall ist der Zeitschrift „Schule und wir" entnommen
und zeigt drastisch, wie weit das Nachgeben in der Gruppe führen
kann, denn vom Nachgeben ist es nicht weit zum Erpreßtwerden.

Der Fall: „Kommen Sie, schnell!" stürzen aufgeregt ein paar
Buben in das Zimmer des Schulleiters, „da unten schlagen
Rocker einen von uns zusammen!" Als Schulleiter A. am
Tatort anlangt, ist bereits alles vorbei. Thomas, das Opfer
aus der 9. Klasse, rappelt sich vom Boden auf. Er blutet,
seine Kleidung ist zerrissen. Nach der ersten Hilfe im Sani-
tätsraum erkundigt sich der Schulleiter: „Nun erzähl mal,
was war denn eigentlich los?" „Ich sage nichts", winkt Thomas ab, „sonst geht es mir morgen noch dreckiger." Schulleiter A. ist erstaunt. „Waren die Schläger denn von unserer
Schule?" beginnt er vorsichtig noch einmal. „Nein, von der
X-Schule", preßt Thomas heraus, „aber ich sage keine Na-
men. ,Wenn du uns verpfeifst', hat einer von den Typen ge-
droht, ,dann machen wir dich erst richtig fertig.'" Mehr ist
aus dem verängstigten Buben nicht herauszubringen.

Darum bittet Schulleiter A. am nächsten Tag die Eltern
zu sich. Als er die Rede auf Polizei und Anzeige bringt, wehren auch sie erschrocken ab. „Nur das nicht! Die Rocker
schlagen unseren Thomas sonst tot." Der Schulleiter ist
ratlos.

Man darf nie vergessen, wie gerade labile Charaktere im Schutz der
Gruppe umschlagen können und sich zu aggressiven Handlungen
befähigt fühlen, an die sie sich als Einzelstehende niemals heran-
wagen würden. Gemeinschaft ist etwas Wunderschönes, solange

sie sich nicht in ein Machtpotential verwandelt, das schnell außer Kontrolle gerät.

Begabte und geförderte Kinder stehen immer in einer besonderen Stellung zur Gruppe, während nicht geförderte und durchschnittliche Kinder in der Gruppe mitunter völlig aufgehen. Werden Begabungen rechtzeitig unterstützt, so gewinnen die Kinder auf einem Gebiet mit der Zeit eine gewisse Überlegenheit über die Gruppennorm. Einerseits imponiert dies der Gruppe, andererseits ist sie neidisch. Aber diese leichte Reibung an der Gruppe ist gar nicht so negativ, sie bewirkt, daß das Individuum seine persönliche Lebensauffassung bewahrt, jedoch an den Normen der anderen immer wieder überprüft, so daß ein gesunder Kompromiß zwischen „Mitläufer" und „Außenseiter" gefunden werden kann. Kontaktschwierigkeiten können nicht mit einem völligen Unterwerfen unter die Normen der Gruppe behoben werden, und Aggressivität wird nicht durch eine Reduktion der Individualität beseitigt. Im Gegenteil, es ist sinnvoller, wenige aber gute Freunde zu haben, die auch zur persönlichen Eigenart eines Menschen passen, und es ist hilfreicher, die eigenen Interessen weiterzuentwickeln, als sie aufzugeben und ihnen innerlich nachzutrauern.

Konflikte entstehen nicht durch *unterschiedliche Meinungen,* sondern dadurch, daß einer dem anderen die eigene Meinung *aufzwingen* will. Eine gesunde Gemeinschaft respektiert die Unterschiedlichkeit ihrer Mitglieder, ein wahrer Freund achtet die gegenteilige Meinung des Freundes.

Gerade die Jugend, die jedwede Modeströmung kritiklos hinnimmt und dabei im höchsten Maße unzufrieden ist, gerade die Kinder unserer Zeit sollten lernen, nicht alles geringzuschätzen, was anders ist als sie, aber auch ihre eigenen Ideen und Fähigkeiten höher zu schätzen, selbst wenn sie nicht zum allgemeinen Modetrend passen.

Toleranz ist das Gegengewicht zur Aggression. Toleranz ist die Achtung vor der Unterschiedlichkeit des „Du", sie ist das höchste und kostbarste Gut einer Kultur zivilisierter Menschen. Allen, die so laut schreien nach „Freiheit", möge gesagt sein, daß nichts so frei macht wie eine tolerante Gesinnung und nichts so unfrei wie Intoleranz*!

Toleranz jedoch setzt eine reiche Sinnorientierung voraus, wäh-

---

* Frankl hat einmal gemeint: Der Fanatiker klammert sich mit beiden Händen krampfhaft an ein Dogma, der Tolerante hingegen hat die Hände frei – und reicht sie dem Andersdenkenden.

rend Intoleranz sehr oft ein Kennzeichen einseitiger und engstirniger Sinnausrichtung im leeren Raum bedeutet. Darum bleiben wir vorsichtig: Was eine Gruppe zusammenschmiedet, sind meist einseitige Aspekte, die die Gefährdung durch Intoleranz bereits in sich bergen.

Fall Nr. 17:

Eine Familie war mit ihrem 8jährigen Sohn von München nach Kaiserslautern übersiedelt. Eines Tages ging dieser Bub zum nahegelegenen Bahndamm und legte den Kopf auf die Schienen. Er wurde zufällig noch rechtzeitig bemerkt, bevor der Zug kam.

Die aufgeregten Eltern brachten mir den Buben, damit ich klären solle, was mit ihm los sei. Nun, nichts war einfacher als das. In München waren seine geliebten Großeltern zurückgeblieben, in München waren auch seine geliebten Berge und winterlichen Schiabfahrten zurückgeblieben, seine Schulkameraden, seine vertraute Umgebung, der Herzschlag der Heimat. Gewiß, Kinder sind sehr anpassungsfähig, aber nur dann, wenn die neue Gruppe sie akzeptiert. Die Gleichaltrigen in der neuen Umgebung jedoch lachten über seinen Akzent, hielten nichts vom Bergsteigen, verstanden nicht seine Sehnsucht und spotteten über seine Einstellung. Er blieb ein Fremder für sie, und ihre Gemeinschaft war nicht imstande, seine Fremdartigkeit, die sich gewiß nur auf minimale Belange erstreckte, zu überwinden. Dem Jungen zu helfen war nicht leicht, und ich versuchte es von zwei Seiten. Einerseits hatte ich ein langes Gespräch mit der Lehrerin, welches bewirkte, daß diese in den folgenden Wochen München und seine Umgebung vor den Kindern in der Klasse sehr positiv bewertete, die Berge in bunten Schilderungen anschaulich machte und dadurch mithalf, einen Teil der Ablehnung in Staunen umzuwandeln. Der Junge durfte sogar einmal Fotos von seiner Heimat zeigen, die mit einem Episkop an die Wand projiziert wurden und den Kindern sehr imponierten. Plötzlich wollten viele mit dem Buben aus München befreundet sein.

Andererseits versuchte ich, den Freizeitbereich des Kindes sinnvoll auszubauen. Waldwanderungen, Spielstunden in der Pfarrei (ähnlich den Pfadfindertreffen), Volkslieder-Nachmittage und wöchentliche Bastelstunden wurden im Alltag des Kindes installiert. Krönung unserer Bemühungen waren Besuche bei den Großeltern alle 14 Tage, die später in dreiwöchigem Abstand erfolgten. Der Junge lernte es sogar bald, ganz allein mit dem Zug hin- und zurückzufahren, wobei ihn die Eltern mit Kinderbüchern ausgestattet in den Zug setzten, und die Großeltern ihn in München abholten. Auf diese Alleinfahrten war er mächtig stolz, so daß er richtig aufblühte. Auch brachte er mitunter kleine Souvenirs aus München mit, die in seiner Klasse sehr begehrt waren.

Bevor ich den Fall abschloß, ging ich mit dem Buben noch ins Hallenbad – auch das gehörte zur Therapie – und gewann die feste Überzeugung, daß die kindliche Depression endgültig überwunden war. Die vielfältige Auslastung der Freizeit hat ihm nicht geschadet, im Gegenteil, sie trug viel zur Stärkung und Festigung seines Selbstbewußtseins bei. Gegen Ende der Therapie verzichtete er sogar einmal auf die Fahrt zu den Großeltern, weil er auf einen Kinderball eingeladen worden war. Die Eltern waren sehr glücklich darüber, denn sie sahen darin ein Zeichen der Genesung und Aufnahme ihres Sohnes in seiner neuen Umgebung.

Noch zwei Punkte möchte ich zum Thema Aggressivität berühren: die körperliche Entlastung und die Vorbildfunktion der Eltern. Zum Punkt „körperliche Entlastung" kann ich von einem interessanten Experiment berichten. In der Strafanstalt Bayreuth-St. Georgen hat man erstaunlich gute Erfahrungen mit einem mutigen Resozialisierungsmodell erzielt, innerhalb welchem Strafgefangene in Zivilkleidung, aufgeteilt in kleine Gruppen, halbtägige Ausflüge und kleine Wanderungen ins Fichtelgebirge und in die Fränkische Schweiz unternehmen durften. Nach einem halben Jahr war nicht nur kein einziger Fluchtversuch zu verzeichnen, es hatte sich auch gezeigt, daß das psychische Zustandsbild dieser Gefangenen wesentlich verbessert werden konnte, und ihre Bereitschaft zu aggressivem Verhalten merklich abgesunken war. Ein sehr sinnvoller Versuch, den man sich bei der Behandlung von Psychopathie zu Herzen nehmen sollte! Ähnlich gute Nachrichten hört man von einem Versuch, kriminelle Jugendliche auf ein Segelschiff in die Ostsee mitzunehmen, wo sie fast den ganzen Tag im Freien sind und fest anpacken müssen; nach einigen Monaten Kreuzen in den Gewässern sollen sie zum großen Teil erfreulich stabil sein.

Entlastende Motorik und die heilende Umgebung in freier Natur stellen eine therapeutisch außerordentlich wirksame Kombination dar, die viel öfter gezielt eingesetzt werden könnte als dies der Fall ist, sei es im Erziehungsalltag, sei es in der Resozialisierung, in Arbeitsprozessen oder in Nervenkliniken.

Auch der „Auslauf", den kleinere Kinder brauchen, wird vielfach unterschätzt. Es genügt nicht, die Kinder immer im Hof, im Garten oder auf der Straße spielen zu lassen. Gewiß machen die

170

Kinder dabei Bewegung, wenn sie auch viel herumsitzen oder stehen. Unvergleichlich besser ist es, wenn Mutter oder Vater hin und wieder etwas Zeit erübrigen können, um mit ihren Kindern spazierenzugehen und zu wandern. Nach einer ausgedehnten Wanderung sind Geschwister stets erstaunlich friedlich, und der Abend verläuft meist harmonisch für alle.

Ich hatte schon Beratungen, bei denen allein der Vorschlag, nachmittags mit den Kindern ein wenig spazierenzugehen, die Problematik insofern gelöst hat, als die Kinder, wenn sie heimkamen, ruhig im Kinderzimmer miteinander zu spielen vermochten, genügend Hunger für das Abendessen mitbrachten und auch durch die Ermüdung gern zu Bett gingen und tief und gut schliefen. Es müssen nicht immer Wanderungen sein, Kinder sollen auch schwimmen gehen, Gymnastik betreiben und insgesamt sportlich aufgezogen werden, Sport ist körperlich *und* psychisch gesund. Wenn Stadtkinder nie genügend Bewegung haben, werden sie träge und aggressiv, mürrisch, unzufrieden, verweichlicht und lethargisch. Sie sind dann auch als junge Menschen träge, mürrisch und schwerfällig und raffen sich nur ungern zu körperlicher Betätigung auf. Jede Anforderung, die ihrer Trägheit widerspricht, ruft Aggressionen bei ihnen wach, da aber mit zunehmendem Alter die Umwelt mehr und mehr Anforderungen an sie stellt, wird die Aggressivität in Form von Mißmut, Widerspenstigkeit und Meuterei leicht zu einer ständigen Grundstimmung bei ihnen.

Körperliche Elastizität, Schwung und Lebensfreude gehören genauso zusammen wie eine Fülle von Interessen, Begeisterung und Engagement. Nirgends kann beides so gut verknüpft werden wie *in der freien Natur,* beim Wandern über Berg und Tal, durch Wiesen und Wälder. Nirgends ist man der Schöpfung so nahe, nirgends fühlt der Mensch die Geringfügigkeit seiner kleinlichen Sorgen gegenüber der Allmacht der Natur so deutlich wie draußen im freien Land, nichts strahlt mehr Ruhe, Geborgenheit, Harmonie und Gleichklang aus, als das unverfälschte Antlitz der Erde.

Hunderten von krankhaften und krankmachenden Einflüssen sind unsere Kinder ausgesetzt – soll der Einfluß, der am stärksten mildern, heilen, beruhigen könnte, verschwiegen werden? Soll er ungenützt bleiben?

Zahllose Kinder werden heute schon mit Beruhigungstabletten, Kräftigungssäften und heilpädagogischen Maßnahmen behandelt, ihre Gesundheit wird mit allen möglichen ärztlichen Hilfen gestützt, angefangen von Brillen, Zahnspangen, Haltungsbandagen, bis zur Diät, Pickelsalbe und den Schuheinlagen. Und dieses riesige

Gesundheitsreservoir der Natur, ihr eigener Garten, wird so wenig genützt!

Wenn meine Familie und ich sonntags durch die Wälder spazieren, treffen wir manchmal nur mehr in Parkplatznähe Leute an, weiter entfernt ist alles leer. Selten begegnen uns Wanderer, und das sind meist ältere Leute als wir. Wo sind all die Kinder aus den Großstädten am Sonntag?

Fall Nr. 18:
Einmal begegnete ich einem Mädchen, welches ich aus meiner Praxis kannte, am Sonntag morgen. Sie lehnte mit einer Gruppe anderer Jugendlicher an einer Hauswand, rauchte und diskutierte. Meine Familie und ich machten einen Spaziergang von mindestens drei Stunden, und als wir zurückkamen und wieder durch diese Straße gingen, lehnte sie mit anderen Jugendlichen noch immer dort. Sie stand umgeben vom Straßenlärm und -gestank, müde vom Stehen und Reden, hielt eine ausgebrannte Zigarette in der Hand und blickte leer vor sich hin. Ist das ein sinnvoller Sonntag für ein Mädchen? Und was wird sie am Nachmittag tun? Und abends? In rauchigen Bars und Diskotheken herumsitzen, am Cola nippen, sich von einhämmernden Rhythmen betäuben lassen? Nichts denken, nichts fühlen, nur Leere in sich und um sich herum? In der nächsten Gesprächsstunde erzählte ich ihr vom Wald. Von den Sonnenstrahlen, die durch das Laub schimmern, vom dunklen Moos am Waldboden, vom Rascheln der Käfer und Summen der Insekten. Da brach es durch auf ihrem Gesicht, ein fast kindliches Staunen – gibt es das noch bei einer 16jährigen?

Auch das ist Psychotherapie: das Herz öffnen für die Natur, den Geist sensibilisieren für das Wunder rings um uns, das wir „fortschrittlichen" Menschen fast nicht mehr kennen!

Man sagt, Sport sei gut, um Aggressivität zu „kanalisieren", aber Sport *in Verbindung* mit der freien Natur ist viel mehr, als eine Möglichkeit für die Abreaktion aufgestauter Energien. Bewegung und Natur, das ist ein Rezept zur Heilung, zur Sich-wieder-Findung, zur Menschwerdung.

Versuchen Sie es einmal, bei einem Spaziergang durch den Wald aggressiv zu sein, es wird Ihnen schwerfallen. Die Herrlichkeit des Lebendigen hat Menschen immer schon zum Verstummen, zum Schauen und zum Nachdenken gebracht, lassen Sie Ihre Kinder teilnehmen an dieser Gnade reiner Natur.

Und wenn es einmal sehr kracht in der Familie, und nichts als

Streit und Widerspruch in der Luft liegt, dann schämen Sie sich nicht, Zuflucht ins Freie zu nehmen. Ein kurzer Spaziergang und draußen ein paarmal tief einatmen läßt Abstand gewinnen und hilft Emotionen zu relativieren, es öffnet die Pforten für ein vernünftiges und klärendes Gespräch.

Kindern darf man die Bande zur Natur nie ganz abschneiden, man könnte ihnen nicht nur viel Lebensglück und Freude, sondern auch die Chance einer letzten Zuflucht und Heilung in höchster Not verbarrikadieren.

Und in der Psychotherapie wäre zu überlegen, ob es nicht manchem Kranken besser täte, die Couch mit einem Moospolster im Tannenwald zu vertauschen – – –!

Wir sagten, Kontaktschwierigkeiten und Aggressivität stehen an erster Stelle bei den vorgebrachten Problemen in der Erziehungsberatung. Fassen wir die Ursachen noch einmal kurz zusammen:

1) Überbelastung der Eltern, Unterbelastung der Kinder. Unterforderte Kinder sind unzufriedene Kinder, sind aggressive Kinder – überforderte Eltern geben bei Aggressivität nach. Diese Aggressivität ist *zielgerichtet,* Kinder setzen ihre Wünsche damit durch, auch später, wenn sie herangewachsen sind.

2) Die Bedeutung der Gruppe wird zu hoch gewichtet; um der Zugehörigkeit zur Gruppe willen wird Individualität und persönlicher Stil geopfert. Die Gruppe aber neigt zur Intoleranz, sie kennt nur ihre eigenen Normen und erzieht ihre Mitglieder zur Ablehnung von Nicht-Gruppenmitgliedern, was Konflikte und Konfrontationen bewirkt. Kinder „erpressen" mit Gruppennormen, oder werden von diesen „erpreßt".

3) Die Bedeutung von Sport und Natur wird vielfach verkannt, die enorme Entlastungs- und Heilungsmöglichkeit durch Wandern im Freien wird oft übersehen. Das ungesunde „Aufeinandersitzen" in Städten und Ballungszentren nährt Unlust, Mißmut und Aggressivität in ungeahntem Maße, Kinder werden mißgelaunt, lethargisch und zappelig, ihre Wünsche sind nicht mehr deckungsgleich mit natürlichen und gesunden Bedürfnissen, ihre Handlungen nähern sich Leerlaufhandlungen. Aggressionen und Konflikte sind *nicht mehr zielgerichtet,* sie sind einfach Ausdruck schlechter Psychohygiene.

4) Das Vorbild der Eltern und Personen aus der näheren Umwelt kommt zum Tragen. Diesen Punkt brauchen wir gewiß nicht ausführlich zu besprechen, er ist allzu bekannt.

Es gibt kein Kind, das aggressive Entgleisungen der Eltern taktvoll übersieht. Und es kann keinen Frieden auf Erden geben, solange nicht Friede ist in der einzelnen Familie. Wenn Eltern kaum noch Zeit für ihre Kinder haben, und in der wenigen verbliebenen Zeit auch noch streiten, hadern und schelten, wenn die Eltern selbst mit ihren Lebenssituationen nicht fertig werden, wegen Kleinigkeiten explodieren, sich wegen minimalster Differenzen scheiden lassen, und niemals zeigen, daß man auch verzichten, verstehen und tolerieren kann, dann werden die Kinder in diese Fußstapfen treten, und die psychologische Kettenreaktion der Aggression läuft weiter und weiter bis hin zur physikalischen Kettenreaktion von Waffengewalt und Terror.

Wie sollten auch Kinder mit der Aggressivität ihrer Eltern fertig werden? Sie können sich nicht dagegen wehren, sie können sie nicht mildern, und sie können sie schon gar nicht begreifen, sie können nur eines: sie nachahmen!

Deswegen hat Aggressivität etwas mit Verantwortung zu tun, und über diese Brücke einen Zusammenhang mit der Sinnproblematik. Denn Eltern, die sich ihrer Aufgabe als Erzieher bewußt sind und darin einen Ausdruck ihrer eigenen Lebenserfüllung wahrnehmen, werden sich auch bei schwierigen Lebenssituationen nie so völlig vergessen, daß sie ihren Kindern ein extrem aggressives Vorbild geben.

Mag sein, daß Aggressivität ein unausweichliches Triebpotential im Menschen bedeutet, aber *letzte und oberste Kontrollinstanz* ist der menschliche Geist, und wenn dieser eine Aufgabe zu erfüllen hat, dann vermag er Triebkräfte zu regulieren. Auch hungrige Mütter bringen es fertig, ihren Kindern den letzten Bissen Brot in den Mund zu stecken, und auch zornige Väter bringen es fertig, ihren Kindern zuliebe den Zorn abzubremsen, ja zu überwinden. Aber wenn natürlich nur das eigene Ich im Vordergrund steht, und Erziehung eine bloße Belastung und keine Aufgabe ist, dann gibt es keinen Grund, Wutanfälle und Tätlichkeiten gegenüber dem Partner oder der Umwelt zu unterdrücken und sich wenigstens vor den Augen der Kinder zusammenzunehmen. Wozu auch? Der aufgestauten Aggressivität muß Luft gemacht werden, die Psychoanalyse hat uns das lange genug einsuggeriert, was mit den Kindern passiert, ist *deren* Problem. Glauben Sie das wirklich?

Ich glaube, es ist unser aller Problem.

C) Störungen im Antrieb und Selbstwertgefühl

Ich wurde einmal gebeten, über das Thema „Erziehungsfehler –
können wir sie später noch beheben?" zu sprechen. Dieses Thema
betrifft eine Frage, die nicht einfach zu beantworten ist. Will man
ehrlich sein, muß man zugeben, daß es wirklich pädagogische Ver-
fehlungen gibt, die nach menschlichem Ermessen nicht wiedergutzumachen sind: Mißhandlungen, Verwahrlosungen, Vernachläs-
sigungen von Kindern, aber auch permanente Verunsicherungen
und Neurotisierung im Erziehungsprozeß.

Dennoch muß dieser Tatsache etwas hinzugefügt werden: Kinder hängen nicht ewig an den Ketten ihrer Kindheit! Es gibt immer
noch eine Rettungs- und Verbesserungsmöglichkeit für sie, wenn
sie erwachsen sind, nämlich *Selbsterziehung*. Die Fehler ihrer
Eltern mögen ihre Ausgangssituation erschweren und noch lange
Schatten auf ihr Leben werfen, aber sie bestimmen nicht den gesamten Werdegang eines Menschen.

Mit dem Heranreifen nimmt der junge Mensch das Steuerrad
seines Lebenslaufes selbst in die Hand, er wirft die Ketten der
Kindheit über Bord wie ein Schiffer den Anker lichtet, er kann versuchen, aus den Schatten hinaus ins gleißende Sonnenlicht zu steuern.

Wie wichtig sind diese anti-fatalistischen Erkenntnisse für
eine Disziplin, die so in der Krise steckt, wie die heutige Pädagogik!
Es gibt sehr wohl unwiederbringliche Erziehungschancen, die nicht
genutzt wurden, aber es gibt keine ausweglose Zukunft für diese
Erziehungsobjekte! Es gibt Fehler, welche die Eltern nicht wiedergutmachen können, aber es gibt keine Fehler, welche die herange-
wachsenen Kinder nicht wieder ausgleichen könnten. Das therapeutische Credo der Logotherapie *muß* Eingang finden in die
Erziehungsvorstellungen unserer Generation und *Hoffnung ver-
breiten statt Angst*. Wissen Sie, woran man heute das Verantwortungsbewußtsein von Erziehern erkennen kann? Merk-
würdigerweise an folgendem Unterschied: Verantwortungslose
Erzieher sind gleichgültig, verantwortungsbewußte Erzieher haben Angst!

Wenn man in der pädagogischen Literatur blättert, dann ge-
winnt man den Eindruck, daß bei den Fachleuten Erzieher und
Eltern auf der Anklagebank sitzen. Sie machen Fehler, Fehler,
Fehler . . . , sie sollten, sie müßten, und sie dürften auf keinen Fall . . .

Auch ich habe in diesem Kapitel Fehler aufzeigen müssen um
der Kinder willen. Deswegen wird es Zeit, zwischen die Gedanken

um Erzieherprobleme und kindliche Störungsbilder etwas Positives einzuschieben, etwas, das ich aus meiner intensiven Kooperation mit Eltern mit allem Nachdruck bestätigen kann: *Eltern haben viel zu geben.*

Wenn Eltern selbst halbwegs psychisch gesund sind und noch ein Stückchen natürliches Fingerspitzengefühl für ihre Kinder besitzen, dann bewältigen sie ihren Erziehungsauftrag ausgezeichnet. Gerade Eltern sind oftmals die letzten Monopole der Selbstlosigkeit in einer Zeit, die Aufopferung und Nächstenliebe kaum noch kennt.

Außerdem sind keinesfalls *alle* Fehler der Kinder auf das Konto ihrer Eltern zu schieben, denn auch Kinder sind jeweils gemäß ihrem Entwicklingsstand *mitverantwortlich* für ihr Tun und Lassen, und tragen einen zunehmend gewichtigeren Teil zu ihrer eigenen Entfaltung bei.

Deswegen erscheint die allgemeine Erziehungsberatung, wie sie heute gehandhabt wird, etwas im Zwielicht; zu stark sind die Akzente auf die Kritik an den Eltern ausgerichtet, und zu wenig wird den Kindern und Jugendlichen selbst zugemutet. Viele Erziehungsberater übersehen in ihrem Eifer, nach möglichen Störungsursachen der Kinder Ausschau zu halten, die Eigenverantwortlichkeit und die Selbststeuerungskräfte der Kinder. Zu leichtfertig wird oftmals über die Erzieher geurteilt, zum Beispiel äußern sich Kollegen wiederholt zu einem Fall: „Na, bei *den* Eltern ist ja gar nichts anderes zu erwarten!" Was für eine Abwertung der Bemühungen dieser Eltern, auch wenn ihnen nicht alles gelingt. Ist es sinnvoll, über Eltern zu spotten, sie abzuwerten und zu verunsichern? Ist es gut, ihnen immer weniger Rechte zuzugestehen, ihre Autorität vollkommen zu untergraben und sie mit Vorwürfen zu bombardieren? Es ist eine gefährliche Entwicklung, die Position der Eltern zu schwächen, ihr Selbstbewußtsein anzutasten und die Kinder einseitig über ihre Rechte *gegen* die Eltern zu instruieren!

Am Ende wollen die modernen Menschen keine Kinder mehr, wieso denn auch? Nichts als Arbeit, Opfer, Verzicht, Ärger und auch noch Vorwürfe ringsum, wenn es schiefgeht. Eine Jugend, aufs Ausbeuten trainiert, holt das Letzte aus ihren Eltern heraus, und die Eltern grübeln darüber nach, was sie falsch gemacht haben – eine gefährliche Entwicklung, die Erziehungsberater und Psychologen nicht unterstützen sollten.

Fall Nr. 19:

Eltern kamen zur Beratung wegen ihrer 18jährigen Tochter, die sich geweigert hatte, zum Beratungsgespräch mitzukommen. Die Eltern machten einen guten Eindruck, es waren freundliche, fleißige und sehr liebevolle Eltern. Die Sachlage verhielt sich folgendermaßen:

Die Tochter besuchte die 12. Klasse Gymnasium, stand also ein Jahr vor dem Abitur. Sie war das einzige Kind, und die Eltern hatten immer gut für sie gesorgt, hatten ihr Reitstunden und Klavierunterricht geboten, hatten sie viel auf Ausflügen mitgenommen, mit ihr gespielt, gelernt, an ihrem Leben teilgenommen. Doch vor einigen Monaten hatte die Tochter begonnen, in einem Imbiß-Lokal auszuhelfen, um sich ihr Taschengeld etwas aufzubessern, und war dort in schlechte Kreise gekommen. Sie begann nächtelang mit Burschen auszubleiben, wobei sie die ,,Freunde'' häufig wechselte, schwänzte die Schule, kam täglich erst um 4 Uhr früh nach Hause und vernachlässigte Ausbildung wie Arbeit. Von den Eltern ließ sie sich nichts mehr sagen, da sie ja 18 Jahre und somit volljährig war; wenn die Mutter wagte zu fragen, wie es weitergehen solle, bekam sie zur Antwort: ,,Das geht dich nichts an, kümmere dich um deine Sachen!'' Selbstverständlich mußten die Eltern schon von Gesetzes wegen weiter für die Tochter aufkommen, sie mußten für ihr Essen sorgen, sie mußten sogar ihr Zimmer sauber machen, da die Tochter nicht daran dachte es selbst zu tun, und die Mutter die Unordnung nicht mochte, und sie mußten ihre Wäsche in Ordnung halten. Wenn sie Pech hatten, würde die Tochter die nächsten Jahre vergammeln, und die Eltern durften für ihren Lebensunterhalt zahlen. Als Gegenleistung gab es ständig böse Worte und Provokationen zu Hause, aber nicht von seiten der Eltern, sondern der Tochter!

Machten die Eltern am Wochenende einen Ausflug, auf welchen die Tochter selbstverständlich nicht mitging, dann holte die Tochter ihre Freunde in die elterliche Wohnung, wo sie die Vorratskammer leerten, sich vergnügten und alles in schrecklichem Zustand zurückließen, so daß die Eltern, wenn sie abends heimkamen, erst ihre Wohnung wieder ,,normalisieren'' mußten. Andererseits zögerten diese, der Tochter den Schlüssel wegzunehmen, da sie Angst hatten, daß sie sich dann an viel schlimmeren Örtlichkeiten herumtreiben würde, als zu Hause.

Die Eltern fragten mich also: ,,Was können wir tun?'' und ,,Was haben wir falsch gemacht?''

Welche Antwort kann der Psychologe schon geben? Er kann sagen, daß vom psychologischen Gesichtspunkt aus die Herabsetzung der Volljährigkeitsgrenze in einer hochkomplizierten Welt wie der heutigen fragwürdig ist, er kann sagen, daß rechtlich gesehen die Eltern nichts tun können als zuschauen und zahlen, sie können weder die vollmündige Tochter hinauswerfen, noch sie zu irgendeinem bestimmten Verhalten zwingen. Ob sie mit unguten Freunden herumzieht, das Gymnasium aufgibt, heimkommt oder nicht, das ist alles in die Entscheidung der Tochter gelegt, das Gesetz hat die Eltern in vielen Bereichen entmachtet, also sind die Eltern machtlos. Auch eine psychologische Beratung kann darüber nicht hinwegtäuschen.

Ich sagte daher den Eltern ungefähr folgendes: die Tochter hat ihr Leben von dem Ihrigen getrennt, sie geht ihre eigenen Wege, unbekümmert darum, ob Sie darunter leiden, ob Sie damit einverstanden sind, und was Sie darüber denken. Versuchen Sie genauso Ihr Leben von dem ihren zu trennen, es hat keinen Sinn an etwas zu leiden, das Sie nicht ändern können. Versuchen Sie, Ihr eigenes Leben so schön wie möglich auszubauen, machen Sie ruhig Wanderungen am Wochenende, gehen Sie auf Bälle in der Faschingszeit, hören Sie Konzerte, machen Sie sich ein gemütliches Zuhause voller Liebe und Glück. Sie können nur mehr über das Vorbild und den Kontrast hoffen, Ihre Tochter umzustimmen. Gewiß, die Tochter hat ein Zimmer, sie bekommt ihre finanzielle Unterstützung, damit müssen Sie leben, aber mehr würde ich nicht tun. Wenn ihr Zimmer in Unordnung und schmutzig ist, kommt es ihr um so mehr zu Bewußtsein, wenn sie Ihre schönen und gemütlichen Räumlichkeiten im Gegensatz dazu sieht. Vielleicht möchte sie dann eines Tages auch eine schöne Wohnung haben. Wenn sie selbst tagsüber verschlafen herumtrödelt, ohne regelmäßige Verpflichtung, ohne konstante Freunde, vielleicht fällt ihr auch dieser Kontrast zu Ihrer harmonischen Partnerschaft und Ihrer Pflichterfüllung auf, so daß sie beginnt, ihre Situation zu überdenken. Mit dem eigenen Egoismus können wir sie vielleicht noch zur Umkehr bewegen, wenn sie die heile Welt der Eltern sieht, verglichen mit ihrem sinnlosen Vergeuden der Jugendjahre.

Die junge Generation ist eine Generation des Widerstandes, dies bedeutet, daß Erfahrungen von Eltern auf Kinder nicht oder nur sehr beschränkt weitergegeben werden können. Diese Generation muß ihre Erfahrung selbst machen, auch die schlechten, nur durch schlechte Erfahrungen kann sie zu guten Erkenntnissen kommen. Ihre Tochter hat ein schönes und glückliches Elternhaus gehabt, sie hat Werte von Ihnen übernommen, sie hat Bildung genossen. Wenn auch all dies jetzt plötzlich verschwunden zu sein scheint, so besteht doch eine gute Chance, daß manches davon mit zunehmender Reife wiederkehrt. Sie muß ihre Krise jetzt durchmachen, vielleicht muß sie ganz tief hinabsinken, um den Wunsch zur Umkehr zu verspüren. In der Phase des Widerstandes, in der sie sich zur Zeit befindet, würde sie jeden gut gemeinten Ratschlag verwerfen, es ist deswegen zwecklos, eingreifen zu wollen. Lassen Sie sie also absinken und zeigen Sie ihr im Vergleich dazu eine schöne Gemeinschaft, ein inhaltsreiches und verantwortungsbewußtes Leben und ein schönes Zuhause. Wenn Sie jetzt den Kopf hängen lassen, mißmutig, nervös und verärgert sind, dann fühlt sich Ihre Tochter vielleicht bestätigt, daß das alles, dem sie den Rücken kehren will, wirklich nicht viel wert ist. Sind Sie gleichbleibend freundlich und nett zu ihr, aber delegieren Sie die Verantwortung für ihr Leben wirklich an sie, so wie sie es möchte, muß sie sehen, wie sie damit zu Rande kommt, selbst über schlechte und bittere Erfahrungen. Und kommt sie gar nicht weiter, hat sie ja immer noch die Möglichkeit, die Eltern um Hilfe zu bitten, welche Sie ihr bestimmt nicht verwehren, vorausgesetzt, sie hat den Willen zu einem neuen Anfang."

„Ja, das würden wir gerne so machen", wandten die Eltern ein, „aber wir können unser Leben nicht glücklich leben, weil wir uns ständig mit Vorwürfen quälen, was wir denn falsch gemacht haben könnten."

„Ihre Tochter ist nicht nur das Ergebnis Ihrer Erziehung, sie ist ein selbständiger Mensch, der sich selbst im Leben bewähren muß. Solange sie ein Kind war, hat sie sich gut entwickelt, da stand sie auch stark unter Ihrem Einfluß. Als sie begann sich fehlzuentwickeln, war Ihr Einfluß schon minimal, also kann es doch nicht Ihr Einfluß sein, der schuld an allem trägt! Die Tochter selbst und niemand anderer ist für ihr Leben verantwortlich." antwortete ich.

„Aber könnte es nicht doch sein, daß wir sie sozusagen unbewußt unterdrückt oder gegängelt haben, und sie nun ihre Freiheit sucht? Man hört und liest soviel…?" Es gibt keine psychologische Freisprechung von Schuld, aber diese Eltern konnte ich guten Gewissens beruhigen. „Selbst wenn Sie das eine oder andere Mal nicht ganz richtig reagiert haben mögen, bedenken Sie, wie oft Sie sich positiv für die Tochter eingesetzt haben, wieviel Zeit Sie ihr geschenkt haben, wieviel Chancen Sie ihr geboten haben! Soll dies alles weniger wiegen als kleine menschliche Fehler, die wir alle begehen? Oh nein, was Sie auch falsch gemacht haben, die Liebe, Sorge und Zuwendung, die Sie Ihrer Tochter gegeben haben, wiegt unvergleichlich schwerer als alles andere, da brauchen Sie sich keine Sorgen zu machen."

Man sollte es nicht für möglich halten, wie froh diese Eltern die Beratungsstelle verließen, froh und gestärkt, obwohl sich ihr Leid in keiner Weise verändert hatte.

Der logotherapeutisch orientierte Erziehungsberater sieht es als seine Aufgabe an, Kindern *und* Eltern zu helfen. Ratsuchende Eltern brauchen Stützung, nicht Kritik, gestörte Kinder brauchen Geduld, Mut, Hoffnung, nicht Ausreden auf die Schwächen ihrer Eltern. Es gibt heute fast nur mehr familienzersetzende Prozesse, wer gibt der Familie Zusammenhalt?

Auch in diesem Abschnitt des Kapitels wird von Erziehungsfehlern die Rede sein, aber der Leser möge wissen, wie sehr ich Eltern hochschätze und ihre Leistungen anerkenne, und daß ich dafür einstehe, daß Eltern *viel zu geben haben.*

Ich habe gesagt, daß Eltern gute Eltern sind, wenn sie selbst hinreichend psychisch gesund sind und sich ein natürliches Fingerspitzengefühl für ihre Kinder bewahrt haben. Um diese beiden Voraussetzungen zu erfüllen, ist es wichtig,

a) das eigene Lebensgefühl der Eltern in einem gesunden Spannungsfeld reicher Sinnorientierung und ihre Affektivität in einem normalen Mittelbereich zu halten, und

b) ihr natürliches Elterngefühl nicht zu sehr durch pädagogische Belehrungen theoretischer Art zu verunsichern.

Für ersteres sind ein stabiles Wertsystem und eine ebenso stabile Emotionalität der Eltern erforderlich, für zweiteres ist eine wohldosierte Aus- und Fortbildungsintensität von seiten der Pädagogen und Psychologen notwendig. Fehlt die erste Voraussetzung, müssen die Eltern selbst therapeutische Betreuung erhalten, fehlt die zweite Voraussetzung, muß das Erziehungskonzept, das den Eltern vermittelt wird, darauf abzielen, natürliche Empfindungen und Regungen zu wecken und zu stärken, und darf diesen nicht entgegenarbeiten. Auch das ist nämlich eine unserer Illusionen: es ließe sich alles lernen, und alles Gelernte sei dem „natürlichen Hausverstand" überlegen!

Schade, daß uns der Begriff „das Unbewußte" nur im Zusammenhang mit verdrängten Traumen und negativen Affekten geläufig ist, wieviel Natürliches und Gutes geschieht doch unbewußt! Wie viele liebevolle Gesten der Zärtlichkeit und Fürsorge verschenken Eltern ganz *unbewußt,* wie oft stellen sie *unbewußt* ihre eigenen Interessen zurück, wie oft helfen sie ganz *unbewußt* mit dem richtigen Wort und der richtigen Tat, wenn ihr Kind ein Leid signalisiert?

Aber davon wollen die „Fach-Illusionisten" nichts wissen, für sie gibt es keinen „natürlichen Hausverstand", schon gar keine Eltern, die unbewußt etwas richtig machen könnten, ja nicht einmal natürliche Lebensgefüge, die nachahmenswert wären.

Ich habe es einmal erlebt, daß eine Verwaltungsangestellte, die in einer Fürsorge-Institution arbeitete, zu mir kam, um mir heimlich, wie sie sagte, anzuvertrauen, daß eine Familie, mit der sie verwaltungstechnisch zu tun habe, ihrer Ansicht nach in Not sei und psychotherapeutische Beratung brauche. Selbstverständlich fragte ich sie, warum sie mir diese Mitteilung heimlich und nicht offiziell mache. Sie sei nicht befugt zu beurteilen, wann eine Familie psychotherapeutische Hilfe benötige, antwortete sie, und es sei ihr deswegen nicht erlaubt, Leuten, die mit irgendwelchen Formularen zu ihr kämen, zu raten, meine Hilfe in Anspruch zu nehmen. Andererseits habe ihr die Frau, um die es sich handelte, ihr Leid geklagt und so sehr geweint…

Eine einfache Angestellte kann also nicht beurteilen, wann jemand in Not ist, und darf deshalb den Weg zur Hilfe nicht weisen – weit ist es gekommen mit unserem Spezialistentum! Das erinnert mich an ein Beispiel, das Prof. Helbrügge, Leiter des Münchener Kinderzentrums, auf einer Tagung berichtete: Es handelte sich um Zwillingskinder, die wegen einer beginnenden Lähmung dringend gezielte Bewegungstherapie benötigten, um nicht später einmal vom Rollstuhl abhängig zu sein. Die bestgeeignete Therapeutin wäre seiner Ansicht nach die Mutter der Kinder gewesen, denn niemand würde mit derselben Hingabe und Aufopferung die täglich erforderlichen Übungen durchführen wie sie. Jedoch, wenn er die Mutter anleiten und ihr die Kinder nach Hause geben würde, bekäme die Mutter nicht einen Pfennig Arbeitsentschädigung von der Krankenkasse. Nimmt er hingegen die Kinder ein Jahr lang in seine Klinik auf, was bedeutet, daß die Übungen vom Personal gewiß weniger intensiv durchgeführt werden, die Kinder dafür aber schwere soziale Schädigungen durch die Entfremdung von der Familie erleiden, dann ist die Krankenkasse bereit, einen Satz von fast 200,– DM täglich für die Kinder zu bezahlen.

Er nannte dies eine „Wahnvorstellung unserer Gesellschaft", nämlich daß für jeden Lebensbereich nur eine fachspezifische Institution die bestmögliche Lösung sei, während die natürlichste Institution der Welt, die Familie, gar nicht in Betracht gezogen werde. Vom Kleinkind, das in den Kindergarten gehört, bis zur Großmutter, die ins Altersheim gehört, vom Lehrling, der ins Lehrlingsheim gehört, bis zum Trinker, der ins Trinkerheim gehört, wird jedem sein „Kästchen" zugeordnet, in welchem er fachlich betreut verschwinden soll, um nicht irgendwo anders lästig zu sein.

In der Erziehung bahnt sich eine ähnliche Einstellung an; ein Kind, das irgendwie auffällt, wird sogleich den Eltern aus der Hand genommen und pädagogisch-fachspezifisch betreut, was seine Lebenssituation zunächst nur noch auffälliger macht. Kein Zweifel, daß ein guter Wille dahintersteht, doch muß die Pädagogik sehr vorsichtig sein. Je mehr sich ihre Fachvertreter über das natürliche Empfinden von Eltern hinwegsetzen, und je mehr Schreibtischtheorien die gesunde Familiengemeinschaft durchdringen, desto unfähiger wird die Pädagogik den Schaden zu reparieren, den sie beigetragen hat zu erzeugen.

Wollen wir uns nun der großen Gruppe der *Antriebs- und Selbstwertstörungen* zuwenden, so brauchen wir diese Überlegungen als Grundlage. Werfen wir zunächst einen Blick auf eine Übersicht, die affektive Verhaltensmuster mit ihrer pädagogischen Wirksamkeit in Zusammenhang bringt:

Affektives Verhaltensmuster der Eltern

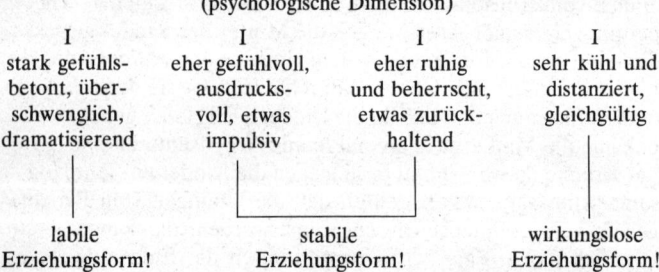

(psychologische Dimension)

I	I	I	I
stark gefühls-betont, über-schwenglich, dramatisierend	eher gefühlvoll, ausdrucks-voll, etwas impulsiv	eher ruhig und beherrscht, etwas zurück-haltend	sehr kühl und distanziert, gleichgültig

labile Erziehungsform!	stabile Erziehungsform!	wirkungslose Erziehungsform!

Die extremen Affektlagen der Eltern zeitigen keine günstigen Erziehungsformen, was allgemein bekannt sein dürfte. Aber wir wollen uns nun ein ähnliches Schema ansehen, das mehr umfaßt, als nur die Affektlage der Eltern, nämlich die *Bedeutung,* die das Kind und damit das ganze Erziehungsgeschehen für die Eltern hat. Nach den Maßstäben der Logotherapie verschieben wir also unsere Betrachtungsweise von der psychologischen Dimension in die geistige Dimension.

Die Bedeutung des Kindes für die Eltern

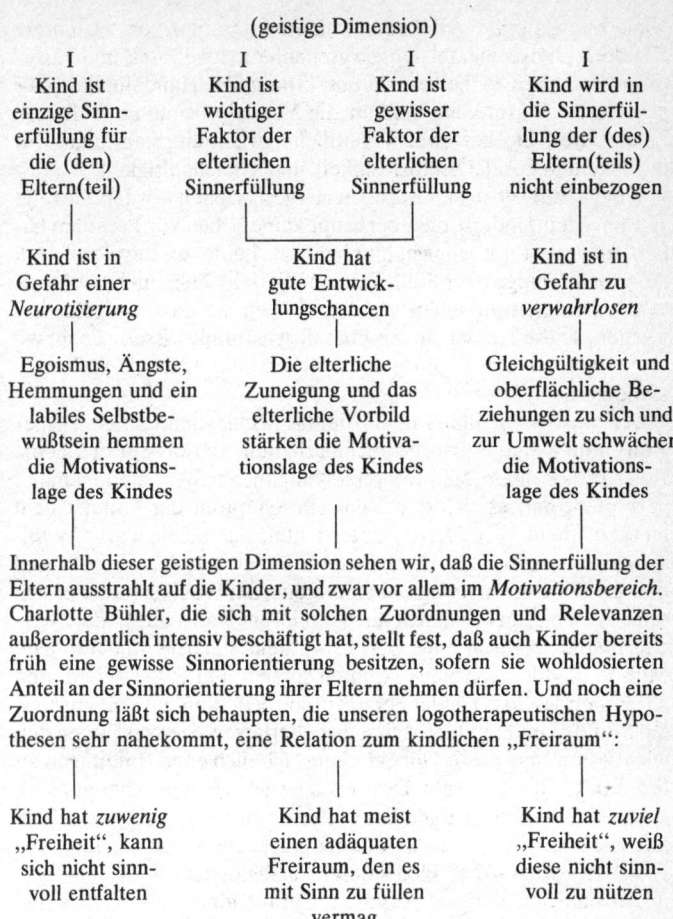

(geistige Dimension)

I	I	I	I
Kind ist einzige Sinnerfüllung für die (den) Eltern(teil)	Kind ist wichtiger Faktor der elterlichen Sinnerfüllung	Kind ist gewisser Faktor der elterlichen Sinnerfüllung	Kind wird in die Sinnerfüllung der (des) Eltern(teils) nicht einbezogen
Kind ist in Gefahr einer *Neurotisierung*	Kind hat gute Entwicklungschancen		Kind ist in Gefahr zu *verwahrlosen*
Egoismus, Ängste, Hemmungen und ein labiles Selbstbewußtsein hemmen die Motivationslage des Kindes	Die elterliche Zuneigung und das elterliche Vorbild stärken die Motivationslage des Kindes		Gleichgültigkeit und oberflächliche Beziehungen zu sich und zur Umwelt schwächen die Motivationslage des Kindes

Innerhalb dieser geistigen Dimension sehen wir, daß die Sinnerfüllung der Eltern ausstrahlt auf die Kinder, und zwar vor allem im *Motivationsbereich.* Charlotte Bühler, die sich mit solchen Zuordnungen und Relevanzen außerordentlich intensiv beschäftigt hat, stellt fest, daß auch Kinder bereits früh eine gewisse Sinnorientierung besitzen, sofern sie wohldosierten Anteil an der Sinnorientierung ihrer Eltern nehmen dürfen. Und noch eine Zuordnung läßt sich behaupten, die unseren logotherapeutischen Hypothesen sehr nahekommt, eine Relation zum kindlichen „Freiraum":

Kind hat *zuwenig* „Freiheit", kann sich nicht sinnvoll entfalten	Kind hat meist einen adäquaten Freiraum, den es mit Sinn zu füllen vermag	Kind hat *zuviel* „Freiheit", weiß diese nicht sinnvoll zu nützen

Lassen Sie mich die beiden negativen Extrempositionen kurz streifen, um den Motivationsaspekt in ihnen deutlich herauszukristallisieren.

a) Die Verwahrlosung

Viele Leute stellen sich Äußerlichkeiten darunter vor: zerlumpte Kleidung, lange Haare, Ungewaschenheit, regelloses und ungeordnetes Leben, Arbeitsscheu und kriminelles Handeln. Aber als psychische Erkrankung beginnt die Verwahrlosung im frühesten Kindesalter. Sie hat zwei wesentliche Erkennungsmerkmale für die Frühdiagnose: Distanzlosigkeit und Gleichgültigkeit.

Über *Distanzlosigkeit* ist schon viel geschrieben worden; sie zeigt sich bei Kleinkindern, die überhaupt keine Scheu vor Fremden haben, ungeniert mit jedermann plaudern, Leute auf der Straße um ein paar Pfennige oder Süßigkeiten anbetteln, aber auch ohne weiteres mit ihnen mitgehen würden, sollten sie dazu aufgefordert werden. Diese Kinder finden überall Anschluß, wissen genau, wo es „etwas zu holen gibt", und wirken sehr frühreif und selbständig.

Wir wissen, es sind Kinder, die das Mindestmaß an elterlicher Zuwendung und Fürsorge nicht erhalten, deren Eltern „keine Zeit" für sie oder „kein Interesse" an ihnen haben. Sollte jemand vermuten, daß es sich dabei um ein Symptom der Unterschicht handelt, dann ist er falsch unterrichtet, das Schlagwort „Wohlstandsverwahrlosung" ist nicht umsonst entstanden. Eltern sind den ganzen Tag unterwegs, abends müde, am Wochenende mit sich selbst beschäftigt (vielleicht auch mit ihrem Hausbau?), die Großeltern sind schon in einem Alter, in dem sie froh sind für jede Minute, in der die Kinder draußen spielen und Ruhe geben, und so bleiben zahllose Kinder gerade in den bedeutenden Prägungszeiten Stunden und Stunden sich selbst überlassen. Sie versäumen den wichtigsten Lernprozeß ihres Lebens, nämlich enge Bindungen an ihre Eltern zu entwickeln. Deswegen lernen sie es überhaupt nicht, eine tiefe Bindung zu irgendeiner Person zu entwickeln, die größte zwischenmenschliche Komponente glücklicher Sinnerfüllung, die Liebe zu einem „Du" bleibt ihnen verschlossen.

Ich habe im vorigen Abschnitt darauf hingewiesen, daß den Eltern vielfach die nötige Zeit für ihre Kinder fehlt, aber wenn wir noch eine Schicht tiefer graben, dann erkennen wir: im Grunde ist es nicht die Zeit, sondern die Motivation. Es ist die Antwort auf die Frage: Was bedeutet mehr? Luxus oder Kind zum Beispiel. *Nur* wenn die Motivation der Eltern schwach und die Bedeutung des Kindes für sie herabgesetzt ist, dann fehlt auf einmal die Zeit für das Kind! Ich weiß, welch schwerwiegende Behauptung dies ist, und doch muß ich daran festhalten. *Der Wille zum Miteinander und Füreinander* entscheidet darüber, wieviel von unserer Zeit anderen, nahestehenden Menschen zur Verfügung steht!

Wie soll ein Vater, wenn er nach langen Überstunden müde und abgekämpft nach Hause kommt, noch die Muße finden, sich für die kleinen Sorgen der Kinder zu interessieren, den gebrochenen Drachen zu reparieren, die Englischvokabeln abzuprüfen, die Geschichte aus dem Lesebuch an Hand eigener Erlebnisse zu erläutern – er kann sich allenfalls vor den Fernseher setzen, um ein wenig auszuspannen. Warum macht er die Überstunden? Um die Raten für Kredite abzuzahlen, die er aufgenommen hat, um den neuen Wagen zu finanzieren? Es ist nicht möglich, eine enge Bindung zu den Kindern herzustellen, wenn alles andere wichtiger ist als sie.

Kinder merken es bald, daß sie mehr im Wege als erwünscht sind und gehen ihren eigenen Beschäftigungen nach. Sie wenden sich innerlich von den Eltern ab, das heißt, die Eltern haben dann keine andere Bedeutung für sie als jeder Fremde auch. Sie gehen zu dem, bei dem sie etwas bekommen, und sei es auch nur ein wenig Aufmerksamkeit, sie meiden diejenigen, die schelten oder schlagen oder gleichgültig sind. *Das* also wird zum Kriterium für diese jungen Menschen, die niemals eine echte Bindung kennengelernt haben, hier setzt die Distanzlosigkeit ein, die in Wahrheit nichts anderes ist als eine *Bindungsschwäche*.

Es gibt Leute, die sich in dieser Hinsicht täuschen lassen. Ich habe Ehepaare erlebt, die in ein Waisenheim gingen, um sich ein Patenkind auszusuchen, und die gerade jene Kinder als in Betracht kommend auswählten, welche ihnen von Anfang an spontan entgegengelaufen waren und sie gleich in ein Gespräch verwickelt hatten. Und doch waren es diejenigen unter den Kindern, die bereits am meisten geschädigt waren, nämlich distanzlose Kinder.

Es ist die Tragik der verwahrlosten Kinder, daß sie zahllose Kontakte finden und doch keinen einzigen wirklich intensiven Kontakt knüpfen können, sie haben oberflächliche Bekanntschaft mit jedem Beliebigen und stehen niemandem wirklich nahe. Sie werden später von der menschlichen Gesellschaft mehr und mehr ausgeschlossen, suchen Halt beieinander, kleben in Banden aneinander und finden doch auch untereinander nur lose Beziehungen.

Dazu kommt das zweite Merkmal der Verwahrlosung, die *Gleichgültigkeit*. Sie ist die Grundlage der Unfähigkeit zu konstanter und produktiver Arbeit.

Auch sie kommt durch einen Motivationsmangel bei den Eltern zustande: Eltern, die keine Zeit oder kein Interesse am Kind haben, schenken den kleinen Betätigungen und Leistungen des Kindes von Anfang an zu wenig Aufmerksamkeit. Was ist mit „kindlichen Leistungen" gemeint?

Alles, wofür ein Kind nur ein wenig Mühe aufwenden muß, alles, was es irgend jemandem zuliebe oder auch nur aus echtem Interesse heraus tut. Das kann ein fertig gelegtes Puzzle-Spiel sein, eine Turnübung, eine Zeichnung, ein Lied, ein Gedicht oder ein Gang zum Kaufmann für die Mutti, eine selbständige Busfahrt, eine gute Note, ein selbstgebasteltes Geburtstagsgeschenk. Alle diese kleinen kindlichen Leistungen müssen anerkannt und gelobt werden, sie sollen den Eltern Freude und Glück bereiten, jedenfalls von ihnen Beachtung erfahren, wenn das Kind Freude an seiner eigenen Leistung erleben soll. Wir haben die Bedeutung der „Freude an der eigenen Leistung" schon wiederholt betont, sie ist unendlich wichtig für die gesunde Sinnerfüllung und Entwicklung eines Kindes.

Das heißt nicht, daß übertrieben werden soll, daß Eltern vor lauter Ehrgeiz ihren Kindern zu schwierige Leistungen abverlangen dürfen, sie würden den Kindern damit eher die Freude nehmen als geben.

Aber bei der Verwahrlosung ist niemand da, der die kleinen Leistungen der Kinder beachtet, korrigiert, lobt oder anerkannt. Die Kinder erleben diese Gleichgültigkeit motivationsdämpfend und bringen bald dieselbe Gleichgültigkeit ihren eigenen Leistungen entgegen. Nur was unmittelbar zum Erfolg führt, wird beibehalten, z.B. Betteln um Süßigkeiten bei Leuten, die freigebig sind oder Herumwühlen auf Abfallstätten, in denen noch etwas zu finden ist. Ein entferntes Ziel, das beständige Hinarbeit erfordern würde, ist für sie unerreichbar, weil die Motivation zu schwach ist.

Die Gleichgültigkeit drückt sich anfangs beim Spielen aus: verwahrloste Kinder beginnen dies und jenes und lassen es bald wieder stehen, die Motivation reicht nicht zur Fertigstellung, etwa eines gemalten Bildes oder einer gebauten Burg, es ist ja auch niemand da, der sich mitfreuen würde, wenn das Spiel gelungen ist.

Später in der Schule wird die Aufgabe schnell „hingeschmiert", um auf die Straße zu kommen, oder Aufgabe und sogar Schule wird geschwänzt. Diese Kinder sind es gewohnt, nur das Nötigste zu verrichten und keinen Strich mehr zu machen, als unumgänglich verlangt wird – wozu auch, niemand würde es anerkennen. Die „Lust des Augenblicks" hat sie schon im Griff, was gerade einfällt, bestimmt das ziellose Verhalten.

Beim Wechsel ins Berufsleben setzen sich die Schwierigkeiten fort, diese und jene Arbeit paßt nicht, die Jugendlichen tun nur das

Nötigste und wechseln häufig die Arbeitsplätze. Ist eine gute Wirtschaftslage, halten sie sich dennoch über Wasser, denn etwas Kurzfristiges finden sie immer. Ist jedoch eine schlechte Marktlage und gibt es viele Arbeitslose, dann kommen sie unter die Räder des natürlichen Ausleseprinzips. Sie haben es nie gelernt, in ihrer eigenen Leistung Befriedigung zu finden, bis zu einem Ziel durchzuhalten und Arbeit mit Freude zu verbinden; da aber unser Leben zu einem sehr großen Teil aus Arbeit besteht, so macht ihnen auch das Leben wenig Freude. Um sich dennoch Befriedigung zu verschaffen und unter dem Diktat des Augenblicks greifen sie leicht zum Alkohol, zu sexuellen Exzessen, Diebstählen und anderem.

Antriebsschwäche – ist sie noch erkennbar bei den jugendlichen Rockern und „arbeitsscheuen, gewalttätigen Elementen" unserer Gesellschaft? Wie schnell wird verurteilt, wie wenig wird Mitleid mit ihnen gefühlt! Sind diese jungen Menschen doch im Grunde die Ärmsten der Armen, unfähig echter Bindung, unfähig echter Liebe, unfähig an irgendeiner Arbeit Freude zu gewinnen, von Kindheit an allein gelassen in der Gleichgültigkeit der Erzieher und verlorengegangen in einer Freiheit, der sie nicht gewachsen waren.

Fall Nr. 20:
Es handelte sich um ein 9jähriges Mädchen, dessen Eltern wegen ihrer Geburt zu früh geheiratet haben, in finanzielle Not gerieten, leichtsinnig Schulden machten und schließlich nicht mehr miteinander auskamen. Das Kind wuchs abwechselnd bei einer über 80jährigen Großmutter, einer behinderten Tante und in Kindertagesstätten auf, zeitweise wohnte es auch bei den Eltern, obwohl beide tagsüber kaum zu Hause waren. Das Jugendamt hat mich, eine Eheberatung der Eltern zu versuchen, jedoch war ich von Anfang an skeptisch, da die Beratungsvoraussetzungen denkbar ungünstig lagen.

Der Vater zeigte sich stets enthemmt, aufbrausend, schlug die junge Mutter, wurde manchmal auch weinerlich-sentimental, und schien die mißliche Situation nur zu vergrößern. Die Mutter erlitt einen Nervenzusammenbruch, steigerte sich in Wutausbrüche, verfiel auch zeitweise dem Alkohol, sprach dann verwirrt und träumte von einer Flucht weit weg von Mann und Kind (und Verantwortung). Als der Vater in einem Zornanfall die alte Großmutter vor den Augen des Kindes würgte und die Mutter halbnackt und schreiend vor Angst auf die Straße lief, war der Moment gekommen, da es nicht mehr möglich war, das Kind in der Familie zu belassen. Zusammen mit der zuständigen Fürsorgerin holte ich es am nächsten

Tag nach der Schule ab, um es in ein mir bekanntes, gutes Kinder-
heim zu bringen.

Ich hatte mich darauf vorbereitet, was alles ich dem Kind sagen
wollte, um den Schock zu lindern und ihm schonend beizubringen,
daß wir direkt von der Schule ins Heim führen, und es die Eltern und
sein Zuhause auf unbestimmte Zeit nicht wiedersehen würde.

Aber der Schock traf mich und nicht das Kind. Als wir das Mäd-
chen von der Schule abholten, kam es strahlend auf uns zu, und als
wir ihm eröffneten, was wir vorhatten, lachte es nur und fragte, ob
denn auch ein Fernsehapparat im Heim wäre, es würde so gerne Lie-
besfilme sehen. Kein Wort über die Eltern, keine Abschiedstränen,
keine Sehnsucht nach zu Hause – nichts. Das Kind plauderte wäh-
rend der ganzen Fahrt sorglos, während mir die Tränen in die Augen
stiegen, diese gewaltige Distanzlosigkeit und Gleichgültigkeit des
Kindes mitanzusehen. Mittlerweile hat die Kleine im Kinderheim
ein neues Zuhause gefunden, und so dürftig dies auch sein mag, sie
weiß jetzt wenigstens, wo sie hingehört. In diesem Falle habe ich es
abgelehnt, mich dafür einzusetzen, daß den Eltern das Sorgerecht
zurückgegeben werde.

b) Die Neurotisierung

Allzuviel ist ungesund, auch in der Motivationstheorie. Und nur
diesem „Allzuviel" soll noch ein Wort gewidmet sein, denn auch
Neurosenlehren gibt es *allzu viele,* und wir wollen sie nicht wiederholen.

Allerdings bin ich durch meine praktischen Erfahrungen vorsichtig geworden gegenüber Neurosenlehren, die einmalige schwerwiegende Ereignisse zum Zentrum ihrer Analysen erheben, zum
Beispiel einen Todesfall, einen Umzug, die Ankunft eines
Geschwisters oder die Wiederverheiratung des Vaters. Kinder sind
außerordentlich widerstandskräftig gegenüber solchen Ereignis-
sen, sie gewöhnen sich oft schneller an die neuen Umstände als die
Erwachsenen. Schwere und anhaltende psychische Erkrankungen
aus einmaligen Kindheitserlebnissen ableiten zu wollen, steht in
krassem Widerspruch zu dieser kindlichen Anpassungsfähigkeit
und Überwindungskraft.

Viel stärker neurotisierend sind dagegen die vielen kleinen
Vorkommnisse, wie sie tagtäglich in einem überbehütenden,
hysteroiden Milieu eines ungesunden Erziehungsklimas geschehen. Zuviel elterliche Beachtung, zuviel Ängste, zuviel Druck und
Ansprüche, zu hohe Erwartungen verbunden mit zuviel Gewicht

auf Geringfügigkeiten, einfach zu viele Kleinigkeiten, die ständig an den Kräften des Kindes zerren und sein Vertrauen ins Leben untergraben – *das* setzt den frühkindlichen Neurotisierungsprozeß in Gang.

Dazu kommt das Vorbild einer labilen Erzieher-Persönlichkeit und eine Einengung des kindlichen Freiraumes, die die Selbständigkeitsentwicklung hemmt.

Während verwahrloste Kinder stets zuviel sich selbst überlassen wurden, sind neurotisierte Kinder zuviel ans Elternhaus gebunden worden. Sie sind verhätschelt und verwöhnt oder bestimmend und autoritär erzogen worden, auf alle Fälle wurden ihnen eigene Entscheidungen wiederholt abgenommen. Ob mit Schlägen, Drohungen, oder ob mit verzärtelnder und selbstsüchtiger Liebe wurde diesen Kindern ihr Verhalten vorgeschrieben, es wurde immer genau kontrolliert und registriert, und gewöhnlich wurde auch ein gewisser Druck auf das Kind ausgeübt.

Beispiele dafür sind Mütter, die ihr Kind – als ihren einzigen Lebensinhalt – ängstlich überbehüten, kaum allein weggehen lassen, die später bei den Schulaufgaben danebensitzen und sich wegen jeder Kleinigkeit aufregen, kurz, die in jeder Weise versuchen, dem Kinde Schwierigkeiten aus dem Wege zu räumen. Solche Kinder bleiben lange Zeit abhängig und unselbständig, und sind sie zwangsläufig einmal auf sich allein gestellt, finden sie sich schwer zurecht und fallen auf durch Unsicherheit in ihrem Tun und Handeln.

Während sich verwahrloste Kinder Fremden gegenüber ungehemmt und distanzlos benehmen, neigen neurotisierte Kinder zum Gegenteil: sie fürchten sich vor Fremden, weinen oder beginnen zu stottern, zu erröten, und erweisen sich auch späterhin als gehemmt und schüchtern. Während verwahrloste Kinder durch ihre Gleichgültigkeit und Motivationsschwäche extrem faul sind, zeigt sich bei neurotisierten Kindern oft eine übersteigerte Arbeitsmoral. Sie sind zwar fleißig und ehrgeizig, versagen aber leicht bei Prüfungen aus lauter Aufregung oder zeigen körperliche Beschwerden wie schlechtes Schlafen, Kopfschmerzen, Erbrechen. Vor Angst kauen sie Nägel, nässen ein oder bringen sogar erhöhte Temperatur zustande. Wie sie zu Hause unter *äußerem Druck* leben, so leben sie später als Erwachsene unter *innerem Druck* und inneren Spannungen, welche ihr freies Schaffen und ihre Lebensfreude behindern.

Die einseitige Motivationslage der Eltern oder eines Elternteils bewirkt auch beim Kinde eine einseitige Sinn- und Wertorientierung, die mitunter fast zwanghaft befolgt und eingehalten wird.

Ist beim Überbehüten und Verwöhnen das Ego des Kindes als höchstes Wertgut dargestellt worden, dessen Wünsche und dessen Wohlergehen Mittelpunkt aller häuslichen Umweltbemühungen sind, so fixiert sich diese zentrale Bedeutung des Selbst beim Kinde in Form von Egoismus. Auch später wird die Umwelt dann ausschließlich danach eingeschätzt, wieweit sie dem Selbst nützt – eine sehr verbreitete Krankheit unserer Zeit! In gewisser Weise liegt hier auch eine Motivationsstörung vor, aber keine generelle Schwäche, sondern eine einseitige Akzentuierung, die eine starke Begrenzung und Einengung der allgemeinen Sinn-Orientierung bedeutet. Störungen im Selbstwertgefühl können also das Selbst zu nieder (fehlendes Selbstbewußtsein) oder zu hoch (Egoismus) bewerten, beides sind Neurotisierungsformen mit verwandter Entstehungsgeschichte, die sogar in ein und dasselbe Krankheitsbild passen; wer sich wenig zutraut, kann durchaus ichbezogen denken, wer Angst vor neuen Situationen hat, kann die Rolle anderer in solcher Situation übersehen, weil er gedanklich um sich selbst kreist, wer Schwierigkeiten nicht gewachsen ist, ist es oft deshalb nicht, weil er statt Lösungen zu suchen, seine geistigen Kräfte darauf konzentriert, festzustellen, wie sehr seine eigenen Interessen durch diese Schwierigkeiten tangiert werden.

Wenn wir rückblickend auf dieses Kapitel vielfältigster pädagogischer Störungsbilder einen gemeinsamen Nenner sowohl als Grundursache als auch als therapeutischen Ansatzpunkt einer verantwortungsvollen Erziehungsberatung formulieren wollen, dann landen wir bei der Motivationslage und können auch nur von der Motivationslage ausgehen. Ich habe deswegen alle besprochenen Punkte nochmals in einem übersichtlichen Schema zusammengefaßt (siehe S. 191).

Viele Ursachen sind denkbar für die unterschiedlichen Konflikte, die bereits im Kindesalter auftreten und beobachtbar sind, aber wenn wir sie in die geistige Dimension des menschlichen Daseins transponieren, stoßen wir an die Urkraft unserer Existenz, an den „Willen zum Sinn". Ob Eltern aus einer einseitigen Motivationslage heraus ihre Kinder schulisch über- oder unterfordern, ob sie aus einer inneren Sinnleere heraus sich und die Kinder einer Reizüberflutung aussetzen, welche diese Leere füllen soll, oder ob Kinder selbst wenig motiviert sind, ihren kleinen Pflichten nachzukommen, das Ergebnis sind immer Schulschwierigkeiten und Konzentrationsstörungen.

Ob Eltern aus falsch gewichteten Motivationen die Erziehung

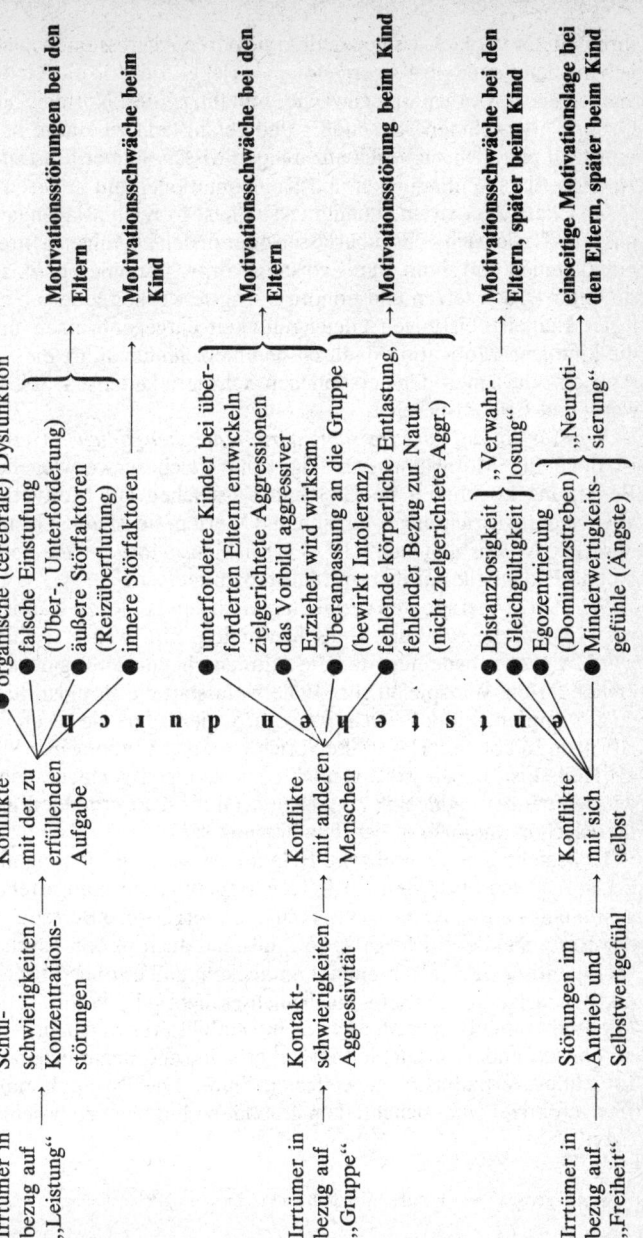

| Konflikte mit der zu erfüllenden Aufgabe | Konflikte mit anderen Menschen | Konflikte mit sich selbst |

e n t s t e h e n   d u r c h

Irrtümer in bezug auf „Leistung" → Schulschwierigkeiten / Konzentrationsstörungen

- organische (cerebrale) Dysfunktion
- falsche Einstufung (Über-, Unterforderung) → **Motivationsstörungen bei den Eltern**
- äußere Störfaktoren (Reizüberflutung)
- innere Störfaktoren → **Motivationsschwäche beim Kind**

Irrtümer in bezug auf „Gruppe" → Kontaktschwierigkeiten / Aggressivität

- unterforderte Kinder bei überforderten Eltern entwickeln zielgerichtete Aggressionen
- das Vorbild aggressiver Erzieher wird wirksam → **Motivationsschwäche bei den Eltern**
- Überanpassung an die Gruppe (bewirkt Intoleranz)
- fehlende körperliche Entlastung, fehlender Bezug zur Natur (nicht zielgerichtete Aggr.) → **Motivationsstörung beim Kind**

Irrtümer in bezug auf „Freiheit" → Störungen im Antrieb und Selbstwertgefühl

- Distanzlosigkeit } „Verwahrlosung"
- Gleichgültigkeit
- Egozentrierung (Dominanzstreben) → **Motivationsschwäche bei den Eltern, später beim Kind**
- Minderwertigkeitsgefühle (Ängste) } „Neurotisierung" → **einseitige Motivationslage bei den Eltern, später beim Kind**

ihrer Kinder vernachlässigen, indem sie deren Aggressionen nachgeben oder ihnen selbst Aggressionen vorleben, oder ob die Kinder aus eigener Motivationsschwäche blindlings die Normen der Gruppe übernehmen oder müßig und gelangweilt zu Hause herumsitzen und nichts mit sich anzufangen wissen, immer führt dies zu aggressiven Entladungen und Konfrontationen mit anderen.

Ob Eltern aus extremen und ungesunden Motivationslagen heraus ihre Kinder sich selbst überlassen oder in den alleinigen Mittelpunkt stellen und somit zum Egoismus vorprogrammieren, ob sie sie unter Druck setzen und unnötige Ängste wecken, oder ob sie ihren kleinen Leistungen Gleichgültigkeit entgegenbringen und die kindliche Motivation dadurch hemmen, immer führt dies zu Antriebsschwäche oder persönlichen Schwierigkeiten im Selbstwert- und Erlebnisbereich.

Was für ein *diffiziles Instrumentarium des menschlichen Geistes* ist doch die Motivationsgrundlage und welch schwerwiegende Bedeutung kommt ihr im Erziehungsgeschehen zu! Motivation aber ist die Ausrichtung nach Sinn und Werten, sie ist eine Gestalt unseres „Willens zum Sinn". Ist es vermessen zu fordern, die kommende Pädagogik mit diesem Maßstab zu messen?

Wir Psychotherapeuten verfallen gern in den Fehler zu glauben, wir könnten die Nöte der Menschen heilen. Eine wahre Heilung würde viel eher bedeuten, daß die Mitmenschen unserer gar nicht erst bedürfen. Wir spielen gern Feuerwehr statt die Brandstiftung zu bekämpfen, wir doktern an kranken Seelen, ohne die gesunden schützen zu können. Das uralte Sprichwort, daß Vorbeugen besser als Heilen ist, haben wir uns noch nicht zu eigen gemacht, sonst würden wir die Pädagogik zu unserem Fundament ernennen und die Psychopathologie in den Hintergrund schieben.

Es besteht eine wechselweise Relation zwischen Erziehung und Seelsorge, denn so, wie man in den Erziehungsberatungsstellen schon lange entdeckt hat, daß es ohne seelsorgerische Betreuung* der Ratsuchenden nicht geht, so muß man auch in den psychotherapeutischen Zentren einmal entdecken, daß es ohne prophylaktische Erziehung unseres Nachwuchses nicht geht. Während der Psychotherapeut *einen* Menschen zu restabilisieren versucht, verlieren *zwei* andere ihren Halt im Leben aufgrund unzureichender Erziehungsverhältnisse im weitesten Sinne. Die Psychotherapie wird lernen müssen, sich mit dem gesunden Menschen zu beschäftigen!

---

* „Seelsorgerisch" hier logotherapeutisch und nicht theologisch gemeint.

Und nur eine der vielen psychotherapeutischen Richtungen der Gegenwart liefert das dafür nötige geistige Fundament, ein Menschenbild, das nicht vom Kranken und Abnormen ausgehend ein Zerrbild der Gesunden entwirft, sondern das von der Multidimensionalität des gesunden Menschen ausgeht, um daraus zu folgern, was dem Kranken nottut. Nicht mehr wird aus den Krankengeschichten zwanghafter Sexualneurotiker auf ein alles beherrschendes Triebleben im gesunden Menschen geschlossen, nicht mehr wird aus konditionierten Fehlreaktionen bei Kranken auf eine willenlose Lernmaschine beim normalen Menschen gefolgert, der psychologische und soziologische Determinismus, daß der Mensch sein Leben lang an die Ketten seiner Kindheitserlebnisse oder an die Bande seiner gesellschaftlichen Umwelt gefesselt bliebe, wird in der *Logotherapie* endlich überwunden.

Ein halbes Jahrhundert hat die Psychotherapie gebraucht, um dem Menschen das wieder zuzusprechen, dessen er sich im Grunde seines Wesens immer bewußt blieb: seine Entscheidungsfreiheit, seine Selbstverantwortlichkeit und seine Sinnorientierung. In dieser Hinsicht müssen wir die Eltern von heute beraten um der Zukunftschancen unserer Jugend willen, dieses Bewußtsein müssen wir den jungen Menschen mit auf den Weg geben, wenn wir die Not unserer Zeit lindern helfen wollen. Und vergessen wir nicht: unsere Investments in die „Erziehung zum Menschen" sind unsere Beiträge zur einzigen Lebensversicherung des Menschengeschlechtes, die es gibt!

Familie braucht Sinn

Die Familie ist keine lose Ansammlung einiger miteinander verwandter Menschen unterschiedlichen Alters, sondern ein ganz besonderes, spezifisch menschliches Sozialgefüge, das – zumindest bis heute und trotz vieler andersartiger Versuche – unersetzbar geblieben ist. Allerdings, die Familie kann Himmel und Hölle sein, eine Quelle von Frohsinn und Qual, je nachdem, was die einzelnen Mitglieder aus ihr machen. Wenn man Hunderte und Tausende Familiengeschichten hört, wie es in der psychologischen Praxis unumgänglich ist, so formt sich langsam ein Vorstellungsschema über die *gesunde* Familie, über das Gefüge, das zusammenhält, was auch kommen mag, und ebenso über jene Familienkonstellation, die nur kurzfristig existieren kann, weil sie eben *nicht gesund* ist. Mein Vorstellungsschema, aus unzähligen Patientengesprächen gewonnen, ist dies:

In der gesunden Familie hat jedes Familienmitglied eine sinnvolle Funktion.

Vergleichen Sie bitte die beiden folgenden symbolischen Zeichnungen miteinander:

Die Teile der linken Figur lassen sich offensichtlich besser zu einem Ganzen zusammenschieben und verschmelzen als die der rechten Figur. Warum ist dies so? Nun doch wohl deshalb, weil die Teile der linken Figur *nicht beliebig* geformt, sondern auf die Konturen der übrigen Teile abgestimmt sind, was bei der rechten Figur nicht der Fall ist.

Dieses Gleichnis, auf die Familie übertragen, bedeutet, daß die Familie um so stabiler und gesünder ist, als die einzelnen Familienmitglieder imstande sind, ihre Funktionen, die sie innerhalb der Familie erfüllen, *jeweils auf die Gegebenheiten der anderen Familienmitglieder* abzustimmen. Wenn dagegen – wie in der rechten Figur angedeutet – jedes Familienmitglied relativ unabhängig von den anderen seine familiäre Funktion nach Gutdünken, Lust und Laune ausgestaltet, so kommt es zu einem Familienverband, der allenfalls zufällig, in der Regel jedoch nicht harmonieren kann.

Schon höre ich die Gegenstimmen rufen, daß eine solche „Funktionsabstimmung" den Eigeninteressen des Individuums zuwiderlaufe und dessen „Selbstverwirklichung" beeinträchtige. Gewiß, wer ohne Eltern, Mann, Frau und Kind lebt, braucht seinen Lebensstil weniger an andere anzupassen und in seiner Interessensplanung weniger Rücksichten zu nehmen, als ein Familienmitglied. Aber wer meint, daß dieser dann glücklicher und zufriedener sei, der mag die Schicksale solcher Einzelgänger überprüfen, und er wird feststellen, daß sie in bezug auf psychisches Wohlbefinden eher gefährdet und oftmals von enormen Schwankungen zwischen hoch und tief gekennzeichnet sind. Eine jahrtausendealte Vorgeschichte als Familienwesen hat Spuren in uns hinterlassen, die nicht einfach auszulöschen sind, wie schon die Probleme der Kleinfamilie, geschweige denn erst die des Singletums gezeigt haben.

Wer aber nun einmal in einem Familienverband lebt, der kann nicht ausschließlich seinen Eigeninteressen leben, weil es sonst innerhalb der Familie sowohl zu „Leerstellen", also zu schmerzlichen *Funktionslücken,* als auch zu „Überlappungen", also zu oft noch schmerzlicheren *Kollisionen* kommt.

„Die Freiheit des einen hört dort auf, wo die Freiheit des anderen beginnt" hat uns schon Sartre gelehrt, und nirgends ist dieses Wort so wahr, wie im engen häuslichen Raum. Einige einfache Beispiele sollen nochmals graphisch veranschaulichen, was Funktionslücken bzw. -kollisionen bedeuten, und wie sie in der Familienstruktur aussehen:

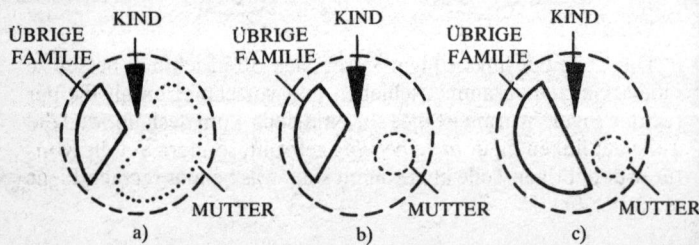

a)   b)   c)

Im skizzierten Beispiel sei das Kind noch sehr klein und ist deshalb selbst als sehr kleiner Funktionsbeitrag eingezeichnet. Durch seine Kleinheit braucht es intensive Pflege durch die Mutter, das heißt für die Mutter wäre es sinnvoll, eine *große* Funktion innerhalb der Familie zu übernehmen, nämlich die Versorgung des Kindes (Figur a)). Tut sie dies nicht, weil sie beispielsweise ihre Hauptfunktion in die Außenwelt verlegt, entsteht in der Familie eine *Funktionslücke* (Figur b)). Natürlich kann es sein, daß andere Familienmitglieder (etwa eine Tante oder Oma) die Funktionslücke zu schließen versuchen, indem sie ihre eigene bisherige familiäre Funktion erweitern und die Pflege des Kindes mitübernehmen (Figur c)).

Nun lassen wir das Kind groß werden und einen eigenen Beitrag zur Familie leisten, indem es sich weitgehend selbständig um seine Belange kümmert. Es ist nicht mehr notwendig und sinnvoll, daß die Funktion der Mutter überaus groß ist (Figur d)). Es gibt jedoch Mütter, die sich von ihrer pflegerischen und erzieherischen Funktion nicht trennen wollen und weiterhin auf einem „großen Beitrag" beharren, dies führt zwangsläufig zu Funktionsüberlappungen und Kollisionen (Figur e)).

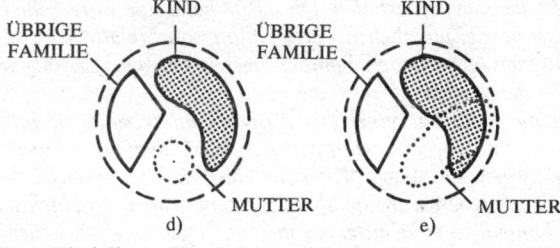

Es soll bei diesen Vergleichen nicht der Eindruck entstehen, daß Familienmitglieder, solange sie gebraucht werden, für die Familie dasein müssen, und, wenn sie nicht mehr gebraucht werden, aufs „Nebengeleise" kommen. Der persönliche Funktionsradius des einzelnen sollte durch das ganze Leben hindurch so ziemlich *konstant* und den eigenen Kräften angemessen bleiben, was sich wandelt, ist lediglich der *Anteil,* der jeweils für die Familie zur Verfügung gestellt wird. Die Mutter, die sich stark in der Mutterschaft engagiert, wird weniger sonstige Funktionen (z. B. im Berufsleben oder in der Fortbildung) übernehmen können, als die Mutter erwachsener Kinder, die eben nunmehr außerfamiliäre Arbeiten, Hobbys, Reisen und ähnliche Betätigungen in ihren Funktionsradius einbeziehen kann.

Es ist ja ein altes logotherapeutisches Rezept, daß nur ein *Wechsel* in der persönlichen Sinnerfüllung, aber kein wesentlicher *Sinnverlust* im Leben des einzelnen entstehen darf; neu ist jedoch in unserem Zusammenhang die Feststellung, daß *auch innerhalb der Familie* dasselbe Prinzip ausgeglichener Sinnerfüllung gilt, indem die Funktion jedes einzelnen sinnvoll auf die übrigen Familienmitglieder abgestimmt sein sollte.

Was beim Einzelindividuum Über- und Unterforderung, Streß und Sinnleere an psychischem Schaden anrichten, das bedeuten für die Familie Funktionslücke und Funktionskollision. Beides sind Extreme die belasten und gefährden, und ich habe mindestens ebenso viele Einzelpersonen an Über- oder Unterforderung scheitern gesehen wie Familien an den divergierenden Funktionswünschen ihrer Mitglieder.

Fall Nr. 21:

Ein 45jähriger Mann stürzte sich kopfüber von einem 10m hohen Treppengeländer hinunter und kam wie durch ein Wunder mit einigen Brüchen davon. Nachdem er das Krankenhaus verlassen konnte, brachte ihn sein Bruder zu mir in Beratung, da er fürchtete, die Tat könne sich wiederholen. Die „Tat" hatte eine Vorgeschichte, wie wir sie bei der plötzlichen Verzweiflung sonst relativ unauffälliger Menschen öfters finden, nämlich eigenes Versagen, gefolgt vom Versagen der Familie.

Der Patient war seit seinen ersten Berufsjahren bei der Bahn beschäftigt und bis vor kurzem in voller Zufriedenheit als Schrankenwärter tätig gewesen. Wegen einer Nachlässigkeit seinerseits, bei der zwar nichts passiert war, die aber zu einem großen Unglück hätte führen können, war er an einen ihm unangenehmen Arbeitsplatz versetzt worden, wo er sich nicht bewährte. Auf Grund von ärztlich bescheinigten Depressionszuständen war er schließlich als Frührentner vom Dienst dispensiert worden. Diese ganze Zeit über, seit er nicht mehr als Schrankenwärter tätig sein durfte, hatte er psychisch mehr und mehr den Halt im Leben verloren, den Kopf hängen lassen, sich um nichts mehr gekümmert und seinen deprimierten Stimmungen nachgegeben.

Parallel dazu verlief auch seine Ehe immer schlechter. Solange er bei der Bahn in guter Position tätig gewesen war, war auch sein Familienleben gut gegangen; er ernährte Frau und Kind (einen 10jährigen Sohn), und diese akzeptierten ihn als Mann und Vater. Als es jedoch mit ihm zunehmend bergab ging, und er auch immer weniger Verdienst heimbrachte, begannen die ehelichen Auseinan-

dersetzungen: die Frau beschimpfte ihn, und der Sohn verspottete ihn. Als er dann als Frührentner mit seinen 45 Jahren nicht mehr wußte, was er mit sich und seinem Leben anfangen solle, packte die Frau den Sohn und ihr persönliches Eigentum und verließ ihn, um sich in einer anderen Stadt mit einem „tüchtigeren" Mann zusammenzutun. An dem Tag, da er sich nachmittags über die Treppe stürzte, war vormittags das Schreiben eines Rechtsanwaltes eingetroffen, das die von der Frau eingereichte Scheidungsklage und ihre Unterhaltsforderungen enthielt.

Nun, eine Familienkatastrophe wie diese *müßte nicht sein*, das Schicksal der Beteiligten könnte ganz und gar anders verlaufen, wenn jeder unter den jeweiligen Gegebenheiten seinen für die Familie wesentlichen Einsatz wahrnehmen und erfüllen würde.

Ursprünglich war die geschilderte Familie recht ausgeglichen gewesen, doch mit der Strafversetzung des Mannes war eine Veränderung eingetreten. Der Mann hätte verstärkter Bemühungen der übrigen Familie bedurft, um über das berufliche Versagenserlebnis hinwegzukommen und, wenn schon nicht am neuen Arbeitsplatz, so doch wenigstens zu Hause Zufriedenheit zu finden. Das heißt, die Frau hätte damals ihre familiäre Funktion neben Haushalt und Kindbetreuung auch ein wenig in Richtung „Trost und Hilfe für den Partner" ausdehnen müssen. Da sie dies nicht tat, sondern sich sogar verstärkt vom Partner distanzierte (ihm Vorwürfe machte), entstand eine Funktionslücke. *Der Sohn war noch zu klein, diese zu schließen, und der Bruder des Mannes bemerkte sie damals gar nicht, er dachte, es sei „alles in Ordnung".*
   Aber auch der Mann hatte seine familiäre Funktion nicht auf die neuen Gegebenheiten abgestimmt. Immerhin verdiente er seit der Versetzung weniger als vorher, während die Ansprüche der Familie gleich geblieben waren. Hätte er versucht, etwa durch Nebenarbeiten, den finanziellen Ausfall zu kompensieren, oder hätte er wenigstens mit der Familie gemeinsame Sparmaßnahmen überlegt, so wäre die wirtschaftliche Basis der Familie nicht so empfindlich getroffen worden. Insbesondere später, nachdem er in Frührente versetzt worden war, hätte er zum Wohle der Familie alle seine Kräfte einsetzen müssen, um weiterhin etwas zum nötigen Unterhalt beizutragen. Durch sein entmutigtes und passives Verhalten ist also ebenfalls eine Funktionslücke *innerhalb der Familie entstanden, genauso wie durch die emotionale Distanzierung seiner Frau von ihm zum Zeitpunkt seiner Berufskrise.*

Die logotherapeutische, das heißt nach Sinn und Werten orientierte Analyse der Familiengeschichte macht deutlich, daß beide Eheleute auf ein unveränderbares Schicksal, das eine Erweiterung ihrer familiären Beiträge verlangt hätte, statt dessen mit einer Funktionseinschränkung reagiert hatten, was die Situation erheblich verschärfte. Der Mann war von seinem Beruf enttäuscht, die Frau war von ihrem Mann enttäuscht, der Mann hatte daraufhin seinen Beruf noch mehr vernachlässigt, und ebenso hatte die Frau ihren Mann noch mehr vernachlässigt. Das Ende war der Verlust des Berufes und das Auseinanderbrechen der Ehe.

Unterschiedlich hatten beide nur insofern reagiert, als die Frau ihre Funktionseinschränkung innerhalb der Familie ausglich durch eine Funktionserweiterung außerhalb der Familie (neues Heim, neuen Freund), während der Mann seine Funktionseinschränkung innerhalb der Familie durch nichts ausglich, was ihn der existentiellen Frustration, massivem Sinnverlust und schließlich der Verzweiflung in die Arme trieb.

Dennoch gab es ein Familienmitglied, das seine den Umständen angepaßte, sinnvolle und notwendige Funktionserweiterung wahrnahm: den Bruder des Patienten. Solange die Familie des Patienten intakt gewesen war, hatte sich der Bruder wenig eingemischt, seine Funktion innerhalb dieser Familie war klein und bedurfte auch keiner Vergrößerung. Nachdem jedoch die Familie sich aufgelöst und der Patient mit seiner Verzweiflungstat das Signal eines Hilferufes gesetzt hatte, wurde der Bruder aktiv und versuchte Hilfe für seinen Bruder, den Patienten, zu finden. Und so war ja auch ich eingeschaltet worden.

Im Verlauf des Gespäches stellte sich heraus, daß es durchaus möglich war, den Bruder und dessen (intakte) eigene Familie als „Kotherapeuten" einzubeziehen, um dem Manne wieder etwas Auftrieb zu geben. Es kann nun einmal kein Psychotherapeut einem Patienten den verlorenen Beruf oder die weggezogene Frau ersetzen; wenn es jedoch gelingt, eine schmerzliche familiäre Funktionslücke durch Einbeziehung weiterer Familienmitglieder zu reduzieren, ist schon viel erreicht. Ich sprach mich deswegen sehr dafür aus, den Patienten vorübergehend bei seinem Bruder wohnen und mitleben zu lassen, und es zeigte sich auch bald, daß dies nicht nur eine Belastung für die Familie des Bruders war. Der Patient begann von selbst nach Möglichkeiten zu suchen, nützliche Beiträge in der Gastfamilie liefern zu können. So übernahm er freiwillig diverse schwere Hausarbeiten und allfällige Reparaturen und besorgte die Einkäufe.

Je mehr er sich aber in der neuen Familie sinnvoll betätigte, desto mehr klang auch seine existentielle Frustration ab, denn er gewann langsam die Sicherheit zurück, für etwas im Leben gut und nicht „ganz sinnlos auf der Welt" zu sein. Heute halte ich den Patienten für fähig, auch allein sein Leben zu meistern, aber die Familie des Bruders scheint sich so an ihn gewöhnt zu haben, daß sie ihn nicht mehr missen möchte. Und so ist aus all dem Unglück doch noch etwas sehr Schönes gewachsen, nämlich eine harmonische Familie, die durch ihre Bereitschaft, in der Not einzuspringen, sogar noch eine menschliche Bereicherung erfahren hat.

Ich habe mir diese Fallbeschreibung als letzte meines Buches aufgehoben, weil ich ein klein wenig hoffe, daß gerade *sie* dem Leser in Erinnerung bleiben möge. Mindestens dreiviertel aller Psychologen, Psychotherapeuten und vielleicht auch Nervenärzte wären nämlich überflüssig, würden die Familien wieder lernen zusammenzuhalten, und zwar nicht nur in der Freude, sondern auch im Leid. Zusammenhalten aber bedeutet nichts anderes, als sich der eigenen sinnvollen Funktion innerhalb der Familie bewußt zu sein und zu bleiben, was auch geschieht. Ist die wirtschaftliche Lage einer Familie schlecht, so ist es für jedes Familienmitglied sinnvoll, mitzuhelfen, um sie zu verbessern. Ist ein Familienmitglied klein, schwach, krank oder alt, so ist es für die anderen Familienmitglieder sinnvoll, dessen Pflege und Stützung zu übernehmen und untereinander aufzuteilen. Ist die Familie in irgendeiner Form gefährdet, so ist es für jedes Familienmitglied sinnvoll, den optimalen Beitrag zur Überwindung der Gefahr beizusteuern, selbst wenn dies persönliche Verzichte und Nachteile mit sich bringt. Niemand braucht dem anderen blindlings untertan zu sein, aber jeder *muß* den anderen in den eigenen Lebensplan miteinkalkulieren, wenn er in einer stabilen und glücklichen Familie leben will.

Die Logotherapie hat als erste Humanwissenschaft erkannt, daß die innere Wertorientierung eines Menschen entscheidend korreliert mit seiner psychischen Gesundheit, und daß, je reicher, intensiver und vielfältiger diese Wertorientierung ist, um so gefestigter und positiver dessen Persönlichkeit sich entfaltet. Später haben Schüler Frankls* festgestellt, daß die innere Wertorientierung nach Möglichkeit nicht einseitig sein sollte, sondern vielmehr einige gleichgewichtige Interessensbereiche umfassen muß, wenn sie nicht neben ihrer festigenden und positivierenden Wirkung

---

* Insbesondere hat Stanislav Kratochvil am Weltkongreß für Mentale Gesundheit in London 1968 darüber berichtet.

auch einen schwach negativen Akzent bekommen soll, nämlich den Beigeschmack von Fanatismus und Intoleranz. Wir dürfen schließlich nicht vergessen, daß auch ein Terrorist, der eine Bombe auf unschuldige Menschen wirft, eine innere Wertorientierung besitzt, die vielleicht sogar sehr intensiv ist. Nur ist sie eben extrem einseitig, und manche Werte, die zumindest in gewisser Ausprägung existent sein sollten, wie zum Beispiel die „Achtung vor dem Leben", „Verständnis für andere" oder „Gerechtigkeitsempfinden" sind dabei entsetzlich verkümmert. Wir haben also in der logotherapeutischen Forschung dazugelernt, daß eine gesunde Wertorientierung eher *viele,* etwa gleichrangige Werte, statt *wenige* Extremwerte beinhaltet.

Und hier ist nun ein weiterer Schritt in der logotherapeutischen Erkenntnistheorie: Für die persönliche Wertorientierung des Menschen gibt es ein *Prioritätskriterium,* und das ist *die Funktion, die innerhalb der Familie zu erfüllen ist.*

Kein Erwachsener ist gezwungen, in einem Familienverband zu leben. Wenn er dies aber tut, so muß er die Belange der Familie in seine innere Wertorientierung einbeziehen, und zwar sogar *vorrangig* vor seinen persönlichen Interessensschwerpunkten und Lebenszielen, oder er wird früher oder später innerhalb der Familie Schiffbruch erleiden. So selbstverständlich dies klingt, so wenig selbstverständlich ist es leider geworden, seit Egoismus und Ansprüche des modernen Menschen gigantisch in die Höhe geschnellt sind. Als *erstes* an die Familie denken? Wir Berater sind ja schon froh, wenn nicht als *allerletztes* an die Erfordernisse der eigenen Familie gedacht wird!

Ich frage eine Mutter, warum sie mit ihrem Kind ausgerechnet zum Schulanfang verreist ist, da sie doch weiß, das Kind wird sich schwertun, wenn es 2 Wochen später zur Schule kommt. „Ja aber ich liebe den Spätsommer und Herbst, da erhole ich mich besser als in der heißen Jahreszeit", antwortet sie. Ich frage einen Vater, warum er sein uneheliches Kind niemals besucht. „Aber ich zahle doch genug dafür, soll ich auch noch auf die freien Wochenenden verzichten?" antwortet er mir. Ich frage eine Frau, warum sie ein so schlechtes Verhältnis zu ihrer alten Mutter hat, die offensichtlich nichts anderes möchte, als nicht ganz vergessen werden. „Naja, es ist recht langweilig mit ihr", ist die Antwort, „sie redet immer das gleiche, und das können mein Mann und ich nicht vertragen." Ich frage einen Mann, warum er seine Ehefrau immer so anbrüllt, obwohl er weiß, daß sie sich darüber kränkt. „Ich brüll', wenn ich will", ist die Antwort, „und wenn sie es nicht hören will, soll sie sich die Ohren verstopfen!" Ein ganzes weiteres Buch könnte ich mit solchen Dialogen füllen und wäre noch lange nicht am Ende dessen, was ich fast alltäglich zu hören bekomme, nämlich viele kleine Rücksichtslosigkeiten, die alle der *Nichtbeachtung des Prioritätskriteriums* entspringen und ein Sich-hinweg-Setzen über Familie und Familienangehörige bedeuten.

Dabei befinden sich alle diese Personen im Irrtum, wenn sie meinen, das rücksichtslose Sich-hinweg-Setzen über die Interessen der anderen Familienmitglieder würde sie zu einem reicheren Eigenleben befähigen. Gewiß, sie haben im Moment vielleicht einen geringfügigen Nutzen, aber der langfristige Schaden ist enorm: Schuldgefühle, Unzufriedenheit mit sich selbst und dem familiären Leben, letztlich auch Einsamkeit. Eines der Dinge, die am meisten psychisch belasten, und zwar viel, viel mehr belasten als irgendwelche vergangenen Leiderfahrungen oder mißlichen Schicksalsfaktoren, sind die Auseinandersetzungen im zwischenmenschlichen Bereich, und die psychische Belastung steigt um so mehr an, als die Auseinandersetzungen nahestehende Personen betreffen. Niemand, und wäre er noch so in sich gefestigt, ist ständigen Konflikten mit Nahestehenden, insbesondere Familienangehörigen gewachsen, es untergräbt systematisch seine Gesundheit und Lebenskraft. Wohl kann er den Konflikten ausweichen, z. B. durch eine Scheidung, aber dann verliert er auch ein Stück „Familie", und wie weit dies wiederum zu ersetzen ist, bleibt dahingestellt.

Meines Erachtens besteht ein sehr enger Zusammenhang zwischen der Beachtung des Prioritätskriteriums bei der persönlichen Ausrichtung nach Sinn und Werten und der Harmonie bzw. Konfliktbewältigung innerhalb einer Familie (s. Schema S. 204).

Wenn die Familienmitglieder einigermaßen imstande sind, das Prioritätskriterium zu beachten und die ihnen sinngemäß zufallende Funktion innerhalb der Familie zu erfüllen, kann die Familie nicht von ernsthaften Krisen geschüttelt werden, ja selbst dann nicht, wenn ein Familienmitglied versagt oder ausfällt, weil in jedem Fall ein Funktionsverlust durch eine Funktionserweiterung anderer Familienmitglieder wieder ausgeglichen würde. Es kann aber auch nicht zu den heftigen Kollisionen kommen, die dadurch entstehen, daß mehrere Personen „gleiche Bestimmungsrechte", sprich „gleiche Funktionen", beanspruchen. Damit ist nicht gesagt, daß nur einer in der Familie bestimmen darf, aber jeder muß seiner Funktion entsprechend eigene Entscheidungen treffen können, die dann nicht sofort wieder von der übrigen Familie in Frage gestellt

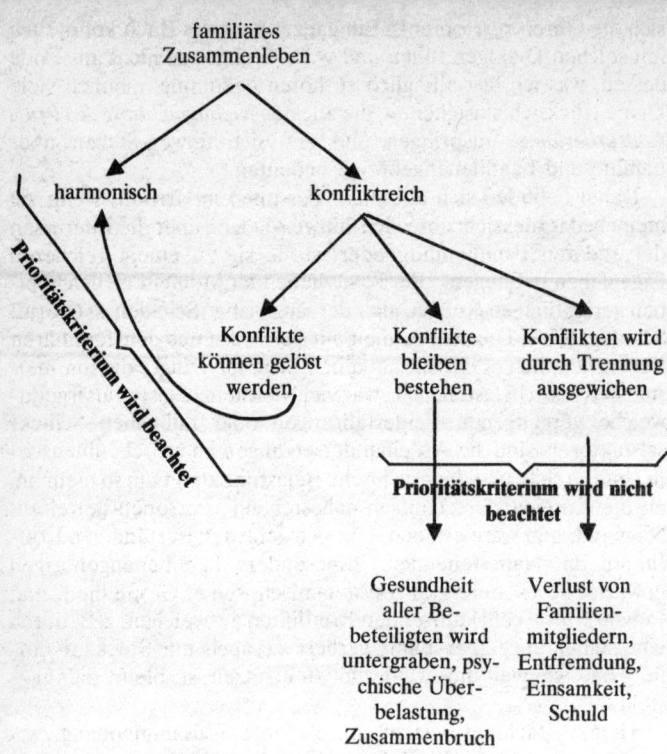

familiäres
Zusammenleben

harmonisch   konfliktreich

Prioritätskriterium wird beachtet

Konflikte   Konflikte   Konflikten wird
können gelöst   bleiben   durch Trennung
werden   bestehen   ausgewichen

Prioritätskriterium wird nicht beachtet

Gesundheit   Verlust von
aller Be-   Familien-
beteiligten wird   mitgliedern,
untergraben, psy- Entfremdung,
chische Über-   Einsamkeit,
belastung,   Schuld
Zusammenbruch

und kritisiert werden. Wie oft klagen Mütter, daß sie bei ihrer Erziehungsaufgabe keinerlei Unterstützung von seiten ihres Mannes hätten, also praktisch die Funktion „Kindererziehung" allein übernehmen müßten, daß sie aber andererseits heftige Vorwürfe von ihm zu hören bekämen, wenn sich das Kind nicht ordentlich verhalte. Das ist eine nicht sinngemäße *Funktionskollision* innerhalb der Familie, denn entweder erziehen beide Elternteile in gegenseitiger Absprache gemeinsam, oder es erzieht ein Elternteil vorwiegend allein, weil er zum Beispiel mehr Zeit dafür zur Verfügung hat, dann aber ist die Funktion des anderen Elternteils eben eingeschränkt und berechtigt nicht zu plötzlichem starkem, noch dazu negativem Eingreifen.

Je größer die Funktion innerhalb der Familie ist, die ein Mitglied übernimmt, desto mehr *Selbstverantwortlichkeit* muß ihm gegeben sein, um sinnvoll handeln zu können. Bei einer im logotherapeutischen Sinne aufeinander abgestimmten Funktionsaufteilung ist es weder möglich, daß ein Familienmitglied nur Anweisungen gibt, welche die Angehörigen ausführen müssen (Funktionskollision!), noch ist es möglich, daß jedes Familienmitglied unabhängig von den anderen tut, was ihm beliebt (Gefahr einer Funktionslücke!). Die Größe der familiären Funktion des einzelnen wird also von den Bedürfnissen der gesamten Familie bestimmt. Und diese seine Funktion entscheidet wiederum über die Größe der Auswahl seiner außerfamiliären Interessensschwerpunkte und Ziele. Somit ist Aufbau und Gestaltung der persönlichen inneren Wertorientierung eines Menschen frei – frei, bis auf die Belange seiner Familie, die Vorrang haben (s. Schema S. 206).

Bei dem Schema muß beachtet werden, daß die Größe der familiären Funktion, die jemand sinnvollerweise erfüllt, immer nur einem bestimmten Zeitpunkt entspricht und sich also im Laufe des Lebens *ständig wandelt.* Wir haben dies schon am Beispiel des heranwachsenden Kindes erörtert, welches in frühen Jahren eine große Funktion der Mutter und mit zunehmendem Alter eine immer kleinere erfordert. Wir haben diese Variabilität der jeweiligen familiären Funktion auch beim Fall Nr. 21 gesehen, als die Funktion des Bruders des Patienten plötzlich und unvorhergesehen eine enorme Ausweitung erfahren mußte. Das ist eben das ganz Besondere, das zu lernen wir uns alle bemühen müssen: begreifen, wo unsere Funktion innerhalb unserer Familie liegt, wie groß sie ist, und auf welche Weise wir sie am besten zu erfüllen vermögen. Hierfür jedoch gibt es keine konkreten Ratschläge, keine erlernbaren Regeln und psychologischen Tips. Nichts als das eigene Gewissen, das „Sinnorgan", wie Frankl es interpretiert, nichts als die Orientierung nach dem „Sinn des Augenblicks" und der „Aufforderung der Stunde" kann uns helfen, die jeweils richtige Entscheidung zu treffen.

Vieles haben wir in diesem Buch besprochen: die Logotherapie als ergänzende Psychotherapie, Aspekte der modernen Erziehungsberatung, das Paradoxon von Triebsteuerung und Willensfreiheit und schließlich die Betrachtung der gesamten Pädagogik aus motivationstheoretischer Sicht. Kehren wir jetzt zu unserem Ausgangspunkt zurück, zum neuen Menschenbild im Spiegel der Psychologie. Es ist bei weitem noch kein vollständiges Bild, aber die Fratzengestalt ist gewichen, es ist auch kein Idealbild, aber es weist menschliche Züge auf. Es ist das Bild eines Wesens, ausge-

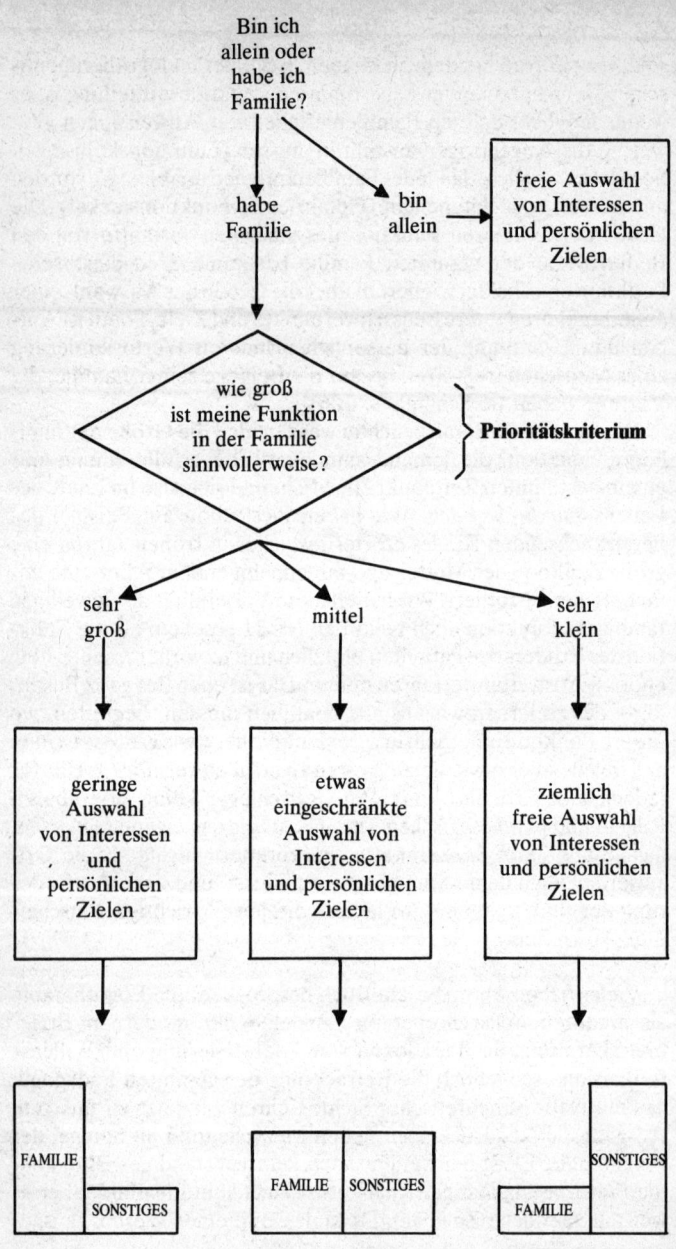

206

stattet mit einer dreifachen Dimensionalität: mit einem Leib, der es mit allen anderen Organismen dieser Erde unweigerlich verwandtschaftlich verknüpft, mit einer Psyche, die es ähnlich den höheren Tieren emotional und instinktmäßig im Erleben und Handeln beeinflußt, und mit einem Geist, der auf dieser Erde kein Äquivalent findet, es sei denn in unseren Gottesvorstellungen. Jede Dimension fordert ihr Recht auf den *ganzen* Menschen, und keine läßt sich von den anderen isolieren; die Unterschiedlichkeit unserer Natur ist dimensionale Spaltung und anthropologische Einheit zugleich.

Und dieses Wesen nun besitzt bei aller Vielschichtigkeit innerhalb der geistigen Dimension zwei Fähigkeiten, die in dem Lebensraum, den wir kennen, bisher einmalig und einzigartig sind, nämlich das, was Frankl die Fähigkeit zur *Selbstdistanzierung* und die Fähigkeit zur *Selbst-Transzendenz* nennt. Wir haben die Bedeutung beider Fähigkeiten bereits erläutert (vgl. dazu Seite 40 und 45), vor allem im Zusammenhang mit den beiden wichtigen logotherapeutischen Methoden, der ,,paradoxen Intention'' und der ,,Dereflexion'', aber mindestens ebenso bedeutsam ist ihr *Bezug zum Familiengefüge.* Denn was es dem Menschen überhaupt möglich macht, ein Leben lang mit anderen, nahestehenden Menschen verbunden zu bleiben und in dieser Verbindung sozusagen als vergängliches Individuum zurückzutreten, um als Teil einer (relativ) unvergänglichen Familienkette weiterzuexistieren, das sind *nur* diese beiden Fähigkeiten.

Die Fähigkeit zur *Selbstdistanzierung* bewirkt das Abstand-nehmen-Können von sich selbst. Dadurch ist der Mensch in der Lage, seine eigene Position und die seiner Angehörigen aus einer gewissen Distanz zu betrachten, jedenfalls mit genügend ,,Objektivität'', um zu erkennen, wo eine ,,Leerstelle'' in der Gemeinschaft klafft, die zu schließen ist. Ohne Distanz nämlich wäre er gefangen in den Gedanken um sein eigenes Wohlergehen und könnte nur begreifen, was ihm allein nottut, nicht aber die Bedürfnisse der anderen. Es gibt zum Beispiel im Tierreich, wo wir die Fähigkeit zur Selbstdistanzierung nicht annehmen können, Familienanalogien, dennoch handeln die einzelnen Tiere dabei ausschließlich ihrem *eigenen* Triebe folgend und niemals um der Bedürfnisse anderer Tiere willen! Im Unterschied dazu ist der Mensch durch seine Selbstdistanzierungsfähigkeit imstande, sich *und* die anderen aus ein und derselben entfernteren Perspektive aus wahrzunehmen und im wahrgenommenen Beziehungsgefüge Funktionslücken zu entdekken und bewußt und willentlich zu füllen.

Dazu kommt noch die Fähigkeit zur *Selbst-Transzendenz,* die bewirkt, daß der Mensch über sich selbst und seine eigenen Unzulänglichkeiten hinauswachsen kann, indem er sich mit ganzer Kraft auf etwas außerhalb seiner selbst Liegendes konzentriert. Ein solches „außerhalb einem selbst Liegendes" kann selbstverständlich eine andere, insbesondere verwandte Personengruppe sein, und hier haben wir die Erklärung für ein Phänomen, das in den althergebrachten Menschenbildern, sei es im tiefenpsychologischen, sei es im lerntheoretischen, noch niemals aufgeklärt werden konnte: nämlich den Verzicht. Die Selbst-Transzendenz befähigt jeden einzelnen von uns, anderen Familienmitgliedern *zuliebe* auf eine Funktion zu verzichten, auch wenn er sie gerne ausüben würde. Dazu gibt es keine Analogien im Tierreich mehr, die Selbsttranszendenz ist die für uns bisher höchste erreichbare Stufe, der Gipfel der Selbstlosigkeit und Liebe, das „humanste" Charakteristikum des Menschengeschlechtes überhaupt. Ein sinnvoller Verzicht, der einem anderen Menschen zuliebe aus freiem Willen geleistet wird, ist ein Denkmal in der Geschichte der Menschheit, ein Markstein innerer Größe und Reife.

Fassen wir also zusammen: Die Selbstdistanzierung befähigt uns, innerhalb der Familie Funktionslücken zu erkennen und durch eigenen Einsatz zu schließen, die Selbst-Transzendenz befähigt uns, innerhalb der Familie Funktionsverzichte zu leisten, wenn dies im Sinn der Gemeinschaft nützlich ist, um Funktionskollisionen zu verhindern. Damit aber sind *alle Voraussetzungen* gegeben, um ein harmonisches Funktionszusammenspiel von Familienmitgliedern selbst in Krisensituationen aufrechterhalten zu können. Darum *ist jeder von uns befähigt,* seine Familie im Grunde glücklich und zufriedenstellend zu gestalten, wenn er es wirklich will und wenn er bereit ist, seine Handlungen diesem Willen zu unterwerfen.

Was die gesunde Familie braucht, das ist weder Wohlhabenheit noch eine übersteigerte Sexualität der Eltern, das sind auch nicht „brave" Kinder, große Wohnräume oder Unterstützungen von außen, das ist wirklich nichts als ein bißchen guten Willen, nämlich – Willen zum Sinn.

Auswahl aus dem Schrifttum
über Logotherapie

Zusammengestellt von Prof. Dr. Eugenio Fizzotti

Eine ausführliche Bibliographie findet sich in Viktor E. Frankls Buch „Die Sinnfrage in der Psychotherapie" (Piper, München 1981) und eine vollständige Bibliographie in Eugenio Fizzottis Artikel „Viktor E. Frankl" (Orientamenti Pedagogici 17, 607, 1970). Eine englische Bibliographie ist im „spring 1980 issue", im „fall 1980 issue" und im „spring 1981 issue" des „International Forum for Logotherapy" erschienen und ist durch das „Institute of Logotherapy", 1 Lawson Road, Berkeley, California 94707, USA, zu beziehen.

1. Bücher

Böckmann, Walter: Sinn-orientierte Leistungsmotivation und Mitarbeiterführung. Ein Beitrag der Humanistischen Psychologie, insbesondere der Logotherapie nach Viktor E. Frankl, zum Sinn-Problem der Arbeit. Enke, Stuttgart 1980.

Böschemeyer, Uwe: Die Sinnfrage in Psychotherapie und Theologie. Die Existenzanalyse und Logotherapie Viktor E. Frankls aus theologischer Sicht. Walter de Gruyter, Berlin – New York 1978.

Bulka, Reuven P.: The Quest for Ultimate Meaning. Principles and Applications of Logotherapy. With a Foreword by Viktor E. Frankl. Philosophical Library, New York 1979.

Bulka, Reuven P., Joseph B. Fabry und William S. Sahakian: Logotherapy in Action. Aronson, New York 1977.

Crumbaugh, James C.: Everything to Gain. A Guide to Self-fulfillment Through Logoanalysis. Nelson-Hall, Chicago 1973.

Crumbaugh, James C., William M. Wood und W. Chadwick Wood: Logotherapy. New Help for Problem Drinkers. Preface by Viktor E. Frankl. Nelson-Hall, Chicago 1980.

Dienelt, Karl: Erziehung zur Verantwortlichkeit. Die Existenzanalyse V. E. Frankls und ihre Bedeutung für die Erziehung. Österreichischer Bundesverlag, Wien 1955.

– Von Freud zu Frankl. Österreichischer Bundesverlag, Wien 1967.

– Von der Psychoanalyse zur Logotherapie. Uni-Taschenbücher 227, Ernst Reinhardt, München – Basel 1973.

Fabry, Joseph B.: Das Ringen um Sinn. Eine Einführung in die Logotherapie. 2 Auflagen, 1973–1978, Herder, Freiburg im Breisgau.

- The Pursuit of Meaning. Viktor Frankl, Logotherapy, and Life. Preface by Viktor E. Frankl. 6 Auflagen, 1968–1980, Harper and Row, New York.

Fizzotti, Eugenio: La logoterapia di Frankl. Un antidoto alla disumanizzazione psicanalitica. Rizzoli Editore, Milano 1974.

- De Freud a Frankl. Interrogantes sobre el vacío existencial. Ediciones Universidad de Navarra, Pamplona 1977.
- Angoscia e personalità. L'antropologia in Viktor E. Frankl. Edizioni Dehoniane, Napoli 1980.

Frankl, Viktor E.: Ärztliche Seelsorge, Grundlagen der Logotherapie und Existenzanalyse. 10 Auflagen, 1946–1979, Franz Deuticke, Wien, und Kindler, München.

- Die Psychotherapie in der Praxis. Eine kasuistische Einführung für Arzte. Franz Deuticke, 3 Auflagen, Wien 1947–1975.
- Der unbewußte Gott. Psychotherapie und Religion. 5 Auflagen, 1948–1979, Kösel-Verlag, München.
- Theorie und Therapie der Neurosen. Einführung in Logotherapie und Existenzanalyse. 4 Auflagen, 1956–1975, Uni-Taschenbücher 457, Ernst Reinhardt, München – Basel.
- Psychotherapie für den Laien. Rundfunkvorträge über Seelenheilkunde. Herder, Freiburg im Breisgau, 8 Auflagen, 1971–1980.
- Der Wille zum Sinn. Ausgewählte Vorträge über Logotherapie. Hans Huber, Bern – Stuttgart – Wien, 2 Auflagen, 1972–1978.
- Anthropologische Grundlagen der Psychotherapie. Hans Huber, Bern – Stuttgart – Wien 1975.
- Das Leiden am sinnlosen Leben. Psychotherapie für heute. Herder, Freiburg im Breisgau, 5 Auflagen, 1977–1980.
- ... trotzdem Ja zum Leben sagen. Ein Psychologe erlebt das Konzentrationslager. Kösel-Verlag, München, 4 Auflagen, 1977–1979.
- Der Mensch vor der Frage nach dem Sinn. Eine Auswahl aus dem Gesamtwerk. 2 Auflagen, 1979–1980, Piper, München.
- Die Sinnfrage in der Psychotherapie. Piper, München 1981.
- The Doctor and the Soul. From Psychotherapy to Logotherapy. 17 Auflagen, 1955–1977, Alfred A. Knopf, New York, und Souvenir Press, London.
- Man's Search for Meaning. An Introduction to Logotherapy. 62 Auflagen, 1959–1980, Simon and Schuster, New York, Hodder and Stoughton, London, Caves Book Co., Taipei Taiwan China, Beacon Press, Boston, und Allahabad Saint Paul Society, India.
- Psychotherapy and Existentialism. Selected Papers on Logotherapy. 10 Auflagen, 1967–1978, Simon and Schuster, New York, und Souvenir Press, London.
- The Will to Meaning. Foundations and Applications of Logotherapy. 6 Auflagen, 1969–1978, New American Library, New York, London und Scarborough.
- The Unconscious God. Psychotherapy and Theology. 6 Auflagen,

1975–1978, Simon and Schuster, New York, und Hodder and Stoughton, London.
- The Unheard Cry for Meaning. Psychotherapy and Humanism. 4 Auflagen, 1978–1979, Simon and Schuster, New York. (Englische Bibliographie.)
Frankl, Viktor E., Josef Pieper und Helmut Schoeck: Altes Ethos – neues Tabu. Adamas, Köln 1974.
Hadrup, Gorm: Viktor E. Frankl. Forum, Kopenhagen, und Dreyer, Oslo 1979.
Leslie, Robert C.: Jesus and Logotherapy. The Ministry of Jesus as Interpreted Through the Psychotherapy of Viktor Frankl. Abingdon Press, 2 Auflagen, New York – Nashville 1965–1968.
Lukas, Elisabeth: Auch dein Leben hat Sinn. Logotherapeutische Wege zur Gesundung. Herder, Freiburg im Breisgau 1980.
- Auch deine Familie braucht Sinn. Logotherapeutische Hilfen in Ehe und Erziehung. Herder, Freiburg i. Br. 1981.
- Auch dein Leiden hat Sinn. Logotherapeutischer Trost in der Krise. Herder, Freiburg i. Br. 1981.
Polak, Paul: Frankls Existenzanalyse in ihrer Bedeutung für Anthropologie und Psychotherapie. Tyrolia-Verlag, Innsbruck – Wien 1949 (vergriffen).
Takashima, Hiroshi: Psychosomatic Medicine and Logotherapy. Foreword by Viktor E. Frankl. Dabor Science Publications, Oceanside, New York, 1977.
Tweedie, Donald F.: Logotherapy and the Christian Faith. An Evaluation of Frankl's Existential Approach to Psychotherapy. Preface by Viktor E. Frankl, Baker Book House, 3 Auflagen, Grand Rapids, Michigan, 1961–1972.
- The Christian and the Couch. An Introduction to Christian Logotherapy. Baker Book House, Grand Rapids, Michigan, 1963.
Ungersma, Aaron J.: The Search for Meaning. Foreword by Viktor E. Frankl. Westminster Press, 2 Auflagen, Philadelphia 1961–1968.

2. Buchkapitel

Ascher, L. Michael: Paradoxical Intention. An Experimental Investigation, in: Handbook of Behavioral Interventions. Hrsg. von A. Goldstein und E. B. Foa. John Wiley, New York 1980.
Crumbaugh, James C., und Leonard T. Maholick: Eine experimentelle Untersuchung im Bereich der Existenzanalyse. Ein psychometrischer Ansatz zu Viktor Frankls Konzept der „noogenen Neurose", in: Die Sinnfrage in der Psychotherapie. Hrsg. von Nikolaus Petrilowitsch. Wissenschaftliche Buchgesellschaft, Darmstadt 1972.
Frankl, Viktor E.: Der Pluralismus der Wissenschaften und das Menschliche im Menschen, in: Das neue Menschenbild. Die Revolutionierung

der Wissenschaften vom Leben. Ein internationales Symposium, herausgegeben von Arthur Koestler und J.R.Smythies. Fritz Molden, Wien – München – Zürich 1970.

- In: Psychotherapie in Selbstdarstellungen. Hrsg. von Ludwig J.Pongratz. Hans Huber, Bern – Stuttgart – Wien 1973.
- Paradoxien des Glücks. Am Modell der Sexualneurose, in: Was ist Glück? Ein Symposion. dtv-Taschenbücher 1134, dtv-Verlag, München 1976.
- Die Sinnfrage in der Psychotherapie, in: Suche nach Sinn (Salzburger Hochschulwochen 1977). Hrsg. von Ansgar Paus. Styria, Graz – Wien – Köln 1978.
- Der Mensch vor der Frage nach dem Sinn. Empirische und klinische Befunde, in: Glaube und Wissen. Symposion unter der Patronanz der Bayrischen Akademie der Wissenschaften. Hrsg. von Hans Huber und Oskar Schatz. Herder, Wien – Freiburg – Basel 1980.
- Die Frage nach dem Sinn, in: Glauben als Bedürfnis: Beiträge zum menschlichen Selbstverständnis. Hrsg. von Johannes Schlemmer. Ullstein, Frankfurt a. M. – Berlin – Wien 1980.
- In: Es liegt an uns. Gespräche auf der Suche nach Sinn. Hrsg. von Ulrich Hommes. Herder, Freiburg – Basel – Wien 1980.

Kocourek, Kurt, Eva Niebauer und Paul Polak: Ergebnisse der klinischen Anwendung der Logotherapie, in: Handbuch der Neurosenlehre und Psychotherapie. Hrsg. von Viktor E. Frankl, Victor E. v. Gebsattel und J.H.Schultz, Band III. Urban & Schwarzenberg, München – Berlin 1959.

Korger, Matthias E., und Paul Polak: Der geistesgeschichtliche Ort der Existenzanalyse, in: Handbuch der Neurosenlehre und Psychotherapie. Hrsg. von Viktor E. Frankl, Victor E. v. Gebsattel und J.H. Schultz, Band III. Urban & Schwarzenberg, München – Berlin 1959.

Misiak, Henry, und Virginia Staudt Sexton: Phenomenological, Existential and Humanistic Psychologies. A Historical Survey. Grune & Stratton, New York 1973 (Kapitel „Logotherapy").

Polak, Paul: Zum Problem der noogenen Neurose, in: Handbuch der Neurosenlehre und Psychotherapie. Hrsg. von Viktor E.Frankl, Victor E. v. Gebsattel und J.H. Schultz, Band II. Urban & Schwarzenberg, München – Berlin 1959.

Sahakian, William S.: History of Psychology. Peacock, Itasca 1968 (Kapitel „Victor Frankl").

- History and Systems of Psychology. John Wiley & Sons, Inc., New York 1975 (Kapitel „Logotherapy: The Will to Meaning").

Schaff, Adam: Entfremdung als soziales Phänomen. Europaverlag, Wien 1977 (Kapitel „Das existentielle Vakuum").

Spiegelberg, Herbert: Phenomenology in Psychology and Psychiatry. Northwestern University Press, Evanston 1972 (Kapitel „Viktor Frankl: Phenomenology in Logotherapy and Existenzanalyse").

Thielicke, Helmut: Mensch sein – Mensch werden. Entwurf einer christlichen Anthropologie. Piper, München 1976 (Kapitel „Der Mensch in Auseinandersetzung mit dem Unbewußten [Freud, Frankl]").

Wimmer, Kurt: Viktor Frankl, in: Österreicher, die der Welt gehören. Hrsg. von Mobil Oil Austria, Wien 1979.

Yalom, Irvin D.: Existential Psychotherapy. (Kapitel „The Contributions of Viktor Frankl" und „Dereflection").

3. Dissertationen

Ballard, Rex Eugene: „An Empirical Investigation of Viktor Frankl's Concept of the Search for Meaning: A Pilot Study with a Sample of Tuberculosis Patients." Doctoral Dissertation. Michigan State University, 1965.

Benedikt, Friedrich M.: Zur Therapie angst- und zwangsneurotischer Symptome mit Hilfe der „paradoxen Intention" und „Dereflexion" nach V. E. Frankl. München 1968.

Bordeleau, Louis-Gabriel: La relation entre les valeurs du choix vocationnel et les valeurs créatrices chez V. E. Frankl. Doctoral Thesis Presented to the Faculty of Psychology of the University of Ottawa, Canada 1971.

Böschemeyer, Uwe: Die Sinnfrage in der Existenzanalyse und Logotherapie Viktor E. Frankls. Eine Darstellung aus theologischer Sicht. Dissertation, Hamburg 1974.

Brune, Karl-Heinz: „Viktor E. Frankls Mission (Voraussetzungen und Konsequenzen des existenzanalytisch-logotherapeutischen Konzeptes in kritischer Betrachtung)." Dissertation, Westfälische Wilhelms-Universität (Medizinische Fakultät), Münster 1978.

Bucci, Felice: „Viktor Emil Frankl e la logoterapia (La risposta della psicologia al vuoto esistenziale)". Dissertation, Università di Bari 1978.

Bulka, Reuven P.: An Analysis of the Viability of Frankl's Logotherapeutic System as a Secular Theory. Thesis presented to the Department of Religious Studies of the University of Ottawa, 1969.

– Denominational Implications of the Religious Nature of Logotherapy. Thesis presented to the Department of Religious Studies of the University of Ottawa as partial fulfillment of the requirements for the degree of Doctor of Philosophy. Ottawa, Canada 1971.

Burck, James Lester: The Relevance of Viktor Frankl's „Will to Meaning" for Preaching to Juvenile Delinquents, Thesis, Southern Baptist Theological Seminary, Louisville, Kentucky, 1966.

Calabrese, Edward James: The Evolutionary Basis of Logotherapy. Dissertation, University of Massachusetts, 1974.

Carelli, Rocco: Il processo di decodificazione del messaggio in rapporto alla struttura della personalità con particolare riferimento alla concezione personologica di Viktor E. Frankl. Dissertation, Università di Roma, Facoltà di Psicologia, 1975.

Carrigan, Thomas Edward: The Meaning of Meaning in the Logotherapy of Dr. Viktor E. Frankl. Thesis, University of Ottawa, Canada, 1973.

Cavanagh, Michael E.: The Relationship between Frankl's „Will to Meaning" and the Discrepancy between the Actual Self and the Ideal Self. Doctoral Dissertation, University of Ottawa, Canada, 1966.

Chastain, Mills Kent: „The Unfinished Revolution: Logotherapy as Applied to Primary Grades 1–4 Values Clarification in the Social Studies Curriculum in Thailand." Thesis, Monterey Institute of International Studies, 1979.

Colley, Charles Sanford: An Examination of Five Major Movements in Counseling Theory in Terms of How Representative Theorists (Freud, Williamson, Wolpe, Rogers and Frankl) View the Nature of Man. Dissertation, University of Alabama, 1970.

Dansart, Bernard: Development of a Scale to Measure Attitudinal Values as Defined by Viktor Frankl. Dissertation, Northern Illinois University, 1974.

Duncan, Franklin Davis: Logotherapy and the Pastoral Care of Physically Disabled Persons, Thesis, Southern Baptist Theological Seminary, Louisville, Kentucky 1968.

Dymala, Czeslaw: Zagadnienie sensu zycia u Viktora E. Frankla. Praca magisterska pisana na seminarium z filozofii pod kierunkiem, Papieski Fakultet Teologiczny, Wroclaw 1976.

– Viktora E. Frankla analityczno-egzystencjalna teoria sensu zycia. Praca licencjacka pisana na seminarium z filozofii pod kierunkiem, Papieski Fakultet Teologiczny, Wroclaw 1979.

Eisenberg, Mignon G., „The Logotherapeutic Intergenerational Encounter Group: A Phenomenological Approach." Dissertation, Southeastern University, New Orleans 1980.

Eisenmann, Manfred: Zur Ätiologie und Therapie des Stotterns. Unter besonderer Berücksichtigung der paradoxen Intentionsmethode nach V. E. Frankl. Freiburg im Breisgau 1960.

Fizzotti, Eugenio: Il significato dell'esistenza. La concezione psichiatrica di Viktor E. Frankl. Tesi di laurea, Università Salesiana, Roma 1970.

v. Forstmeyer, Annemarie: The Will to Meaning as a Prerequisite for Self-Actualization. Thesis Presented to the Faculty of California Western University, 1968.

Galeone, Francesco: „La logoterapia di V. E. Frankl (Per una riumanizzazione della psichiatria)". Dissertation, Università di Napoli 1979.

Gill, Ajaipal Singh: An Appraisal of Viktor E. Frankl's Theory of Logotherapy as a Philosophical Base for Education. Dissertation, The American University 1970.

Graziosi, Maria Teresa: La logoterapia di V. E. Frankl. Tesi di laurea, Università del S. Cuore di Milano 1971–1972.

Green, Herman H.: „The ‚Existential Vacuum' and the Pastoral Care of Elderly Widows in a Nursing Home." Master's Thesis, Southern Baptist Theological Seminary, Louisville, Kentucky, 1970.

Guldbrandsen, Francis Aloysius: „Some of the Pedagogical Implications in the Theoretical Work of Viktor Frankl in Existential Psychology: A

Study in the Philosophic Foundation of Education." Doctoral Dissertation, Michigan State University, 1972.

Havenga, Anna Aletta: „Antropologiese onderbou van Logoterapie." Dissertation, Pretoria 1974.

Henderson, J. P.: The Will to Meaning of Viktor Frankl as a Meaningful Factor of Personality, Thesis. The University of Maryland, 1970.

Holmes, R. M.: „Meaning and Responsibility: A Comparative Analysis of the Concept of the Responsible Self in Search of Meaning in the Thought of Viktor Frankl and H. Richard Niebuhr with Certain Implications for the Church's Ministry to the University." Doctoral Dissertation, Pacific School of Religion, 1965.

Jones, Elbert Whaley: Nietzsche and Existential-Analysis. Dissertation, New York 1967.

Jucha, Zygfryd: Koncepcja nerwicy noogennej wedlug Viktora Emil Frankla. Lublin 1968.

Klapper, Naomi: „On Being Human: A Comparative Study of Abraham J. Heschel and Viktor Frankl." Doctoral Dissertation, Jewish Theological Seminary of America, 1973.

Kovacic, Gerald: Leidensfähigkeit, Sinnfrustration und Angst. Ein empirischer Beitrag zur Logotherapie. Dissertation, Wien 1977.

Levinson, Jay Irwin: „An Investigation of Existential Vacuum in Grief via Widowhood." Dissertation, United States International University, San Diego, California, 1979.

Liva, Virginia: „Contributi della logoterapia di Viktor E. Frankl alla psicoterapia." Dissertation, Pontificio Facoltà di Scienze dell'Educazione della Figlie di Maria Ausiliatrica, Roma 1978.

Lukas, Elisabeth S.: Logotherapie als Persönlichkeitstheorie. Dissertation, Wien 1971.

Magnus, Joris: De Existenzanalyse en Logotherapie van V. E. Frankl. Katholieke Universiteit Te Leuven 1964.

Manekofsky, Alan M.: „Viktor E. Frankl: A Philosophical Anthropological Study." Dissertation, Vrije Universiteit van Amsterdam (Central Interfaculteit), 1977.

Marcheselli, Gianni: La teoria-terapia di Viktor Frankl come tentativo di revisione critica dell'approccio psicanalitico per una nuova concezione psicologica dell'uomo. Dissertation, Università degli Studi di Bologna, Facoltà di Scienze Politiche, 1975–76.

Marrer, Robert E.: „Existential-Phenomenological Foundations in Logotherapy Applicable to Counseling." Dissertation, Ohio University, 1972.

Mascolo, Franco: „Analisi esistenziale e logoterapia." Dissertation, Università di Napoli 1972.

Meier, Augustine: Frankl's „Will to Meaning" as Measured by the Purpose in Life Test in Relation to Age and Sex Differences. Dissertation presented to the University of Ottawa, Canada, 1973.

Meriläinen, Alpo: Värdeproblemet i psykoterapeutisk och teologisk antropologie. Jämförelse mellan värdeaspekten i Viktor E. Frankls logoterapeutiska existensanalys och i romersk-katolsk tradition. Åbo 1969.

Mostert, Willem Cornelus: „'n Literaturstudie oor die logoterapie van Viktor E. Frankl en 'n empiriese ondersock na die toepasbaarheid daarvan in die behandeling van die alkoholis", Dissertation, Universiteit van die Oranje-Vrystaat (Fakultät van Sosiale Wetenskappe) 1978.

Muilenberg, Don T.: Meaning in Life: Its Significance in Psychotherapy. Dissertation, University of Missouri, 1968.

Murphy, Leonard: Extent of Purpose-in-Life and Four Frankl-Proposed Life Objectives. Doctoral Thesis Presented to the Faculty of Psychology and Education of the University of Ottawa, Canada, 1966.

Neudert, Gerold: Eine Darstellung der Existenzanalyse und Logotherapie Viktor E. Frankls im Hinblick auf Fragen an die Theologie und auf Impulse für die Seelsorge. Diplomarbeit, Julius-Maximilians-Universität Würzburg 1977.

Offutt, Berch Randall: Logotherapy, Actualization Therapy or Contextual Self-Realization? Dissertation, United States International University 1975.

Pacciolla, Aureliano: Etica logoterapica (Frankl e la morale). Dissertation, Pontificia Universitas Lateranensis, Roma, 1978.

Panteghini, Pedon: „Sessualità in Frankl." Dissertation, Università di Padova 1978.

Raskob, Hedwig: „Logotherapie: Versuch einer systematischen und kritischen Darstellung der Logotherapie und Existenzanalyse Viktor E. Frankls." Dissertation, Eberhard-Karls-Universität Tübingen 1978.

Ribeiro de Souza, Aias, „Logotherapy and Pastoral Counseling: An Analysis of Selected Factors in Viktor E. Frankl's Concept of Logotherapy As They Relate to Pastoral Counseling." Dissertation, Heed University, Hollywood, Florida, 1980.

Sargent, George Andrew: Job Satisfaction, Job Involvement and Purpose in Life: A Study of Work and Frankl's Will to Meaning. Thesis Presented to the Faculty of the United States International University. 1971.

– „Motivation and Meaning: Frankl's Logotherapy in the Work Situation." Dissertation, United States International University, 1973.

Schiller, Karl Erwin: Psychotherapie, Logotherapie und der Logos des Evangeliums. Wien 1959.

Schlederer, Franz: Erziehung zu personaler Existenz. Viktor E. Frankls Existenzanalyse und Logotherapie als Beitrag zu einer anthropologisch fundierten Pädagogik. München 1964.

Schoeman, Stefanus Johannes: Die antropologies-personologiese denkbleede van die Derde Weense Skool en die betekenis hiervan vir die opvoeding in sedelike verband. Dissertation, Pretoria 1958.

Serrano, Rehues Maria Luisa: El pensamiento antropológico de Viktor Frankl. Tesis de licenciatura, Valencia.

Siwiak, Malgorzata: Analiza problemow noogennych w nerwicach. Lublin 1969.

Sonnhammer, Erik: Existenzanalyse und Logotherapie V. E. Frankls in kritischer Betrachtung, Graz 1951.

Stropko, Andrew John: Logoanalysis and Guided Imagery as Group Treatments for Existential Vacuum. Dissertation, Texas Tech University, 1975.

Wilson, Robert A.: „Logotherapy: An Educational Approach for the Classroom Teacher." Laurence University, 1979.

Yeates, J. W.: „The Educational Implications of the Logotherapy of Viktor E. Frankl." Doctoral Dissertation, University of Mississippi, 1968.

4. Zeitschriftenartikel

Ansbacher, Rowena R.: The Third Viennese School of Psychotherapy. Journal of Individual Psychology 15, 236, 1959.

Ascher, L. Michael: Employing Paradoxical Intention in the Behavioral Treatment. Scandinavian Journal of Behaviour Therapy 6, 28, 1977.

– Paradoxical Intention Viewed by a Behavior Therapist. The International Forum for Logotherapy 3, 13–16, 1980.

Ascher, L. Michael, and Jay S. Efran: Use of Paradoxical Intention in a Behaviour Program. Journal of Consulting and Clinical Psychology 747, 1978.

Ascher, L. Michael, and Ralph M. Turner: Paradoxical intention and insomnia: an experimental investigation. Behav. Res. & Therapy 17, 408, 1979.

Fabry, Joseph: Aspects and Prospects of Logotherapy: A Dialogue with Viktor Frankl. The International Forum for Logotherapy 1, 3, 1978.

Frankl, Viktor E.: Zur mimischen Bejahung und Verneinung: Internationale Zeitschrift für Psychoanalyse 10, 437, 1924.

– Psychotherapie und Weltanschauung. Internationale Zeitschrift für Individualpsychologie 3, 250, 1925.

– Zur geistigen Problematik der Psychotherapie. Zentralblatt für Psychotherapie 10, 33, 1938.

– Philosophie und Psychotherapie. Zur Grundlegung einer Existenzanalyse. Schweizerische medizinische Wochenschrift 69, 707, 1939.

– The Concept of Man in Psychotherapy. Proceedings of the Royal Society of Medicine 47, 975, 1954.

– On Logotherapy and Existential Analysis. American Journal of Psychoanalysis 18, 28, 1958.

– The Feeling of Meaninglessness: A Challenge to Psychotherapy. The American Journal of Psychoanalysis 32, No. 1, 85, 1972.

– Encounter: The Concept and Its Vulgarization. The Journal of the American Academy of Psychoanalysis 1, No. 1, 73, 1973.

– Leiden am sinnlosen Leben: Zur Phänomenologie des existentiellen Vakuums. Schweizerische Akademiker- und Studentenzeitung 7, 7, 1976.

- Psychotherapy on its Way to Rehumanization. The International Forum for Logotherapy 3, 3–9, 1980.
- Der junge Mensch auf der Suche nach Sinn. Schweizerische Akademiker- und Studentenzeitung 11, 5 und 7, 1980.
- Psychologisierung – oder Humanisierung der Medizin? Der Praktische Arzt 18, 334, 1981.

Gerz, Hans-O.: Zur Behandlung phobischer und zwangsneurotischer Syndrome mit der „paradoxen Intention" nach Frankl. Zeitschrift für Psychotherapie und medizinische Psychologie 12, 145, 1962.
- Über 7jährige klinische Erfahrungen mit der logotherapeutischen Technik der paradoxen Intention. Zeitschrift für Psychotherapie und medizinische Psychologie 16, 25, 1966.

Popielski, Kazimierz: Karol Wojtyla and Logotherapy. The International Forum for Logotherapy 3, 36–37, 1980.

Solyom, L., Garza-Perez, J., Ledwidge, B. L., and Solyom, C.: Paradoxical Intention in the Treatment of Obsessive Thoughts: A Pilot Study. Comprehensive Psychiatry 13, 291, 1972.

Relinger, Helmut, Philip H. Bornstein, and Dan M. Mungas: Treatment of Insomnia by Paradoxical Intention: A Time-Series Analysis. Behavior Therapy 9, 955, 1978.

Soucek, W.: Die Existenzanalyse Frankls, die dritte Richtung der Wiener psychotherapeutischen Schule. Deutsche Medizinische Wochenschrift 73, 594, 1948.

Turner, Ralph M., and L. Michael Ascher: Controlled Comparison of Progressive Relaxation, Stimulus Control, and Paradoxical Intention Therapies for Insomnia. Journal of Consulting and Clinical Psychology 47, 500, 1979.

5. Filme, Langspielplatten und Tonbänder

Frankl, Viktor E.: „Logotherapy", a film produced by the Department of Psychiatry, Neurology, and Behavioral Sciences, University of Oklahoma Medical School.
- „Frankl and the Search for Meaning", a film produced by Psychological Films, 110 N. Wheeler St., Orange, Cal. 92669.
- „Auf dem Wege zum Sinn: Ein Gespräch mit Viktor E. Frankl." Eine Farbtonfilmdokumentation. Littera Produktion Walter Böckmann im Auftrag und aus Anlaß des 10. MMM-Kongresses. Verleih durch den MMM-Club, Schumannstraße 27, D-6 Frankfurt am Main.
- Three Lectures on Logotherapy, given at the Brandeis Institute, Brandeis, California 93064. Longplaying records.
- „Das Leiden am sinnlosen Leben: Zur Phänomenologie des existentiellen Vakuums." (Vortrag in der Aula der Universität Zürich am 4. Dezember 1975.) Videotapes und Audiotapes sind erhältlich durch die Limmat-Stiftung, Rosenbühlstraße 32, CH-9044 Zürich.

- „Das Leiden am sinnlos gewordenen Leben: Zur Phänomenologie der existentiellen Frustration in der Industriegesellschaft." Kassette NC 1001 der Noricum-Tonproduktion, Webgasse 2a, A-1060 Wien (öS 150).
- „Therapy Through Meaning", Psychotherapy Tape Library (T 656), Post Graduate Center, 124 East 28th Street, New York, N. Y. 10016. $ 15.00.
- „Existential Psychotherapy", two cassettes. The Center for Cassette Studies, 8110 Webb Avenue, North Hollywood, CA 91605.
- „The Defiant Power of the Human Spirit: A Message of Meaning in a Chaotic World." Address at the Berkeley Community Theater, November 2, 1979. A 90-minute cassette tape, $ 6.00. Available at the Institute of Logotherapy, One Lawson Road, Berkeley, California 94707.
- „The Meaning of Suffering for the Terminally Ill" (International Seminar on Terminal Care, Montreal, October 8, 1980). Audio Transcripts, Ltd. (Code 25–107–80 A and B), P. O. Box 487, Times Square Station, New York, N. Y. 10036.
- „The Rehumanization of Psychotherapy", lecture on occasion of the inauguration of the Logotherapy Counseling Center of Atlanta and Athens on November 14, 1980. An audiocassette (1/404/542/4766) available from the Center for Continuing Education, the University of Georgia, Athens, GA 30602.
- and Huston Smith: „Value Dimensions in Teaching", a color television film produced by Hollywood Animators, Inc., for the California Junior College Association. Rental or Purchase through Dr. Rex Wignall, Director, Chaffey College, Alta Loma, California 91701.

Frankl, Viktor E., Joseph Fabry, Mary Ann Finch and Robert C. Leslie: „A Conversation with Viktor E. Frankl on Occasion of the Inauguration of the ‚Frankl Library and Memorabilia' at the Graduate Theological Union on February 12, 1977." Copies of the videotape may be obtained from Professor Robert C. Leslie, 1798 Scenic Avenue, Berkeley, California 94709.

„The Humanistic Revolution: Pioneers in Perspective", interviews with leading humanistic psychologists: Abraham Maslow, Gardner Murphy, Carl Rogers, Rollo May, Paul Tillich, Frederick Perls, Viktor Frankl and Alan Watts. Psychological Films, 1215 East Chapman Avenue, Orange, California 92666. Sale $ 250; rental $ 20.

Süddeutsches Institut für Logotherapie
Psychologische Beratung, psychotherapeutische Behandlung, logotherapeutische Ausbildung.
Geschwister-Scholl-Platz 8, D-8080 Fürstenfeldbruck,
Tel.-Nr.: 08141 / 18041.

Wer liest die Herderbücherei?

Neues aus Allensbach

Der Taschenbuch-Markt wächst munter weiter, die Herderbücherei wächst mit. Das haben die Allensbacher Meinungsforscher soeben ermittelt. Acht Millionen Erwachsene kann die Freiburger Taschenbuchredaktion jetzt als Publikum verbuchen, die unter 16jährigen nicht mitgerechnet, die man seit zwei Jahren mit einer eigenen „Schneckenbuch-Serie", mit Erfolg übrigens, anspricht.

Unter den deutschen Taschenbuch-Verlegern liegt Herder, wie ermittelt wurde, im guten Mittelfeld. Am „Mengenausstoß" kann das nicht liegen; denn während die Konkurrenten pro Monat bis zu 50 Titel „auf den Markt werfen" und dadurch auch ihre Bekanntheit hochschrauben, hält man in Freiburg eisern daran fest, nicht mehr als acht Novitäten monatlich in den Buchhandel zu schicken, die freilich handverlesen sind, fast nur Original-Ausgaben. Diesen Anspruch schätzen vor allem Personen mit weiterführender Schulbildung. Sie stellen 71% des Herderbücherei-Publikums.

Überdurchschnittlich viele Leserinnen sind unter denen, die Herder als Taschenbuchverlag kennen. Schon 1973 und 1976 war den Meinungsforschern aufgefallen, daß die Freiburger im Vergleich zu anderen Taschenbuchverlagen den höchsten Frauenanteil haben. Das wird jetzt wieder bestätigt. Offenbar schlägt hier das besondere Engagement der Redaktion für den lebenskundlichen Bereich durch. Das aktuelle Angebot – inzwischen über 120 Titel – reicht vom „1 × 1 der Partnerschaft" bis zur „Konzentrations- und Entspannungsübung". Ziel ist die Entfaltung der Persönlichkeitskultur. Dafür sind Frauen besonders empfänglich.

Dagegen unterscheidet sich das Herderbücherei-Publikum von der konfessionellen Zusammensetzung her kaum vom Publikum der Konkurrenten.

50% der Leser sind Protestanten, 40% Katholiken, 10% geben eine andere Konfession an oder bezeichnen sich als konfessionslos. Nähe oder Distanz zur Kirche haben kaum Einfluß auf die Bekanntheitsdichte.

1957 wurde die Herderbücherei als siebter deutscher Taschenbuch-Verlag gegründet. 1963 geriet sie erstmals in den Blick der Demoskopen. Der sechsjährige Newcomer war damals nur 470 000 Personen ein Begriff. 17mal so viele Erwachsene, quer durch die Bundesrepublik, kennen heute Herder-Taschenbücher. Erfahrungsgemäß muß man etwa 1 Million Leser aus Österreich, Schweiz und Südtirol noch hinzuzählen. Eine solide Basis für die weitere Programmplanung.

Elisabeth Lukas
Auch dein Leben hat Sinn

Logotherapeutische Wege zur Gesundung
Mit einem Vorwort von Viktor E. Frankl

Band 825, 256 Seiten, 3. Auflage

Viele Menschen sind heute depressiv oder neurotisch, leiden an Zwangsvorstellungen oder Schlaflosigkeit, kommen mit ihrem Partner nicht aus, fühlen sich minderwertig oder lebensmüde, und das alles ohne äußeren, ersichtlichen Grund und ohne reale Bedrängnis. Was fehlt ihnen? Sie suchen den Sinn ihres Lebens, oder sie haben ihn verloren, sie sind Zweifelnde oder Verzweifelnde. Die Logotherapie hat diese heute zunehmend um sich greifende Form seelischer Erkrankung in ihren Wurzeln sichtbar gemacht, aber auch Wege erprobt und beschrieben, wie Menschen wieder zu einer positiven Einstellung zu sich selbst und zu ihrer Umwelt finden können, auch dann (und manchmal gerade dann), wenn die äußere Situation sich nicht verändern läßt. In diesem Taschenbuch zeigt eine erfahrene Psychotherapeutin an vielen Praxisbeispielen, wie es ihr immer wieder gelungen ist, den „Willen zum Sinn", den jeder in sich trägt, zu reaktivieren und ihn zur inneren Gesundung des Patienten einzusetzen. Ihre Folgerung ist ermutigend für den Leser: „Auch dein Leben hat Sinn!"

in der Herderbücherei

Elisabeth Lukas
Auch dein Leiden hat Sinn

Logotherapeutischer Trost in der Krise
Mit einem Vorwort von Kazimierz Popielski

Band 905, 254 Seiten, 2. Auflage

Manches Leid läßt uns ohne Hoffnung. Wir fühlen uns einer Situation ausgeliefert, die wir nicht ändern können, z.B. dem Tod eines nahestehenden Menschen, einer unheilbaren Krankheit, einem unwiederbringlichen Verlust oder einem ungerechten Schicksal. Was uns so tief verzweifeln läßt, ist die vermeintliche Sinnlosigkeit eines solchen Leides und die Ohnmacht unserer Reaktion darauf. Aber Sinnlosigkeit und Ohnmacht sind in Wahrheit nur scheinbar gegeben, denn jedes Leid hat seinen Sinn, und jede Krise hat ihre Chance in einer gewandelten inneren Einstellung des Betroffenen zu sich und seinem Leben. Eindrucksvoll zeigt die Frankl-Schülerin und langjährige Psychotherapeutin an vielen Beispielen aus ihrer Praxis, wie es leidgeprüften Menschen gelingen kann, schwere seelische Not zu überwinden, ja zu einem Dokument menschlicher Tapferkeit und Würde zu machen, und oft sogar über die bittere Erfahrung des Leides einen neuen Anfang zu finden. Ihrer Überzeugung nach gibt es immer einen bestmöglichen Rat für den hilfesuchenden Menschen und immer eine bestmögliche Antwort auf ein unveränderbares Schicksal. Der Leser, der sich gedanklich damit auseinandersetzt, wird auch in Krisen vor Verzweiflung bewahrt bleiben.

in der Herderbücherei